高职高专“十三五”电子商务系列规划教材

电子商务综合实训

COMPREHENSIVE TRAINING FOR ELECTRONIC COMMERCE

（第2版）

宋艳苹　王玥　主　编
花景田　宋敏　李朝红　毕波　副主编

電子工業出版社
Publishing House of Electronics Industry
北京 · BEIJING

内容简介

本教材是从培养应用型技能人才的需求出发，吸收了电子商务领域前沿的技术成果和中小企业电子商务职业岗位工作流程，参照“电子商务师”职业资格技能的相关要求编纂而成的实训教材。本教材采用“任务驱动、案例教学、体验式学习”相结合的编排方法，将电子商务的实训内容和知识点进行重新整合和构建，分为两个模块共10个实训项目，其中，第一个模块模拟体验，以电子商务师实验室为主体验电子商务运营模式及网上交易流程；第二个模块职场实战，主要是以典型的电子商务平台为主，进行电子商务交易实战演练、网络市场调研、网络客户关系管理、网络营销推广、个人网上创业，以及企业商务网站的策划与创建实训。

本书适合高职高专院校、成人院校及二级学院电子商务、物流管理和市场营销等专业的学生使用，对其他管理类、经济类、财经类和计算机应用类人员也有很高的实用参考价值。

图书在版编目（CIP）数据

电子商务综合实训 / 宋艳苹，王玥主编. —2版. —北京：电子工业出版社，2016.8
高职高专“十三五”电子商务系列规划教材
ISBN 978-7-121-29777-9

Ⅰ. ①电… Ⅱ. ①宋… ②王… Ⅲ. ①电子商务—高等职业教育—教材 Ⅳ. ①F713.36

中国版本图书馆CIP数据核字（2016）第202910号

策划编辑：姜淑晶
责任编辑：张　京
印　　刷：三河市华成印务有限公司
装　　订：三河市华成印务有限公司
出版发行：电子工业出版社
　　　　　北京市海淀区万寿路173信箱　邮编 100036
开　　本：787×1 092　1/16　印张：15.25　字数：384千字
版　　次：2016年8月第1版
印　　次：2018年1月第4次印刷
定　　价：39.00元

凡所购买电子工业出版社图书有缺损问题，请向购买书店调换。若书店售缺，请与本社发行部联系，联系及邮购电话：（010）88254888，88258888。

质量投诉请发邮件至 zlts@phei.com.cn，盗版侵权举报请发邮件至 dbqq@phei.com.cn。

本书咨询联系方式：（010）88254199，sjb@phei.com.cn。

前　言

近年来，互联网和网络经济在全球范围迅速发展，电子商务作为一种新型的企业经营方式正在被越来越多的企业所接受和运用，企业通过互联网，不仅能实现与顾客全天候的信息交流，还可以通过虚拟商业街、商店及其多方位的信息向人们展示、销售产品或服务。从长远来看，人们会适应和习惯于在网上贸易、购物、支付、娱乐、服务和学习等，随之而来的是对电子商务人才的需求逐年增加。

本书是立足于高职教育，以高职教育理论的最新发展为指导，从高职层次电子商务专业学生今后主要从事的工作所需要的能力出发，以培养学生专业能力、社会能力和方法能力三位一体的综合行动能力为目标，彻底打破原有的学科体系而编写的一部电子商务综合实训教材，基本涵盖了电子商务专业所要求的职业技能，并更新了使用平台的版本，在第1版教材基础上增加了最新的跨境电子商务的运作模式、微信营销及网上创业等新内容。本书可作为高职院校电子商务专业、市场营销专业、商贸专业、工商管理专业、国际贸易专业等相关专业的实训教材，也可作为自学参考书及企业培训教材。

本书有以下几个鲜明的特点：

1. 采用“项目引导、任务驱动、案例教学、模拟体验式学习”相结合的编写方式，全面介绍了电子商务综合实用技能。

2. 依据中小企业电子商务工作岗位职业能力，准确定位。整合出典型的工作流程，按照“工学结合”的理念编排全书内容。

3. 本书结合电子商务师职业资格技能考试的内容，采用“课证融合”的教学模式，在教学过程中进行了职业技能的培训，使学生达到“双证”毕业。

4. 注重“教、学、做”一体化，寓教于做、寓学于做，让学生“做中学、学中做”，与复合性、可操作性相结合，充分体现行动导向的教学理念。

5. 突出重点，内容新颖，反映新知识、新技术，循序渐进，符合高职教育教学规律，提供了学生创新创业的条件。

序号	模块	实训项目	学时
1	模拟体验	电子商务模式体验	8
2		网络营销	4
3		网上单证及 EDI	2
4		电子商务技术基础	8
5	职场实战	电子商务模式的应用	8
6		网络市场调研	6
7		网络客户关系管理	4
8		网络营销方法	8
9		个人网上创业	12
10		企业商务网站的策划与优化	8
总计		64	

本书提供了配套的电子教案和多媒体课件，可供教学过程中参考。

全书分为两个模块共 10 个实训项目、36 个任务，其中，第一模块和第二模块的实训项目 5 由宋艳苹编写，实训项目 6 由王玥编写，实训项目 7 由花景田编写，实训项目 8 由宋敏编写，实训项目 9 由李朝红编写，实训项目 10 由毕波编写。宋艳苹负责本书的框架构建、统稿和定稿等工作。

长春职业技术学院马朝阳院长审阅了全书并提出了修改意见，本书编写过程中也得到长春盘古科技有限公司高级客服经理葛春莲的大力支持和帮助，在此表示衷心的感谢。

编　者

目　录

第一模块　模拟体验

第二模块　职场实战

第一模块

模拟体验

- 实训项目 1　电子商务模式体验
- 实训项目 2　网络营销
- 实训项目 3　网上单证及 EDI
- 实训项目 4　电子商务技术基础

实训项目 1

电子商务模式体验

任务 1　电子银行

任务引入

李明在电子商务师实验室中以个人、特约商户和企业三种不同的角色各注册一个网上银行账号，用来进行各种交易活动，那么，如何进行申请呢？操作步骤又是怎么进行的呢？下面我们就要帮助李明来完成这个操作。

任务分析

要申请企业、个人和特约商户三个网上银行账号，就要分别在企业银行、个人银行和网上商城进行注册。电子商务师实验室提供了网上银行模块，主要功能是模拟网上银行系统，并为学生提供一个模拟的网上银行网站，让学生通过实验能够了解电子支付账号的申请及支付的过程、个人网上银行和企业网上银行的账户管理、存款业务、转账业务、账务查询等服务，使整个电子商务教学系统得以模拟网上支付流程及账户的管理过程。

相关知识

1．企业网上银行

企业网上银行为企业提供银行账号开户、存款等服务。让学生在 B2B 网上交易过程中使用电子支付功能（见图 1.1）。

2．个人网上银行

个人网上银行为个人提供银行账号开户、存款等服务。让学生拥有自己的网上银行账号，并用于系统内的各种网上支付活动，基本功能与企业网上银行相似。

3．网上商城

为网上商城提供银行账号开户、存款等服务。让学生在 B2C 的网上交易中使用电子支付功能。基本功能与企业网上银行相似。

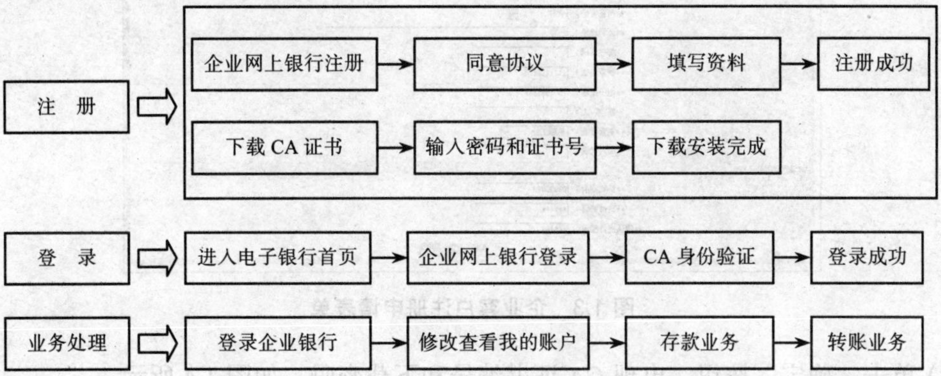

图 1.1　电子支付功能

任务实施

本次的任务是网上银行的申请及使用，为了完成这个任务，要掌握以下操作能力：

- 掌握企业网上银行的申请步骤及账户查询、存款、转账业务；
- 掌握个人网上银行账户查询、存款及转账业务；
- 掌握网上商城 B2C 商户银行账号开户、存款等功能。

1．企业网上银行

（1）企业网上银行账号的申请。

1）进入电子银行首页，如图 1.2 所示。单击“企业网上银行注册”，同意协议。

图 1.2　电子银行首页

2）打开“企业客户注册申请表”，填写信息，如图 1.3 所示。

图 1.3 企业客户注册申请表单

3）单击“确定”按钮。出现 CA 证书编号和下载密码，如图 1.4 所示。

4）进入 CA 认证首页。选择“CA 证书下载”，填写 CA 证书编号和下载密码，单击“下载数字证书”按钮，在“文件下载”中单击“打开”→“安装证书”→“下一步”→“完成”→“确定”按钮。

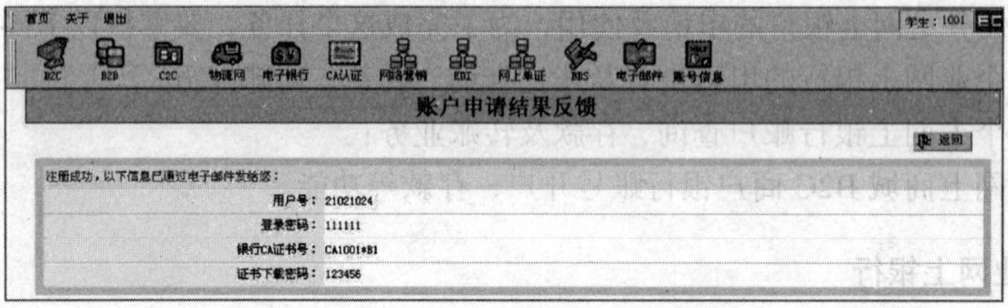

图 1.4 账户申请结果反馈界面

5）打开账号信息界面，企业用户银行账号为：21021024，如图 1.5 所示。

已注册账号信息列表

用户登录账号	账号说明	账行账号
1001*B1	银行企业用户	21021024
1001	电子邮件	
songyp	电子邮件	
CA1001*E1	电子邮件证书	
CA1001*E2	电子邮件证书	
CA1001*B1	企业银行CA证书	

图 1.5 账号信息界面

（2）登录企业网上银行并进行业务处理

1）在电子银行界面，单击“登录企业网上银行”，选择电子身份“CA1001*B1”进行认证，进入电子银行管理界面，如图 1.6 所示。

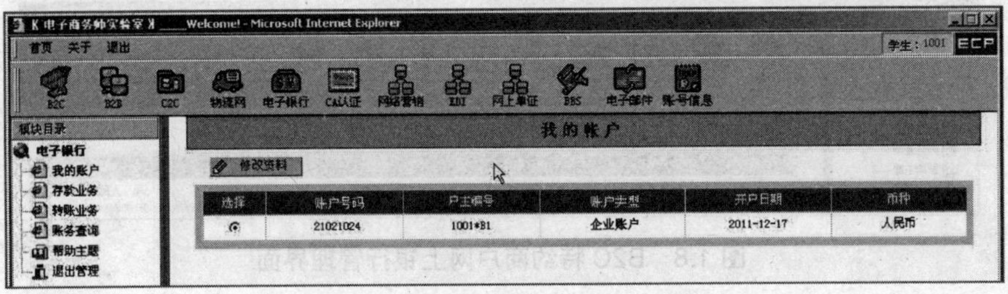

图 1.6　企业电子银行管理界面

2）在此界面中可进行“我的账户”、“存款业务”、“转账业务”、“账务查询”等业务的处理。

2．个人网上银行

（1）个人网上银行账号的申请。进入电子银行首页，选择“个人网上银行注册”，打开“网上银行个人服务申请表”，填写表单中的内容，单击“确定”按钮。出现“网上银行个人服务申请结果”界面，如图 1.7 所示。出现银行账号、支付密码和初始余额，这也可以在“账号信息”界面查询。

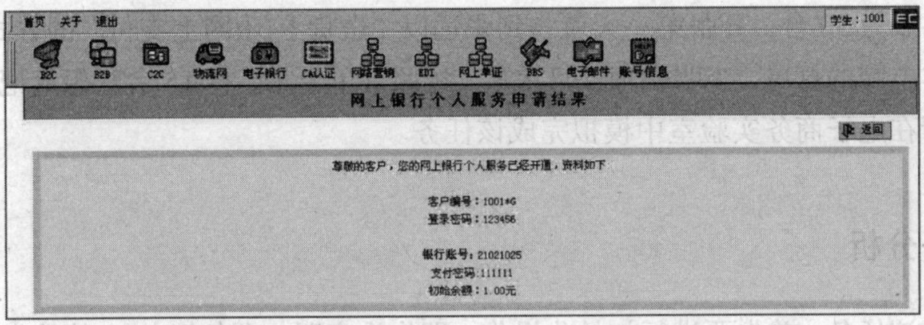

图 1.7　网上银行个人服务申请结果界面

（2）个人网上银行账号的管理。在电子银行首页，选择“登录个人网上银行”，银行客户号和登录密码会自动填写上，单击“确定”按钮，进入个人网上银行。在此可进行“我的账户”、“存款业务”、“转达账业务”和“账务查询”等业务处理。

（3）B2C 特约商户网上银行

1）B2C 特约商户网上银行的申请。进入电子银行首页，选择“申请 B2C 特约商户”，打开“B2C 特约商户申请表”界面，填写表单中的内容，单击“确定”按钮。出现“网上银行个人服务申请结果”界面，显示 B2C 特约商户网上银行服务已经开通，银行账号：21021026、支付密码：111111、初始余额：1.00 元。也可以在“账号信息”界面查询。

2）B2C 特约商户网上银行的管理。在电子银行首页，选择“登录 B2C 特约商户网上银行”，B2C 特约商户编号和登录密码会自动填写上，单击“确定”按钮，进入 B2C 特约商户网上银行管理界面。在此可进行“我的账户”、“存款业务”、“转达账业务”和“账务查询”等业务处理（见图 1.8）。

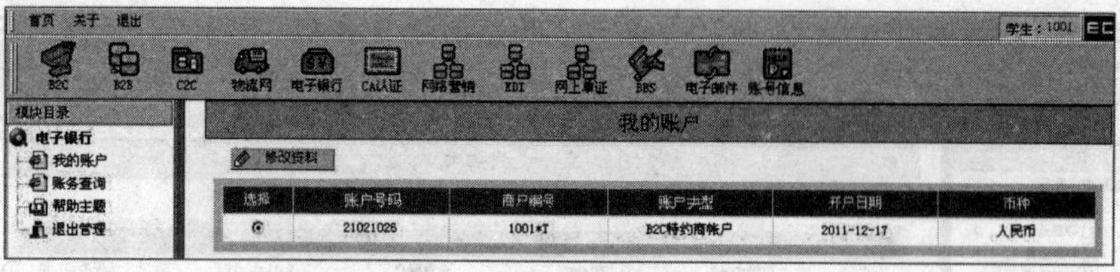

图 1.8 B2C 特约商户网上银行管理界面

任务 2 B2C 电子商务

任务引入

李明想要开一家网上商店，于是到一知名电子商务网站申请成为特约商户，商户名称为科飞商户，专卖商品类别为笔记本电脑，专卖店名称为联想笔记本专卖店，经营品牌为联想品牌。入驻商城后，对商店的模板、Logo、Banner 作了设置，然后发布网店，并添加了一批新商品，商品名称为联想笔记本电脑，进货价 7 000 元，市场价 8 000 元，优惠价 7 500 元。期初记账为 30 台，开张第一天就收到张远以“送货上门/网上支付”的方式订购 15 台联想笔记本电脑的订单，李明受理该订单后，按照订单要求，将 15 台联想笔记本电脑发货给张远。请在电子商务实验室中模拟完成该任务。

任务分析

要完成该任务，首先要进行初始化操作，即作为李明，准备好 B2C 特约商户的网上银行账号、入驻商城开设网上商店、采购商品，还要处理网上订单及发货。其次是作为张远，要注册成为 B2C 会员和个人网上银行账号，然后到网上商城购买商品即可。

相关知识

B2C 是在企业与消费者之间通过 Internet 进行商务活动的电子商务模式，本模块提供了一个电子商城网站，学生从申请入驻开设商店，网上模拟购物，到后台进销存管理，可以在一个完整的全真模拟环境内进行 B2C 商务等实际操作，从而了解网上商店的业务过程及其后台的运营、维护、管理等活动。B2C 包含消费者和商户两种角色，学生可以这两种身份模拟 B2C 电子商务活动。

该模块功能：商户入驻，用户注册，用户信息修改，商品搜索，浏览商品信息，在线购物，建立和维护商店、订单管理、商品管理、用户管理等。

B2C 前台购物流程如下（见图 1.9）：

1）消费者注册成为电子商城的会员；

2）消费者搜索商品；

3）消费者把选购的商品放入购物车；

4）消费者进入结算中心，通过电子支付结算账单；

5）购物完成，等待商家送货。

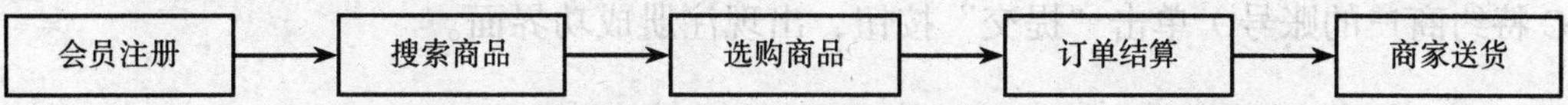

图 1.9　B2C 前台购物流程

B2C 后台管理流程如图 1.10 所示。

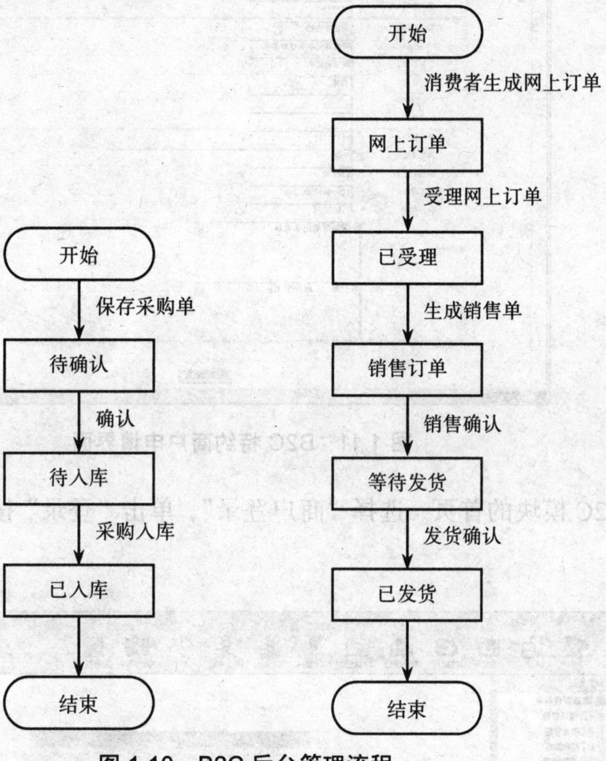

图 1.10　B2C 后台管理流程

任务实施

本次的任务是在 B2C 模块中完成个人与 B2C 特约商户之间的交易活动，为了完成这个任务，主要掌握以下操作能力：

- 掌握注册 B2C 会员和网上购买商品的操作流程；
- 掌握 B2C 特约商户入驻的申请流程；

- 掌握B2C特约商户商店的建立、商品的管理和订单处理的操作流程；
- 掌握商品采购的操作流程。

1. B2C特约商户

（1）商城入驻

1）进入B2C模块的首页，选择“商户登录”，打开“商户登录”界面，单击“商户入驻”按钮。填写“填写商户基本信息”表单上的信息，如图1.11所示。（银号账号要填写B2C特约商户的账号）单击“提交”按钮，出现注册成功界面。

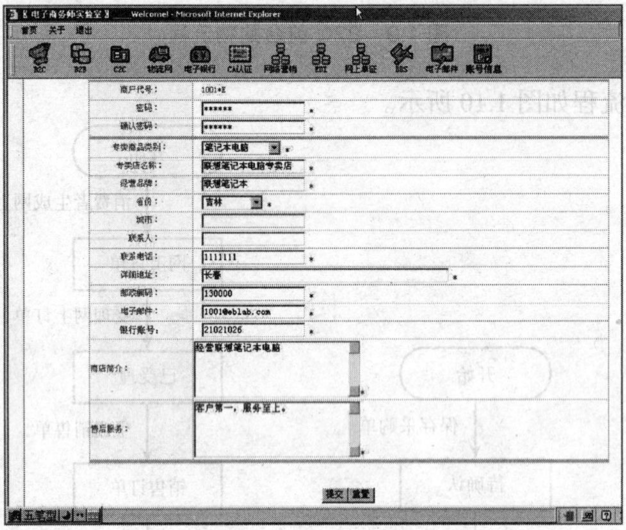

图1.11 B2C特约商户申请界面

2）进入B2C模块的首页，选择“商户登录”，单击“登录”按钮，进入商店管理后台，如图1.12所示。

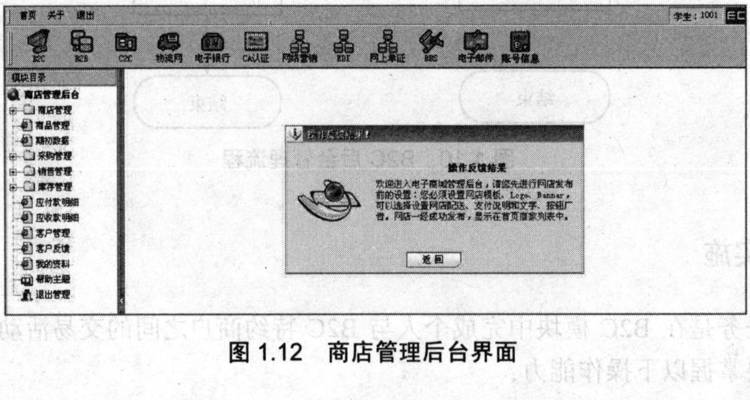

图1.12 商店管理后台界面

3）在商店管理后台的左侧目录中，单击“商店管理”按钮，首先进行“网店模板”的设置，在系统提供的四个模板中任选其一，单击“确认”按钮。再进行“网店LOGO”的设置，单击“浏览”按钮，选择一个 LOGO 图片，单击“确认”按钮。同理进行“网店 BANNAR”的设置，其次单击“发布网店”，单击“确认”按钮。

4）在商店管理后台的左侧目录中，单击“商品管理”按钮，再单击“登记新商品”按钮，进入商品添加界面。填写商品添加表单，如图 1.13 所示。单击“确认”按钮，出现“商品添加成功”提示。

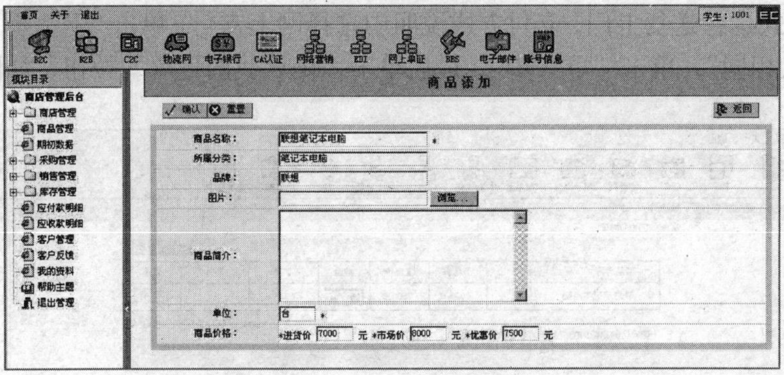

图 1.13　商品添加界面

5）在商店管理后台的左侧目录中，单击“期初数据”按钮，在“期初商品”设置界面，一定要填写“数量”一栏，然后单击“保存”按钮，再单击“记账”按钮。出现“商品期初记账成功”提示（见图 1.14）。

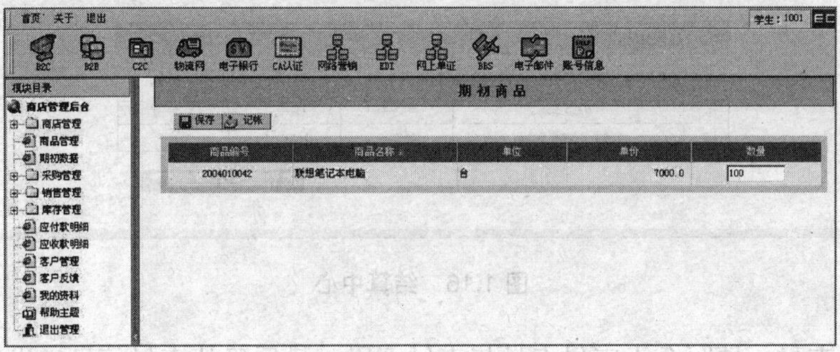

图 1.14　期初商品界面

6）采购管理。在商店管理后台的左侧目录中，单击“采购管理”按钮，在“采购管理”下拉列表中选择“采购订单”，在采购单列表中单击“新单”→“选择商品”按钮，在商品列表中进行商品的选择，然后单击“确定”按钮。在新建采购订单中，填写采购商品的数量 50，再填写选择交货方式、运输方式、交货日期、交货地点、结算方式、供应商和业务员的相关信息。单击“保存新单”。选定该订单，单击“明细”按钮，再进行“确认”；选择“采购入库”，选择该订单，再单击“明细”按钮，单击“采购入库”，使采购的商品入库；再选择“单据结算”，选中该订单，单击“明细”按钮，再单击“结算”。最后可进行“单据查询”。完成整个商品采购任务。

（2）个人网上购物。

1）会员注册。在 B2C 模块首页中，单击“会员注册”，用户名为“zhangyuan”，填写用户基本信息表，然后提交。

2）购买商品。进入 B2C 模块首页中，找到李明开设的“联想笔记本电脑专卖店”，单击“购物”按钮，出现如图 1.15 所示的购物车信息，在数量一栏中填写“15”，单击修改数量按钮，再单击“结账”。填写会员名进入结算中心，选择该订单，进行结算，如图 1.16 所示。送货方式选择送货上门，支付方式说明中选择网上支付。单击“下一步”，再选择“收货人与订货人相同”，单击“下一步”，最后单击“确认我的订单”按钮，如图 1.17 所示。

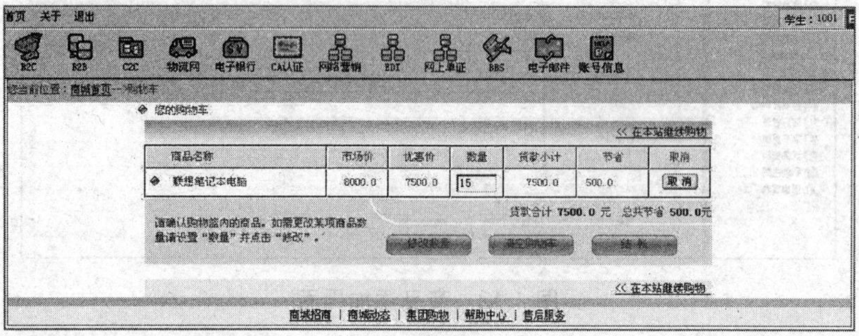

图 1.15 购物车信息

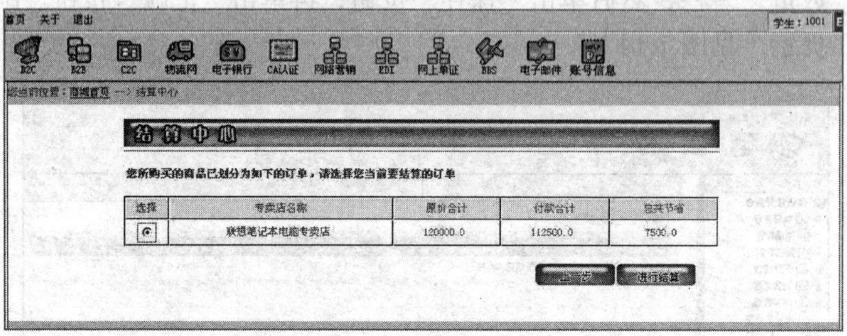

图 1.16 结算中心

进行网上支付，填写个人支付卡号与支付密码，最后确认支付信息，出现网上支付成功的信息，完成订单提交操作。

（3）商家后台订单处理。

1）在 B2C 模块首页中，进行商户登录，进入商店管理后台，在左侧的目录中选择销售管理，在销售管理下拉列表中，选择“网上订单”项，在网上订单界面中选择 zhangyuan 的订单，单击“明细”按钮，再单击“受理”按钮，出现“受理网上订单完成”信息。

2）在销售管理下拉列表中选择“销售订单”项，选中该订单，单击“明细”，进行确认完成。选择“发货处理”列表项，选中该订单，再单击“明细”，确认发货即可，出现发货处理完成，如图 1.18 所示。

图 1.17　订单号界面

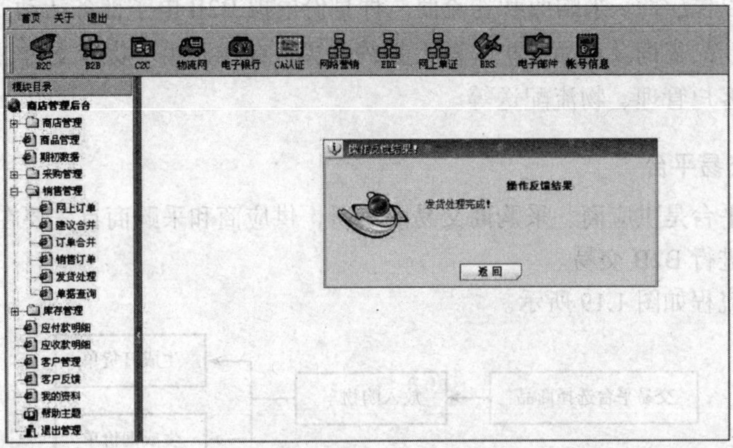

图 1.18　发货处理完成界面

任务 3　B2B 电子商务

任务引入

L 公司是一家空调生产商，企业名称为 L 公司，其产品为大华空调。K 公司是一家空调经销商，以订货单、网上询价和网上招标三种方式各采购了 L 公司的 50 台大华空调。W 公司是一家物流公司，企业注册为 W 公司，该物流公司拥有 2 个仓库和 2 辆卡车。L 公司为了顺利开展业务，特向 W 公司申请物流服务。W 公司经过审核，批准了 L 公司的申请。于是 L 公司往 W 公司仓库里发了 200 台空调，及时补充了库存。请在电子商务师实验室模拟完成上述操作。

任务分析

要完成该任务，首先了解 B2B 模式中，供应商、采购商和物流商三者之间的业务往来，并且要掌握三者的初始化情况，供应商是生产商品的企业，采购商是经销商品的企业，在交易过程中要靠物流公司进行配送货物。也就是供应商、采购商和物流商都要有企业网上银行账号，还要注册会员，并且都要进行 CA 认证。

相关知识

B2B 电子商务是企业与企业之间经过 Internet 进行的商务活动。该模块提供了企业相互之间的交易服务平台，学生们通过对 B2B 交易平台的操作，可以熟悉并了解 B2B 电子商务主要的业务流程及 B2B 电子商务的后台管理活动。

学生可以以供应商、采购商和物流商三种身份模拟 B2B 电子商务活动。具备功能：企业产品发布、产品查询及产品维护、网上签约购买、在线购买、货款支付、订单交易、企业数据维护、客户管理、物流配送等。

1. B2B 交易平台

电子交易平台是供应商、采购商交易的场所，供应商和采购商首先要在电子交易平台上注册，才能进行 B2B 交易。

采购订货流程如图 1.19 所示。

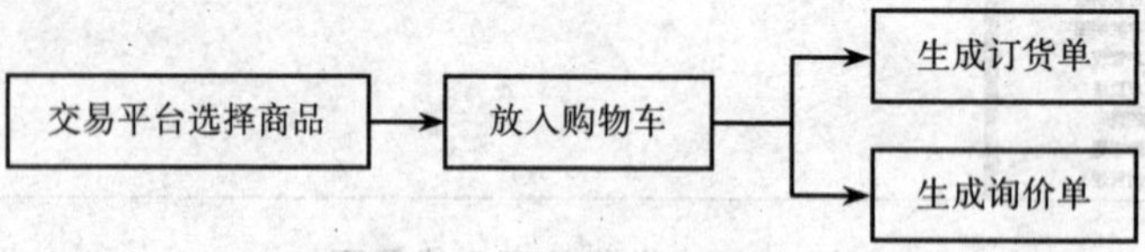

图 1.19 采购订货流程

生成订货单流程如图 1.20 所示。

图 1.20 生成订货单流程

生成询价单流程如图 1.21 所示。

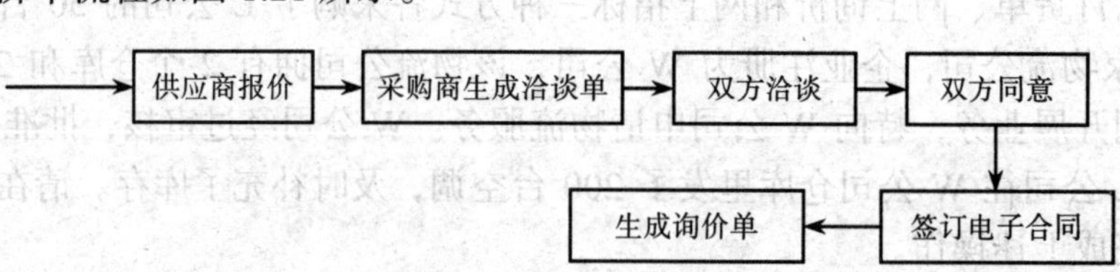

图 1.21 生成询价单流程

2. 采购商后台管理

采购商进入首页→采购商→采购商身份验证→采购商后台管理。采购商可在此对自己的采购进行跟踪管理，并在此与供应商进行交易对话，为采购商提供一个方便、快捷的交易平台，包括的模块有订单处理、订单查询、应付款查询、网上洽谈、电子合同、我的资料等模块（见图 1.22）。

图 1.22　B2B 采购商后台管理

3. 供应商后台管理

学生以供应商身份登录，单击“后台管理”，在后台管理界面可以进行订单处理、订单查询、产品目录、价格管理库存查询、发货处理、调拨处理、网上洽谈、电子合同、应付应收查询、商品残损查询客户管理和我的资料操作，如图 1.23 所示。

图 1.23　B2B 供应商管理后台

4．物流商管理

电子商务下的物流配送，是信息化、现代化、社会化的物流和配送，是指物流配送企业采用网络化的计算机技术和现代化的软件系统及先进的管理手段，针对社会需求，严格地、守信用地按用户要求完成商品的采购、存储、配送等一系列环节。如果缺少了现代化的物流管理，无论电子商务是多么便捷的贸易形式，仍将是无米之炊。

（1）物流管理前台。物流管理前台主要功能是浏览物流商的信息，同时供供应商申请物流服务。供应商可以选择多个物流商，每个物流商有多个仓库，供应商把货物存放到物流商的任何仓库中。前台主要是完成申请物流服务。

（2）物流管理后台。本模块主要为物流商在配送处理中受理供应商在订单处理中生成配送单（见图 1.24）。

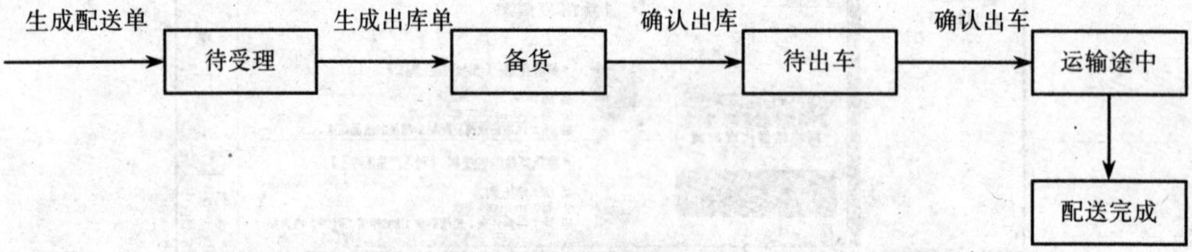

图 1.24　物流管理后台

5．B2B 模块操作流程（见图 1.25）。

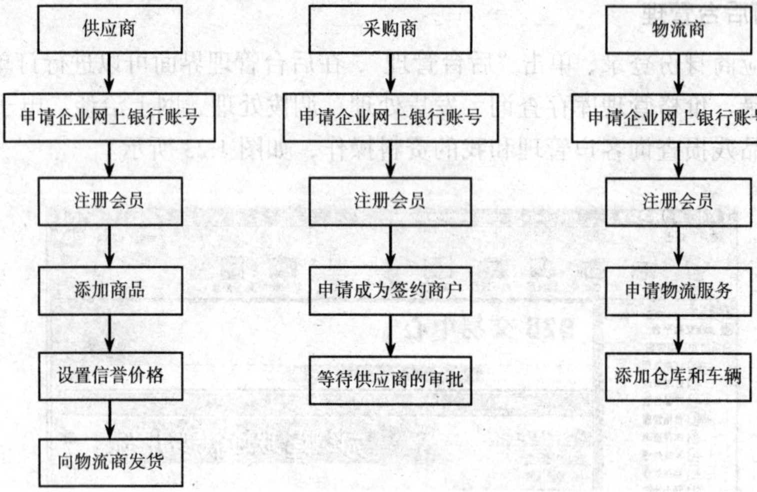

图 1.25　B2B 模块操作流程

任务实施

本次的任务是在 B2B 模块中完成供应商、采购商与物流商三者之间的交易活动，为了完成这个任务，主要掌握以下操作能力：

- 掌握注册供应商、采购商与物流商会员的操作流程；

- 掌握供应商、采购商与物流商的初始化操作流程；
- 掌握 B2B 网上订单处理、电子合同的签订的操作流程；
- 掌握 B2B 招投标的操作流程。

1. 供应商、采购商与物流商的初始化

（1）供应商的初始化。

1）进入 B2B 模块的首页，选择“会员注册”，打开“会员注册信息填写表单，填写供应商表单的信息，如图 1.26 所示。进入 CA 认证界面，进行 CA 认证，完成供应商会员注册。

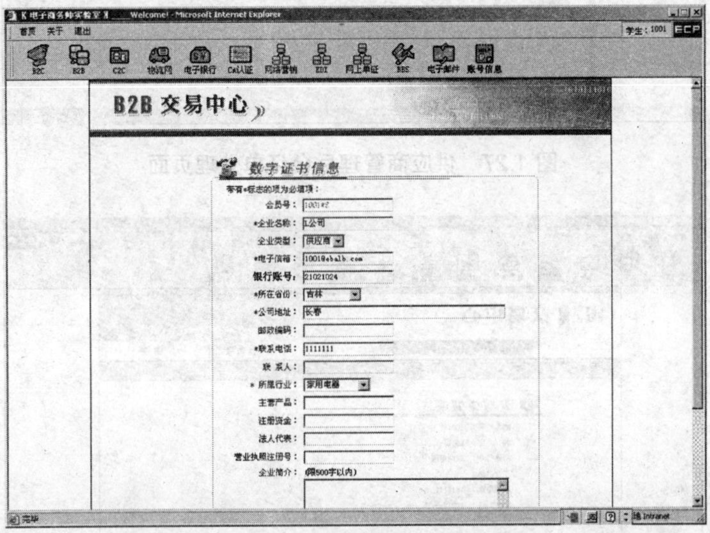

图 1.26　供应商会员注册表单

2）在 B2B 模块的首页中，选择供应商登录，经 CA 身份验证通过后进入供应商的后台，如图 1.27 所示。在 B2B 交易平台的供应商管理目录中，选择“产品目录”，打开商品列表界面，单击“新增产品”，填写添加商品信息表单，单击“保存”按钮。

3）在 B2B 交易平台的供应商管理目录中，选择“价格管理”，打开价格管理列表界面，设置信誉价格，首先选择信誉级别，如“3 级”，再设置信誉价和最小购买数量，单击“保存”按钮。

（2）采购商初始化。

1）进入 B2B 模块的首页，选择“会员注册”，打开“会员注册信息填写表单，填写采购商表单的信息。进入 CA 认证界面，进行 CA 认证，完成采购商会员注册。

2）在 B2B 模块的首页中，选择采购商登录，经 CA 身份验证通过后进入采购商的前台界面，在其左侧单击供应商 L 公司，如图 1.28 所示。在打开的界面中采购商申请成为供应商 L 公司的签约商户，故单击“申请成为签约商户”按钮，在双方协议的界面中单击“同意”按钮，等待供应商 L 公司的审批。

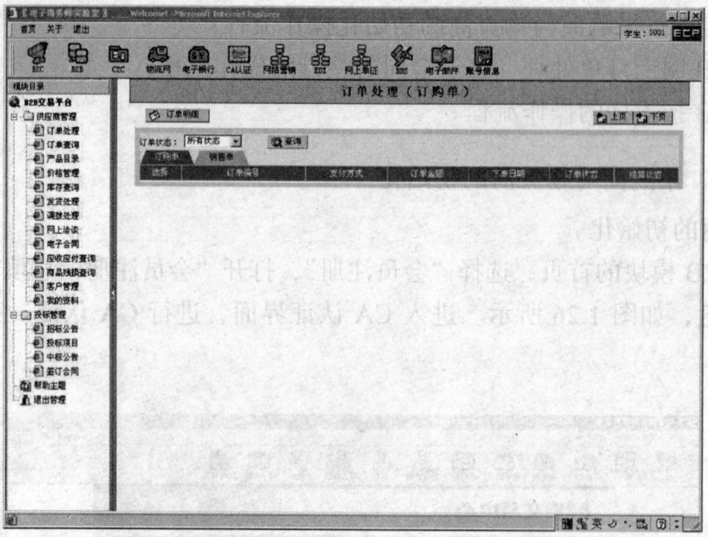

图 1.27 供应商管理后台订单处理页面

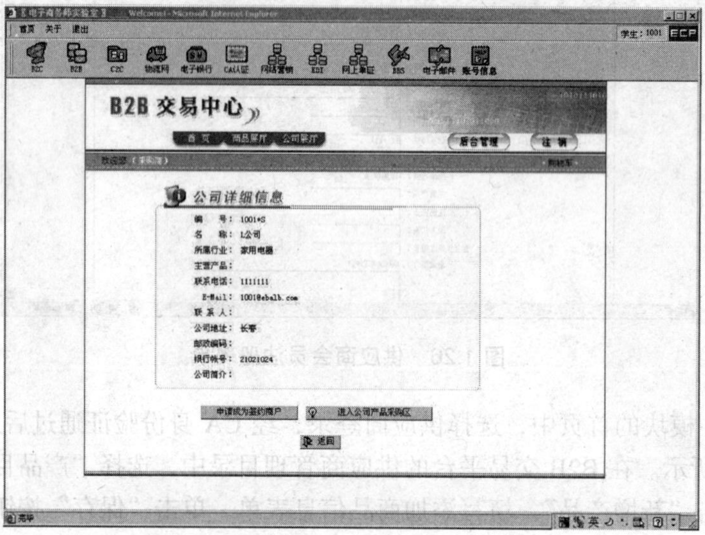

图 1.28 B2B 交易中心

3）再进入供应商的管理后台，单击“供应商管理”中的“客户管理”，选中该采购商，单击“客户明细”按钮，再单击“同意签约”按钮审批结束。

（3）物流商初始化。

1）打开物流网模块的首页，如图 1.29 所示。选择“会员注册”，打开会员注册信息填写表单，填写物流商表单的信息。进入 CA 认证界面，进行 CA 认证，完成物流商会员注册。

2）申请物流服务。在物流网首页中，单击供应商“L 公司”，出现申请物流服务界面，如图 1.30 所示。单击“申请物流服务”按钮，打开签署协议界面，单击“同意”按钮，出现物流服务申请成功，请等待物流商审批。在物流网首页中，单击“物流管理”按钮，经CA 身份验证通过后进入物流商的后台界面。选择“客户管理”，选中该客户，单击“客户明细”按钮，单击“审批”即可。

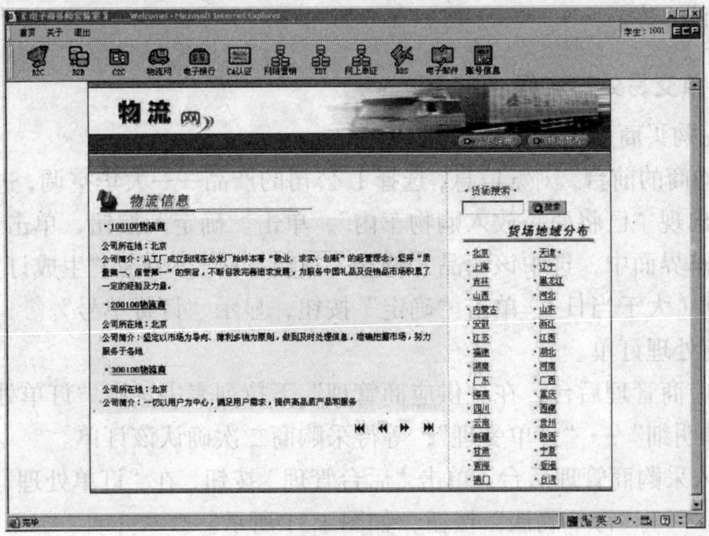

图 1.29　物流商首页

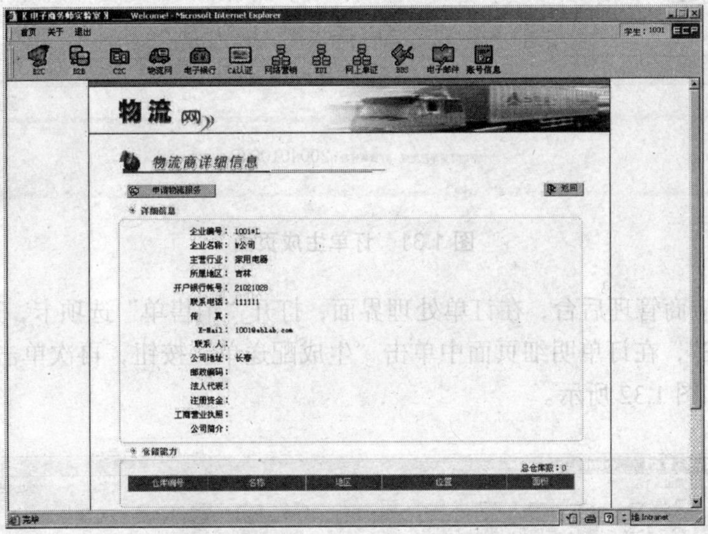

图 1.30　物流商申请会员页面

3）添加仓库和车辆。进入物流商后台物流配送中心，选择“仓库管理”，单击“新增仓库”按钮，填写“新增仓库信息”表单，单击“确认”按钮，添加 A 仓库完成。同理再添加一个 B 仓库。再选择“车辆管理”，单击“新增车辆”按钮，添加两个车辆。

4）供应商给物流商发货。进入供应商管理后台，在“供应商管理”下拉列表中选择“发货处理”，选择“新建发货单”→“选择发货商品”→“确认选择”。选择收货方W公司和收货仓库 A 仓库，再填写货数量，单击“确认发货”，执行发货操作成功。再进入物流网的管理后台，在“物流配送中心”的下拉列表中选择“入库处理”，选中入库单，单击“入库单明细”，确认入库。

2．B2B 订单交易处理流程

（1）采购商购买商品。

1）进入采购商的前台，浏览信息，选择 L 公司的产品——大华空调，进入产品采购区，选择“购买”，出现“已将商品放入购物车内”，单击“确定”按钮，单击“购物车”。

2）在购物车界面中，选中该商品，选择“重新计价”，单击“生成订货单”按钮，选择最迟交货日期（大于当日），单击“确定”按钮，显示“订货单号”。

（2）供应商处理订单。

1）进入供应商管理后台，在“供应商管理”下拉列表中选择“订单处理”，选中该订单，单击“订单明细”→“订单受理”，等待采购商二次确认该订单。

2）再次进入采购商管理后台，单击“后台管理”按钮，在“订单处理”中选择该订单，单击“订单明细”→“订单确认”按钮，如图 1.31 所示。

图 1.31　订单生成页面

3）进入供应商管理后台，在订单处理界面，打开“销售单”选项卡，选中该订单，再单击“订单明细”，在订单明细页面中单击“生成配送单”按钮，再次单击“确定”即可，生成配送单，如图 1.32 所示。

图 1.32　生成的配送单号

（3）物流商配送商品。

1）进入物流网的管理后台，选择“配送处理”，选中该单据，单击“配送单明细”→“生成出库单”。该单据的状态为备货中，如图 1.33 所示。

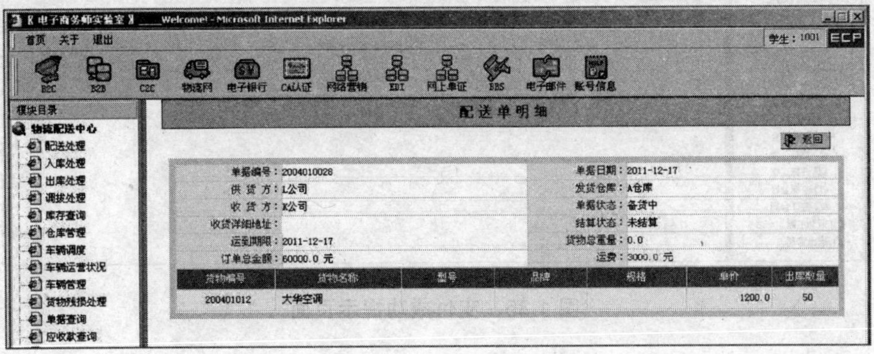

图 1.33　配送单明细

2）在物流配送中心平台选择“出库处理”，选中该出库单，单击“出库单明细” →“确认出库”。

3）出库的商品，要进行车辆配送，选择“车辆调度”→“车辆分配”，选择车辆，单击“分配”按钮，再单击“确定分配”按钮。

4）再次选择“配送处理”，选中配送单号并单击“配送单明细”按钮，出现“送货完成”界面，如图 1.34 所示，再单击“送货完成”。

5）进入采购商管理后台，选中该订单，单击“订单明细”，再单击“收货确认”，收货完成。

（4）结算。进入采购商管理后台，选择“应付款查询”，选中应付款单据，单击“应付款明细”。选中要付款的订单，单击“订单明细”按钮，在订单明细中单击“订单结算”按钮，进行电子身份认证，在支付密码框中输入支付密码，出现支付成功信息，如图 1.35 所示。

图 1.34　送货完成页面

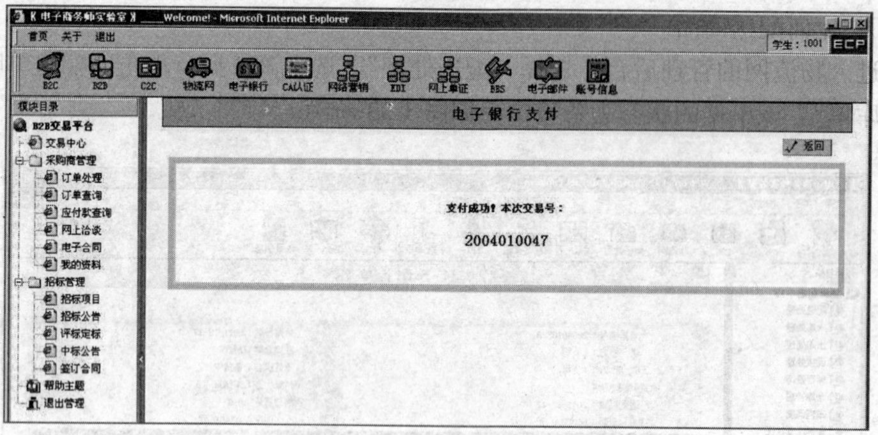

图 1.35　支付成功提示页面

3．B2B 电子合同

（1）采购商购买商品，生成询价单。

1）进入采购商的前台，浏览信息，选择 L 公司的产品——大华空调，进入产品采购区，选择“购买”，出现“已将商品放入购物车内”，单击“确定”按钮，单击“购物车”。

2）在购物车界面中，选中该商品，选择“重新计价”，单击“生成询价单” →“生成询价单”，如图 1.36 所示。

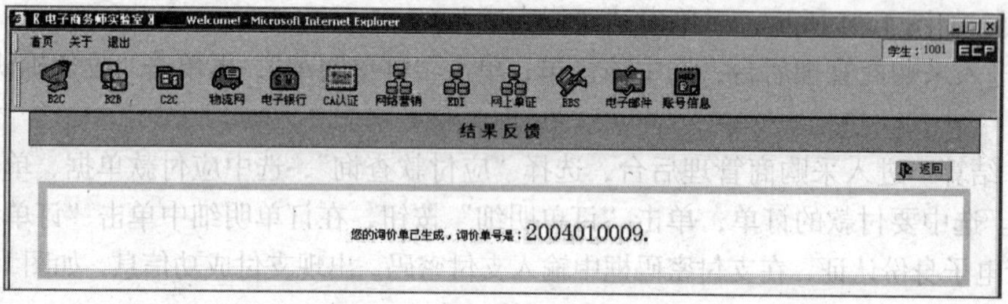

图 1.36　询价单生成页面

（2）双方签订电子合同。

1）进入供应商管理后台，在“供应商管理”下拉列表中选择“网上洽谈”，进行报价，然后提交报价单。

2）进入采购商管理后台，单击“网上洽谈”按钮，选中该询价单，单击“询价单明细” →“生成洽谈单”。在网上洽谈界面中，选择“洽谈单”选项卡，选中该洽谈单，单击“洽谈单明细”按钮，进入电子合同洽谈室。

3）在电子合同洽谈室中，采购商填写洽谈合同内容，单击“提交”按钮，出现提交成功信息，再单击“同意”按钮。

4）进入供应商管理后台，在“供应商管理”下拉列表中选择“网上洽谈”，在网上洽谈界面中，选择“洽谈单”选项卡，选中该洽谈单，单击“洽谈单明细”按钮，进入电子合同洽谈室。供应商直接单击“同意”按钮，双方达成协议。

5）进入采购商管理后台，单击“电子合同”按钮，选中该合同，单击“合同明细”→“签订合同。再进入供应商管理后台，单击“电子合同”按钮，选中该合同，单击“合同明细”→“签订合同。这样双方电子合同已签订完毕，如图 1.37 所示。

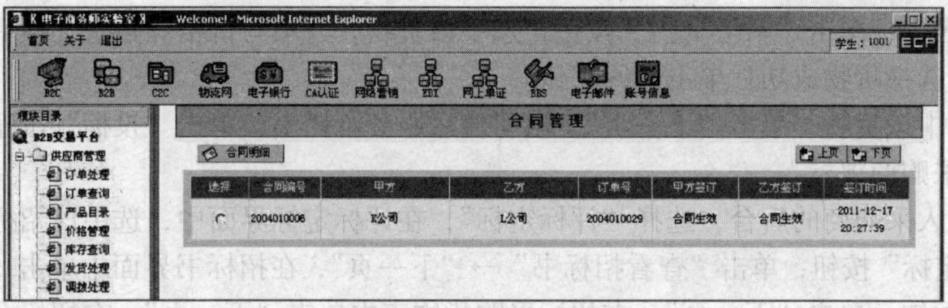

图 1.37 电子商务签订页面

（3）进行订单处理，并发货。在供应商管理后台中，选择“订单处理”，把交易类型是电子合同的订单选中，生成配送单，以后操作步骤同 B2B 订单交易处理流程的操作步骤。

4．B2B 招投标

（1）采购商做招标书。

1）进入采购商的后台，选择“招标项目”，在招标项目界面中，单击“新建招标项目”按钮，撰写招标书，如图 1.38 所示。招标书写好后，单击“下一步”按钮，撰写招标须知，之后再单击“下一步”按钮，进入招标采购货物表界面，单击“新增货物”按钮，填写货物信息并保存。

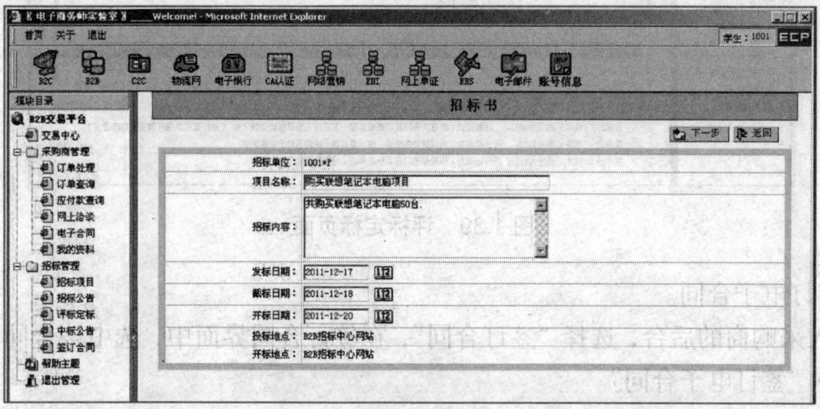

图 1.38 撰写招标书页面

2）再选中该货物，单击“下一步”按钮，在招标合同中，填写招标合同等信息，单击“下一步”按钮，填写招标公告内容、公布日期和截标日期，最后单击“发布公告”按钮。

（2）供应商投标。

1）进入供应商管理后台，在“供应商管理”下拉列表中选择“招标公告”，选中招标项目，单击“公告明细”按钮，下载投标书。

2）在“供应商管理”下拉列表中选择“投标项目”，选中投标项目，单击“投标项目明细”按钮，查看招标书，单击“下一页”，查看招标须知，再单击“下一页”，在招标采购货物表界面中，单击“制作投标书”按钮。进入投标书界面，单击“下一页”按钮，在竞标报价表中，单击“新增货物”按钮，选中该货物，并填写价格和数量，最后单击“确认选择”，选择货物成功！单击返回按钮。

3）选中该货物，单击“下一页”，填写售后服务承诺书，单击“投标”按钮。

（3）采购商评标。

1）进入采购商的后台，选择“评标定标”，在评标定标界面中，选中该招标项目，单击“评标定标”按钮，单击“查看招标书”→“下一页”，在招标书界面中单击“下一页”，浏览招标须知，单击“下一页”，在招标采购货物表中单击“下一页”，在招标合同中单击“下一页”，在招标公告中单击“上一页”，连续向上翻页，直到出现“截止投标”，单击该按钮，截止投标。

2）再次单击“评标定标”，选中招标项目，单击“评标定标”按钮，填写评标专家姓名，填写商务得分和技术得分，如图 1.39 所示。单击“评标”按钮，评标成功。

图 1.39 评标定标页面

（4）签订电子合同。

1）进入采购商的后台，选择“签订合同”，在签订合同界面中，选中该合同，单击“合同明细”→“签订电子合同”。

2）在“供应商管理”下拉列表中选择“签订合同”，在签订合同界面中，选中该合同，单击“合同明细”→“签订电子合同”。

（5）进行订单处理，并发货。在供应商管理后台中，选择“订单处理”，把交易类型是电子合同的订单选中，生成配送单，以后操作步骤同 B2B 订单交易处理流程的操作步骤。

任务 4　C2C 电子商务

任务引入

刘芳喜欢收集各种明信片，经常在网上进行交易，这次他准备把一套全新的长城明信片拿出来拍卖，起拍价为 15 元，在线 10 天，最后这套明信片被一顾客以 50 元的价格拍得。请在电子商务师实验室中模拟完成以上交易。

任务分析

要完成该任务，首先了解 C2C 模式中，拍卖方和竞拍方两者所要达到的目的，一方是卖东西，一方是买东西，并且都要注册成为会员。当竞拍价一旦高于起拍价，即拍卖成功。

相关知识

C2C 电子商务是在消费者与消费者之间进行的商务模式，它通过 Internet 为消费者提供进行相互交易的环境——网上拍卖、在线竞价。本模块模拟了 C2C 模式的网上拍卖网站，学生通过在网上拍卖过程中的实践操作，深刻了解 C2C 模式电子商务的内涵和本质以及该种模式的前台业务流程及后台管理，如图 1.40 所示。

图 1.40　C2C 首页

学生模拟身份：消费者。

具备功能：拍品搜索、物品拍卖、竞价购买、拍品发布、拍品管理等。

学生可以在本模块拍卖与竞拍。

拍卖：学生填写身份后，就可以根据分类，登记新商品进行拍卖（见图 1.41）；

竞拍：根据商品分类找到合适的商品，出价竞拍，价高者得（见图 1.42）。

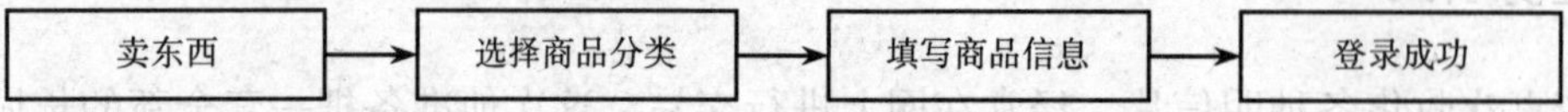

图 1.41　拍卖

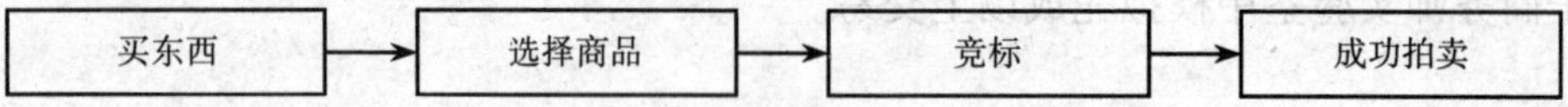

图 1.42　竞拍

任务实施

本次的任务是在消费者与消费者之间进行拍卖和竞拍。为了完成这个任务，主要掌握以下几方面的技能：

- 掌握 C2C 会员注册的操作步骤；
- 掌握网上拍卖商品的操作流程；
- 掌握网上竞拍商品的操作流程；
- 掌握拍卖与竞拍的规则。

1．拍卖

（1）注册会员。在 C2C 模块首页面中，单击免费注册按钮，出现会员注册填写表单，根据表单的内容填写完成，出现注册成功字样（见图 1.43）。

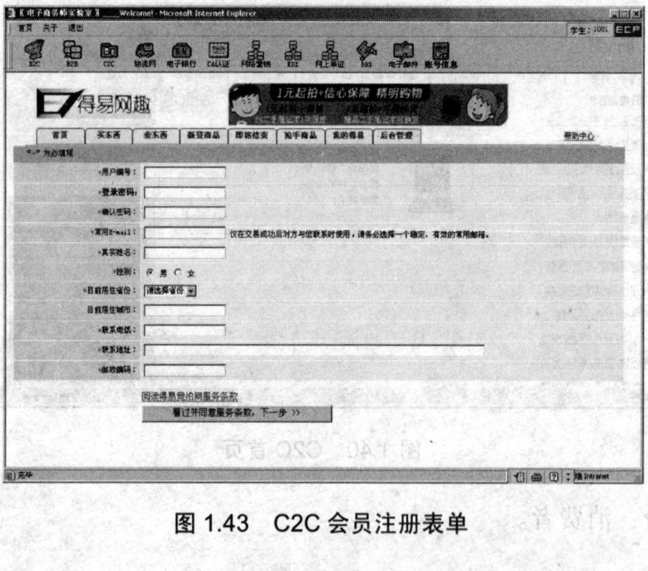

图 1.43　C2C 会员注册表单

（2）卖东西。单击“卖东西”按钮，再单击“邮币/古董/字画/收藏”分类，输入用户名和密码，然后单击“确定”按钮，填写商品信息与价格。单击“下一步”按钮，商品登记成功。

2．竞拍

（1）注册会员（同上）。

（2）买东西。单击“买东西”按钮，再单击“邮币/古董/字画/收藏”分类，在该分类中选取长城明信片，单击“出价”按钮，出现如图 1.44 所示的界面。输入注册的会员名和密码，再填写出价为“50”，最后单击“出价”按钮。再单击“确认”按钮，竞价成功（见图 1.45）。

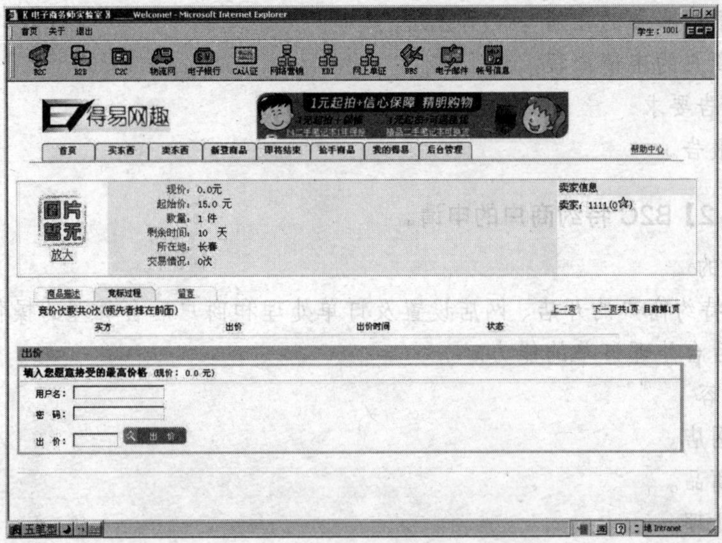

图 1.44　竞拍方出价页面

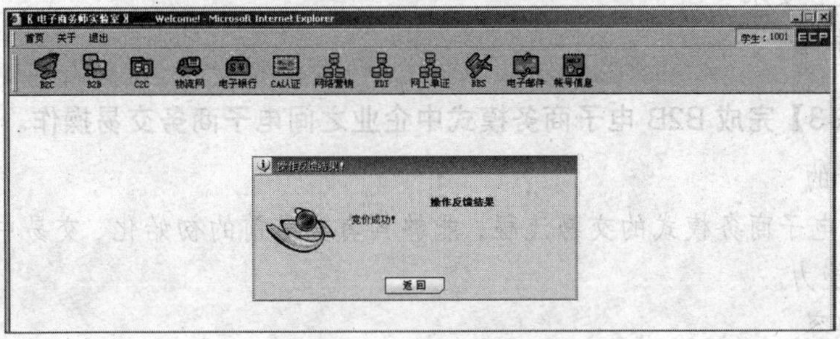

图 1.45　竞拍成功页面

3．后台管理

在 C2C 模块首页面中，单击后台管理，在 C2C 管理后台中，选择“拍卖商品管理”选项，能够查询出该商品的拍卖情况。

技能训练

【技能训练 1】在电子商务实验室中分别申请个人网上银行账号、企业网上银行账号、特约商户的申请。

1．实验目的

掌握网上银行账号的申请流程和认证过程，重点了解企业网上银行账号的参数设置。

2．实验内容和步骤

（1）电子银行的使用方法。

（2）个人银行账号的注册与使用方法。

（3）企业银行账号的注册与使用方法。

（4）特约商户的申请流程。

3．实训报告要求

撰写实训报告。

【技能训练 2】B2C 特约商户的申请。

1．实训目的

掌握 B2C 特约商户的开店、网店设置及订单处理和商户后台管理的操作流程，能够具有前台购物和后台处理订单的能力。

2．实训内容

（1）设置网店。

（2）添加商品。

（3）订单处理。

（4）发货。

3．实训报告要求

撰写实训报告。

【技能训练 3】完成 B2B 电子商务模式中企业之间电子商务交易操作。

1．实训目的

掌握 B2B 电子商务模式的交易流程，能够具有交易前的初始化、交易中的订单处理和交易后的查询能力。

2．实训内容

（1）对采购商、供应商和物流商进行初始化。

（2）采购商购买商品的操作流程。

（3）供应商处理订单和商品管理的操作流程。

（4）物流商仓库、车辆及配送管理。

3．实训报告要求

撰写实训报告。

【技能训练 4】完成 C2C 电子商务模式中网上拍卖和竞拍的操作。

1．实训目的

掌握 C2C 电子商务模式的交易流程，能够具有网上拍卖和竞拍的能力。

2．实训内容

（1）对拍卖和竞拍双方进行注册。

（2）网上拍卖。

（3）网上竞拍。

（4）拍卖、竞拍结果的查询。

3．实训报告要求

撰写实训报告。

实训项目 2

网络营销

任务 5　商业信息和商业新闻的发布

任务引入

李明在电子商务师实验室中建立了网上商店，近期一些商品有促销活动，准备在网上发布一些商业信息和商业新闻进行网络营销活动，那么，我们如何进行信息发布呢？操作步骤又是怎么进行的呢？下面我们就要帮助李明来完成这个操作。

任务分析

在电子商务师实验室中，可以把商业信息和商业新闻发布到网络营销首页上，或一些网店的页面上。这样我们需要在网络营销模块中注册成为会员，再进行商业信息和商业新闻的发布工作。

相关知识

网络营销以互联网络为媒体，以新的方式、方法和理念实施营销活动，更有效促成个人和组织交易活动的实现。网络营销具有很多定义，内容非常丰富。网络具有传统渠道和媒体所不具备的独特特点，即信息交流自由、开放和平等，而且信息交流费用非常低廉，信息交流渠道直接又高效。因此网络营销已渐渐取代传统营销。

本模块模拟一个网络营销公司的日常运作过程，因为公司以赢利为第一目的，所以该公司提供的所有服务都要收费。

网络营销公司向本软件的电子商务模拟环境的网络营销公司提供了商业信息和商业新闻等服务。

任务实施

（1）注册网络营销会员。打开网络营销首页，单击“注册”按钮，填写会员注册表单，单击“确定”按钮，返回到网络营销首页，如图 2.1 所示。

图 2.1　网络营销首页

（2）在网络营销首页中，单击“会员登录”按钮，进入网络营销后台。单击“商业信息”，在商业信息页面中，单击“新增”按钮，填写标题“联想笔记本有奖促销活动”，内容为“联想笔记本有奖促销活动是买一立减 500 元”，并选择商业信息的类型为“供”，单击“确定”按钮，发布成功。

（3）在网络营销后台界面中，单击“商业新闻”，在商业新闻页面中，单击“新增”按钮，填写标题“新型联想笔记本问世”，内容为“联想笔记本新型问世”，并选择商业信息的类型为“国内资讯”，单击“确定”按钮，发布成功。

（4）进入网络营销首页，在菜单栏中选择“商业信息”栏目，则在打开的商业信息页面中显示新发布的商业信息“联想笔记本有奖促销活动”。

（5）进入网络营销首页，在菜单栏中选择“商业新闻”栏目，则在打开的商业新闻页面中显示新发布的商业新闻“联想笔记本新型问世”。

任务 6　网上调查问卷

任务引入

李明的网上商店经过一段时间的经营，有了一些盈利，但他还要再进一步扩大经营的范围，于是，通过网上调查问卷的方式，进一步使网店准确定位，利用电子商务师实验室中网络营销模块怎样才能发布一份有效的网上调查问卷呢？下面我们就要帮助李明来完成这个操作。

任务分析

在电子商务师实验室中，我们可以设计网上调查问卷，同时把该调查问卷发布出去，还能通过图表的形式反馈调查问卷的结果，让我们通过该结果对产品及网店经营情况进行分析，使网店定位进一步准确。

相关知识

1. 在线调查问卷的形式

网络调查问卷依其问题提出的方式决定了问卷的结构程度，从而可以分为有结构和无结构问卷。无论是什么结构的问卷，一般可采用有五种项目方式。

（1）是否式：以是、否或正、误对问题做出回答。

（2）选择式：在多个备选答案中选择最符合自己想法的一项。

（3）排列式：按照重要性或时间性等标准，对备选答案排出等级或顺序。

（4）填空式：在列出的问题括号中填入自己的情况或看法。

（5）量表式：以量表的方式让网民对问题做出反应。

在网络问卷调查中，是否式、选择式最为常用，填空式次之。排列式和量表式比较少见。因为在网页设计和后台程序的设计中较难实现这两种形式。一般情况下，可将其转化为选择式问卷。

2. 在线调查问卷的设计应注意的问题

（1）明确调查的目的和内容，问卷的设计应该以此为基础。

（2）明确调查对象，问卷设计的语言措辞要得当。

（3）在问卷设计时，应该考虑数据统计和分析是否易于操作。

（4）卷首应该有明确说明，特别是涉及个人资料，应该有隐私保护说明。

（5）问题数量应该合理、逻辑化、规范化。

（6）要预先进行测试。

3. 在线调查问卷的制作

设计问卷的目的是更好地收集市场信息，因此在问卷的设计过程中，首先要把握调查的目的和要求，力求使问卷取得被调查者的充分合作，保证提供准确、有效的信息。问卷设计是由一系列相关的工作过程所构成的。只有科学设计调查问卷表，才能得到正确的反馈信息。

4. 在线调查问卷的发布

在电子商务师实验室中，提供市场调查问卷的在线设计、在线发送、在线回收并实时提供分析结果的专业自助调研网站。

任务实施

1. 调查问卷的设计

（1）进入网络营销模块的首页，以会员的身份登录，进入网络营销后台，在左侧的目录中选择“调查问卷”选项。

（2）在调查问卷的页面内，单击“新增”按钮，出现“添加问卷调查”页面，这意味着标题为“您认为现在就业形势如何？”选择问卷类型为“商务动态”，在问卷选项的新增选项文本框中输入设计的答案，每输入一个单击一次新增按钮，如图 2.2 所示。

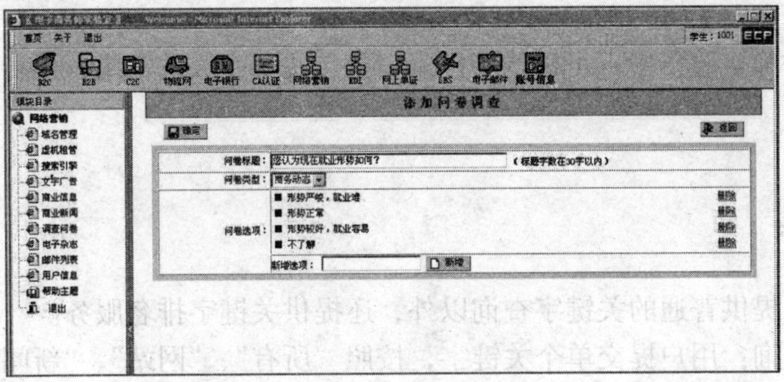

图 2.2 添加调查问卷页面

2. 调查问卷的发布

调查问卷设计完成，单击“确定”按钮即可将该调查问卷发布到网页上。

3. 在线调查

在网络营销的前台页面中，可以通过分栏中的“调查问卷”进入调查问卷的页面，单击调查问卷的题目，即进入在线调查中，选择某一选项，然后单击“投票”。也可单击“查看”按钮，进入调查结果比率图中，如图 2.3 所示。

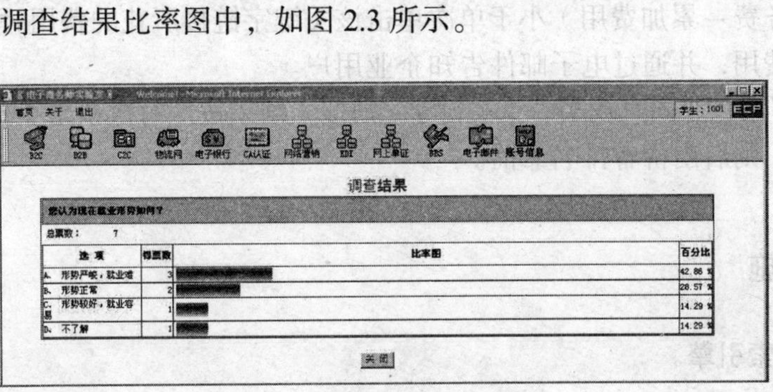

图 2.3 调查结果分析页面

任务 7 搜索引擎的发布

任务引入

李明在电子商务师实验室中建立了网上商店，可他还想把自己的网店进一步推广出去，于是想到了搜索引擎，借助这样一个网络营销手段，扩大网站的知名度，会带来更多的单击率。那么，搜索引擎的操作步骤又是怎么进行的呢？下面我们就要帮助李明来完成这个操作。

任务分析

在电子商务师实验室中，可以购买搜索引擎，按照个人的需求，进行定制搜索引擎的服务程度。

相关知识

该模块除了提供普通的关键字查询以外，还提供关键字排名服务。

单关键字查询：用户提交单个关键字，按照“所有”、“网站”、“新闻”、“商品”、“广告”五个类别搜索。

关键字排名服务。

（1）搜索引擎用户在搜索引擎里输入一个关键字，通常得到很多搜索结果，这些搜索结果的排名有先后之分，这就是搜索引擎排名。

（2）关键字排名服务费最低为 300 元，多付不限，企业用户缴纳服务费后，可以自己编辑关键字，并且编写该关键字的说明文字、要链接的网址，以及潜在客户单次单击该关键字链接所花的费用，该基本费用是 0.30 元。每个用户所能提交的关键字数量没有限制。

（3）当有潜在客户通过关键字排名单击访问企业用户的网站后，收费系统会累加这次费用，当（服务费 – 累加费用）小于单次单击该关键字链接所花的费用时，不再从你的账号中扣除相应费用，并通过电子邮件告知企业用户。

（4）如果多家企业同时竞买一个关键字，则搜索结果按照每次单击竞价的高低来排序。如果竞价相同，则后出价者排名靠前。

任务实施

1．购买搜索引擎。

在网络营销的首页面，单击栏目中“搜索引擎”，进入搜索引擎网站推广页面，如图 2.4 所示。

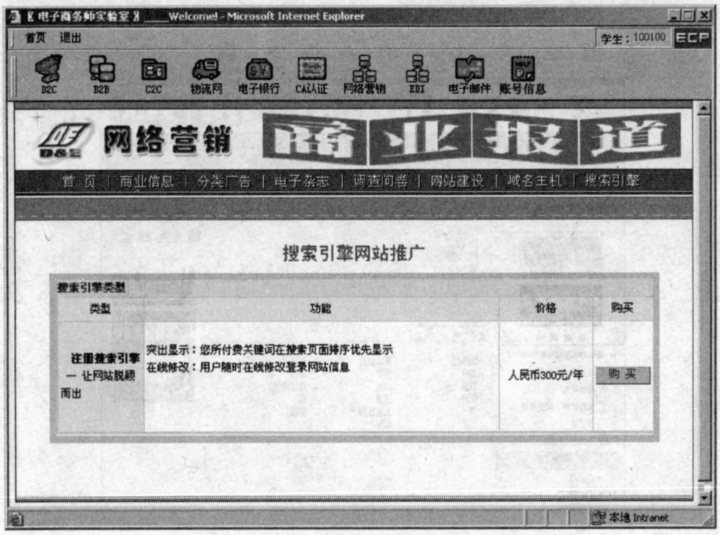

图 2.4 搜索引擎的购买页面

单击“购买”按钮，阅读《搜索引擎服务协议》，单击“同意”；填写搜索引擎网站资料，选择使用年限，单击“继续”按钮，如图 2.5 所示。

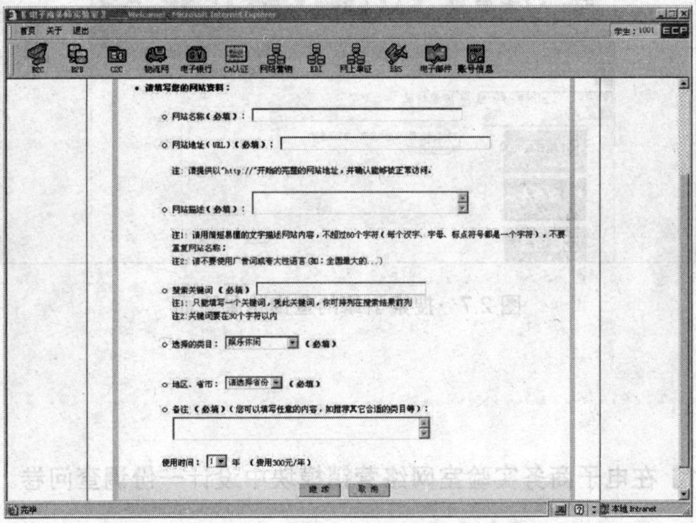

图 2.5 购买时填写的表单

表格填好后单击“继续”按钮，再单击“完成”按钮，该搜索引擎购买完成。

2. 搜索引擎的使用

在网络营销首页的左侧的搜索引擎中，在文本框中输入搜索引擎关键字“空调”，类目中选择“生活服务”，如图 2.6 所示。

单击“搜索”，搜索结果如图 2.7 所示。

图 2.6　搜索引擎搜索页面

图 2.7　搜索引擎的查询结果页面

技能训练

【技能训练 1】在电子商务实验室网络营销模块中设计一份调查问卷。

1．实验目的

掌握调查问卷的设计方法，重点了解调查问卷设计的操作流程和查看调查问卷的反馈情况。

2．实验内容和步骤

（1）注册网络营销会员。

（2）撰写调查问卷。

（3）调查问卷的发布。

（4）查看调查问卷的反馈情况。

3. 实训报告要求

撰写实训报告。

【技能训练 2】在电子商务实验室网络营销模块中利用新闻组发布和收集信息。

1. 实训目的

掌握新闻组账号的申请、新闻服务器的申请操作流程，能够具有利用新闻组发布信息和收集信息的能力。

2. 实训内容

（1）新闻组账号的申请。

（2）发送新闻邮件。

（3）邮件列表的使用。

3. 实训报告要求

撰写实训报告。

【技能训练 3】在电子商务实验室网络营销模块中搜索引擎的购买与作用。

1. 实训目的

掌握搜索引擎的购买流程，能够利用搜索引擎进行网络营销活动的能力。

2. 实训内容

（1）搜索引擎的购买流程。

（2）搜索引擎的使用方法。

3. 实训报告要求

撰写实训报告。

实训项目 3

网上单证及 EDI

任务 8 电子数据 EDI

任务引入

A 公司是一家国外出口公司，主要出口石油。S 公司是一家国内进口公司，为了更好地开展进口业务，A 公司将 Y 公司列为贸易伙伴，编号为 11111111，类型为出口。双方交易的商品编号为 P123，品名为 A 石油。S 公司想进口一批石油，便开始制单，制单完毕，S 公司将此单据制成平文，然后又译成 EDI 报文，最后将此报文发送。下面我们就来完成这个操作。

任务分析

在电子商务师实验室中，提供了进出口业务的交易功能，即 EDI 模块，可以完成进口公司与出口公司的交易活动。

相关知识

EDI 应用模拟系统是根据当今 EDI 标准建立的模拟系统，该系统主要为学生提供单证录入、EDI 报文制作、报文生成、报文转译、报文发送、报文接收等一系列功能。使学生清楚地了解 EDI 应用系统的特点和工作原理。

EDI 应用系统工作流程如图 3.1 所示。

贸易伙伴管理：提供贸易伙伴管理功能，为贸易企业双方提供身份确认的功能，贸易企业可以在系统中进行注册，为 EDI 系统建立企业信息标准。

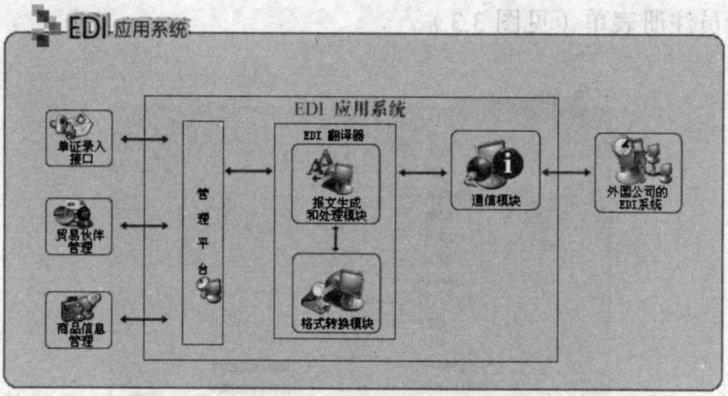

图 3.1　EDI 应用系统工作流程

商品信息管理：提供商品信息添加功能，为贸易企业提供企业商品注册，并为 EDI 系统建立商品信息标准。

单证录入接口：提供单证填写，单证生成功能，主要为企业提供单证填写模板，企业可通过模板生成相应的 EDI 报文。

报文生成和处理模块：提供单证的映射，可将单证转成平文形式，为翻译系统做准备。

格式转换模块：提供平文向原始报文格式的转换功能。可将单证翻译成标准的计算机识别语言，并为发送做好准备。

通信模块：提供 EDI 报文的发送功能，可将报文发送到贸易对方客户端系统。

管理平台：为企业提供回执查询功能、报文发送情况查询功能等。

任务实施

（1）注册 EDI 新用户（见图 3.2）。

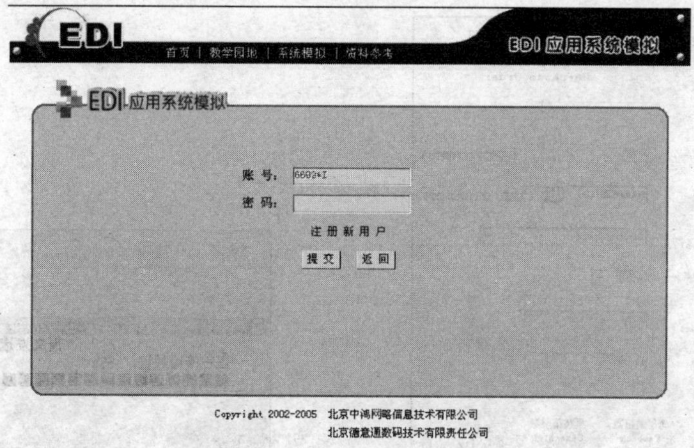

图 3.2　EDI 应用系统注册页面

（2）填写会员注册表单（见图 3.3）。

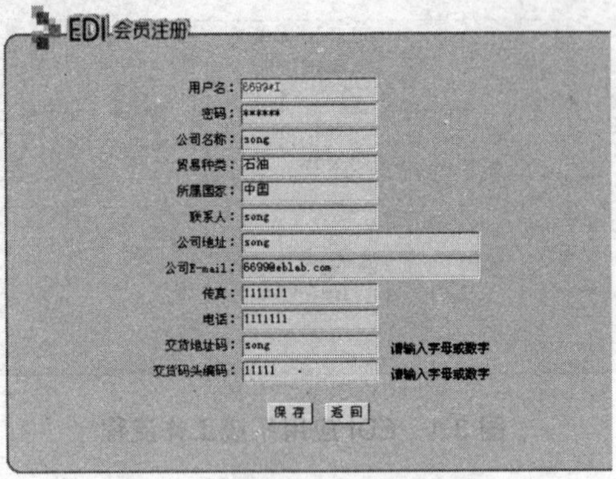

图 3.3　EDI 应用系统会员注册页面

（3）进入 EDI 应用系统，新增贸易伙伴类型，如图 3.4 所示。
（4）新增贸易伙伴，如图 3.5 所示。

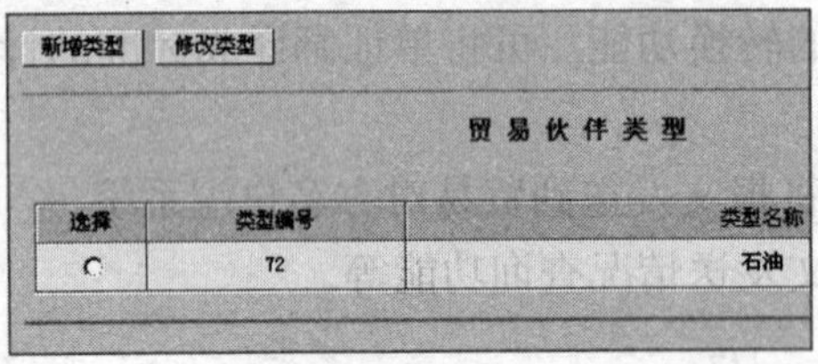

图 3.4　EDI 应用系统贸易伙伴类型添加页面

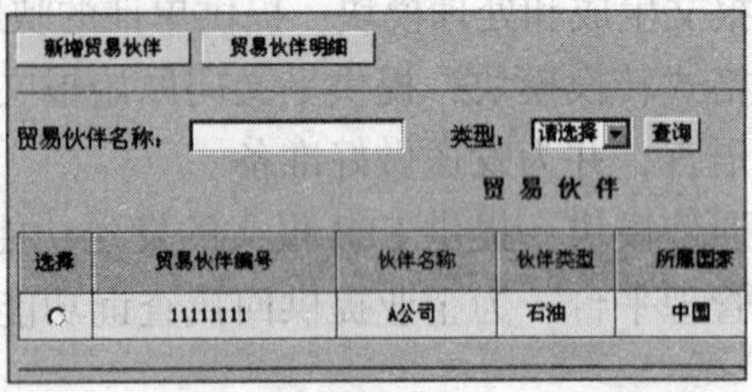

图 3.5　EDI 应用系统贸易伙伴新增页面

（5）新增商品，录入凭证（见图 3.6）。
（6）报文的生成处理（见图 3.7）。

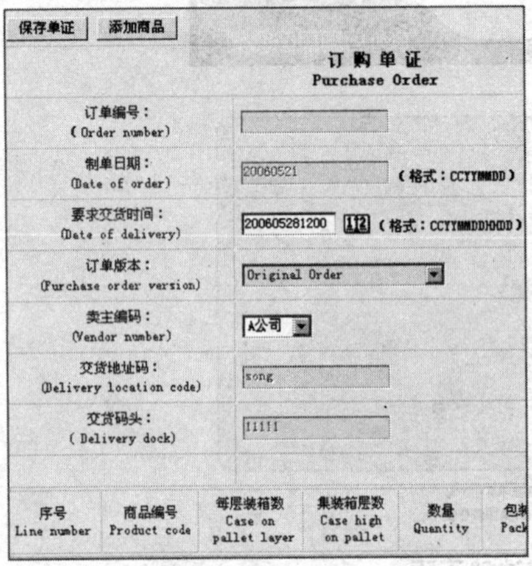

图 3.6　EDI 应用系统订购单证的生成页面

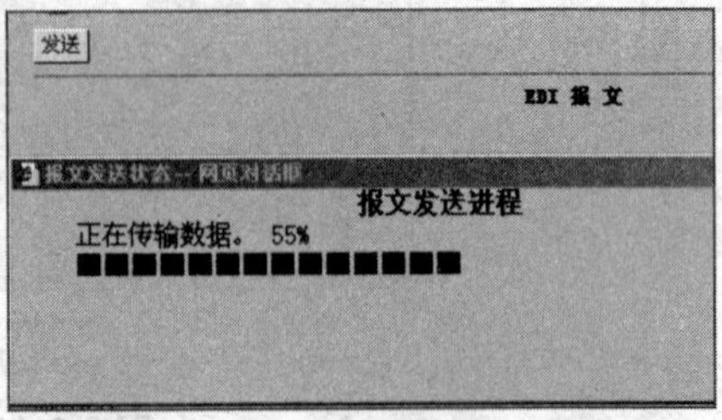

图 3.7　EDI 应用系统报文发送页面

任务 9　网上单证

任务引入

李明要在网店内重新设计一个用户注册表单，电子商务师实验室为用户提供了该功能，下面我们就要帮助李明来完成这个操作。

任务分析

在电子商务师实验室中，网上单证的设计是吸引用户进入网站关键环节之一，网上单证流程的设计是在单证模板设计的基础上进行的。

相关知识

1. 单证流程操作（前台）

根据后台的单证流程步骤设计，你可以练习单证流程操作。首先输入用户名和用户密码登录网上单证前台（如果是首次使用网上单证模块，必须首先注册一个网上单证的用户），进入如图 3.8 所示界面。

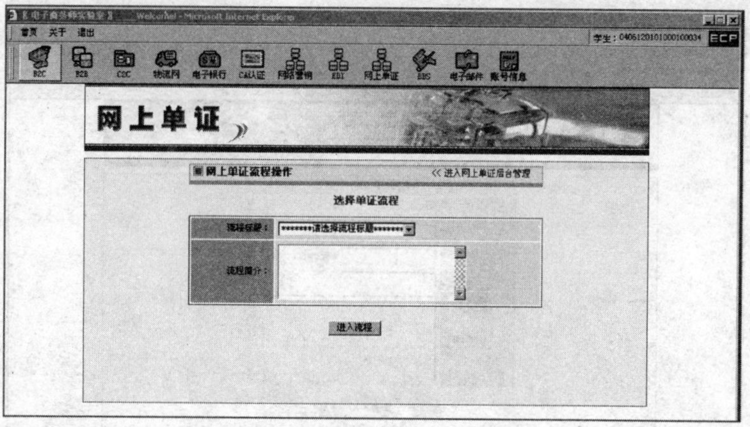

图 3.8　网上单证首页面

2. 单证设计管理（后台）

该模块主要让学生练习单证格式和步骤的设计。单击“进入网上单证后台管理”，进入如图 3.9 所示界面。

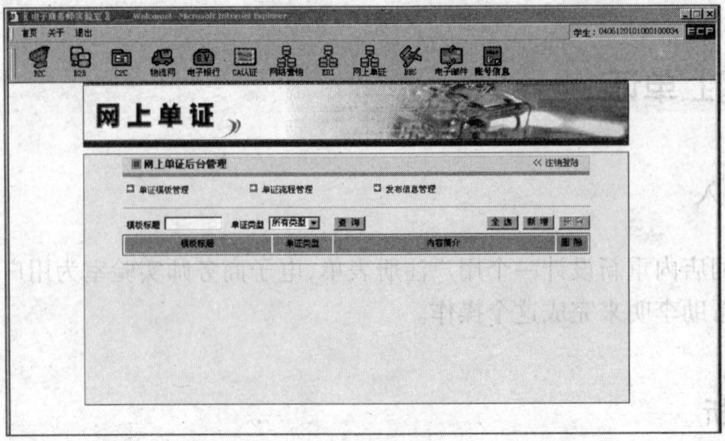

图 3.9 网上单证后台管理页面

3. 单证模板管理

该模块主要对单证模板进行查询、添加、修改和删除。

任务实施

1. 注册会员

（1）在 EDI 模块中单击“注册”，出现如图 3.10 所示的界面。

（2）填写表单，单击“注册”，完成会员注册。

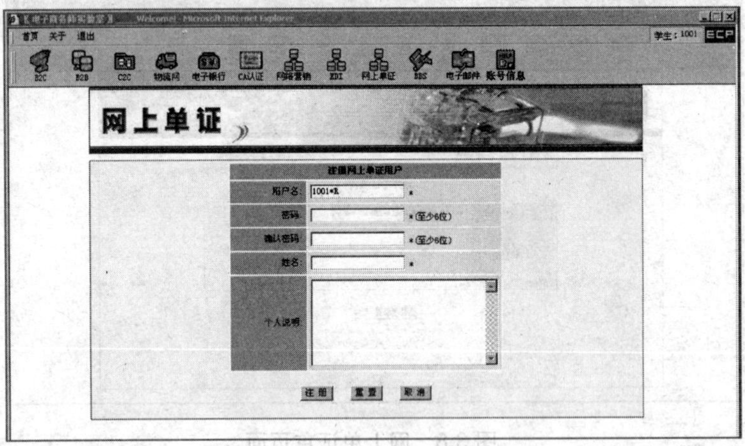

图 3.10 注册网上单证用户页面

2. 网上单证模板的设计

（1）进入网上单证后台管理页面，选择“单证模板管理”，单击“新增”按钮，在定义单证模板基本信息页面中，单证类型选择身份注册，模板标题填写为“身份注册模板”，内容简介可简单填写，单击“下一步”按钮，出现定义单证模板项目。

（2）在定义单证模板项目中，填写相应的内容，如图 3.11 所示。

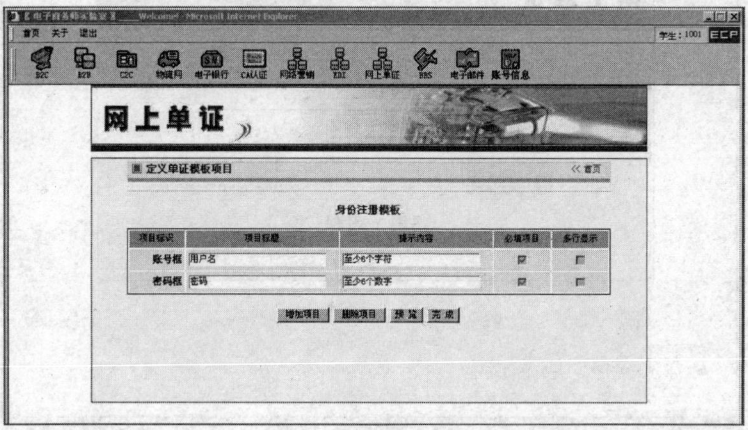

图 3.11　网上单证身份注册模板页面

（3）可以增加项目，单击“增加项目”按钮，增加一行“项目 1”，填写相应的内容。单击“完成”按钮，完成身份注册模板的设计。

图 3.12　身份注册模板页面

（3）同样的方法，可以设计“身份验证”、“信息发布”和“信息交流”模板。

3. 网上单证流程的设计

（1）在网上单证后台管理页面中，单击“单证流程管理”，单击“新增”按钮，打开定交单证流程基本信息页面，填写流程标题和流程简介，单击“确定”按钮。

（2）单击“添加节点”按钮，出现新建的单证流程页面，如图 3.13 所示。

选择模板类型、模板标题，填写模板简介，单击“下一步”按钮，完成身份注册模板的添加，同理，可按照同样的方法，添加其他模板，如图 3.14 所示，单证流程的创建完成。

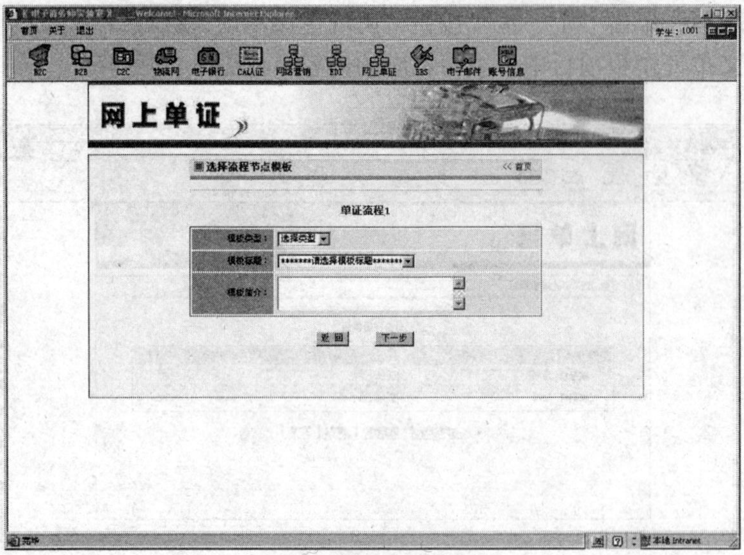

图 3.13　网上单证流程

4. 网上单证流程的运行

在网上单证首页面中，单击“登录”按钮，选择单证流程，单击“进入流程”按钮，便可执行网上单证流程的表单了。

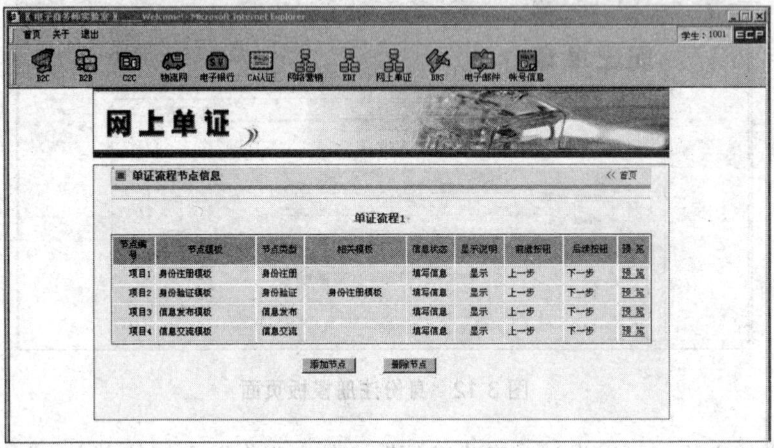

图 3.14　单证流程制作页面

技能训练

【技能训练 1】在电子商务实验室中设计一个网上单证。

1. 实验目的

掌握网上单证的设计方法，重点了解网上单证设计的操作流程。

2．实验内容和步骤

（1）注册网上单证模块会员。

（2）网上单证设计。

（3）网上单证的发布。

3．实训报告要求

撰写实训报告。

【技能训练2】在电子商务实验室中EDI电子数据。

1．实训目的

掌握电子数据交换系统EDI的单证录入、贸易伙伴的添加和商品信息管理的功能，能够具有发送报文的能力。

2．实训内容

（1）会员注册。

（2）贸易伙伴的添加。

（3）商品信息管理。

（4）报文的生成。

3．实训报告要求

撰写实训报告。

实训项目 4

电子商务技术基础

任务 10　互联网的连接

任务引入

李明准备进行互联网的连接，那么，如何进行申请呢？操作步骤又是怎么进行的呢？下面我们就要帮助李明来完成这个操作。

任务分析

用户要上网，需要通过电脑享用 Internet 上的资源，首先必须将电脑连接到 Internet 上。目前，电脑连接 Internet 的方式有多种，如基于电话线的调制解调器（Modem）拨号接入、小区宽带接入、专线接入、代理服务器上网接入和无线上网接入等。用户可以根据自身的实际情况，选择不同的上网方式。

相关知识

普通用户接入 Internet，常常是指连至 Internet 服务提供商（Internet Service Provider，ISP）。ISP 有直接与 Internet 连接的计算机，并且能对用户提供域名解释等各种服务。用户连至 ISP 时，除了软件之外，必须选择通信线路。要连入 Internet，除了计算机必须运行 TCP/IP 软件外，主要是解决通信线路的选择问题，这方面的技术发展很快，下面介绍目前常用的技术。

1. 以 ADSL 方式上网

ADSL（非对称数字用户线）是最新研究成功的一种利用低速电话线来同时实现传送电话的模拟信号和计算机的高速数据的技术。ADSL 采用不对称传输的方法，下行的带宽较宽，上行的带宽较窄，这符合一般用户使用 Internet 的实际需要。这种方式也需要一对 ADSL 调制解调器，并且在电话交换端，要有专用设备将数据信号和模拟话音信号分离出来分别处理，ADSL 的最大传输距离是 1.5 千米。ADSL 可以与普通电话共存于一条电话线上，可同时接听、拨打电话并进行数据传输，两者互不影响；虽然使用的还是原来的电话线，但 ADSL 传输的数据并不通过电话交换机，所以 ADSL 上网不需要缴付额外的电话费，节省了费用；ADSL 的数据传输是根据线路的情况自动调整的，它以尽力而为的方式进行数据传输。

2. 电话线拨号上网

这种方式需要一个调制解调器。它的作用是将计算机的数字信号调制为模拟信号，以便在低速的电话线上传送（见图 4.1）。

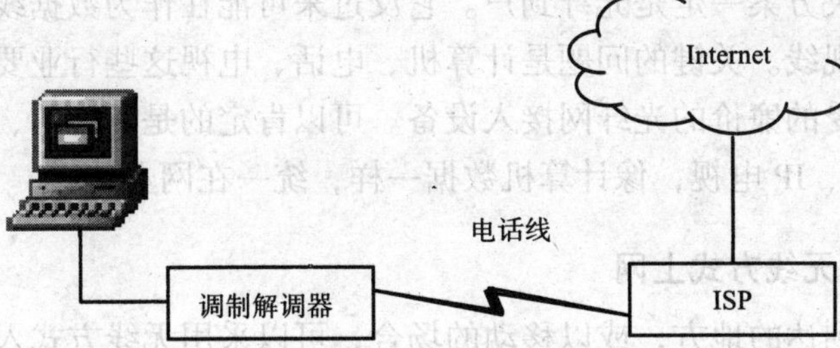

图 4.1 拨号接入方式

3. 网络线直连上网

这是指 ISP 网络中心距离不太远的情况，用户电脑可以作为网络上一个直接连接的工作站，以 10Mb/s 甚至更高的速率上网。在这种连接方式中，用户电脑需要由 ISP 指定的 IP 地址。

4. 有线电视 CATV 同轴线上网

CATV 同轴线已改造为 HFC（光纤和同轴电缆混合网）方式，用户端仍为同轴线。同轴线的带宽很宽，可达 800MHz；用频分方法传送数十个电视节目后，仍有很大的带宽盈余（因为每个电视节目只占 6MHz 带宽），可以用来传送计算机数据。目前已有设备可实现利用一个电视频道（6MHz）传送 30Mb/s 的下行数据，而用另外的频率传送 2.56Mb / s 的上行数据（占用 2MHz 模拟带宽）。这种方案要求有线电视网要改造为可双向传输，因为以前电视广播只有下行，是单向的。研究利用有线电视同轴线实现“三网合一”（电视网、电话网、电脑网合一）的方案，是很具吸引力的。

5. 以 ISDN 方式上网

综合业务数字网（ISDN），通过普通电话的本地环路向用户提供数字语音和数据传输服务，也就是说，ISDN 使用与模拟信号电话系统相同类型的双绞铜线，但提供端到端的数字通信线路，这是它与电话网的最大不同。ISDN 通过标准接口，将 PC、电话机、传真机等各类不同的终端设备接入 ISDN 网络中。ISDN 接口有两类，一类是基群速率接口 PRI，另一类是基本速率接口 BRI（一线通）。用户使用一条电话线就能实现两路数据传输。用户可以一边上网，一边电话聊天；当然也可以两个人同时打电话。如果两个通道都用于数据传输，则可提供速率为 128kb/s 的数据通信，和 ASDL 上网方式相比，ISDN 成了一种价格贵而速率不高的数字通信方式。

6．光纤到户的方案

这是一种理想的完全解决问题的方案，因为前面几个方案都是因为计算机网络力量和资本还不够雄厚，不得不考虑利用已有的三线（电话线、电视线、电力线）来“附带”传送数字信号。其实，无论如何，这些方案都难以解决高速数据传送所需的带宽问题。当条件成熟时，最后的解决方案一定是光纤到户。它反过来可能在作为数据线的同时，还将取代现在的电话线和电视线。关键的问题是计算机、电话、电视这些行业要联手建设，并要研究出一般家庭能接受的廉价的光纤网接入设备。可以肯定的是，电话、电视也将走数字化之路，成为 IP 电话、IP 电视，像计算机数据一样，统一在网上传送。

7．采用微波扩频无线方式上网

在一些线路难以到达的地方，或以移动的场合，可以采用无线方式入网。目前最切实可行的是微波扩频通信方式。用这种方式，可以用很小的微波无线实现数百米甚至数千米内计算机的上网连接，而传输速率可达 2Mb/s，新产品将可能达到 10Mb/s。

任务实施

本次的任务是网上银行的申请及使用，为了完成这个任务，主要掌握以下操作能力：

- 掌握基于电话线的 Modem 拨号接入；
- 掌握浏览网页的方法和技巧。

1．Modem 拨号上网的安装与配置

用户在用 Modem 拨号上网之前，需要安装与连接 Modem，安装 Modem 驱动程序、建立拨号连接。

（1）Modem 硬件的安装方法。目前，对于家庭或个人使用者来说，ADSL 拨号上网是较常用的一种连接方式。因此，下面给用户介绍 ADSL Modem 的安装方法。

1）安装 ADSL Modem 硬件。安装 ADSL Modem 需要准备以下设备：

- 一块 10M 或 10M/100M 自适应网卡；
- 一个 ADSL 调制解调器，一个信号分离器；
- 两根两端做好 RJ11 头的电话线和一根两端做好 RJ45 头的五类网络双绞线。

2）准备计算机。打开计算机机箱，在主板上插入一块 10MB 或 10M/100MB 自适应的网卡。

3）安装 ADSL Modem 的信号分离器（又叫滤波器，Splite）。安装时先将来自电信局端的电话线接入信号分离器的输入端，然后将电话线一头连接信号分离器的语音信号输出口，另一端连接电话机。

4）安装 ADSL Modem。用电话线将来自。信号分离器的 ADSL 高频信号接入 ADSL Modem 的 DSL 插孔，再用一根五类双绞线，一头连接 ADSL Modem 的 10BaseT 插孔，另一头连接计算机网卡中的网线插孔。

（2）安装 Modem 驱动程序。正确连接好 ADSL Modem 后，还必须为其安装驱动程序。只有安装了驱动程序，调制解调器才能被系统识别和正常工作。安装 Modem 驱动程序操作步骤如图 4.2 至图 4.8 所示。

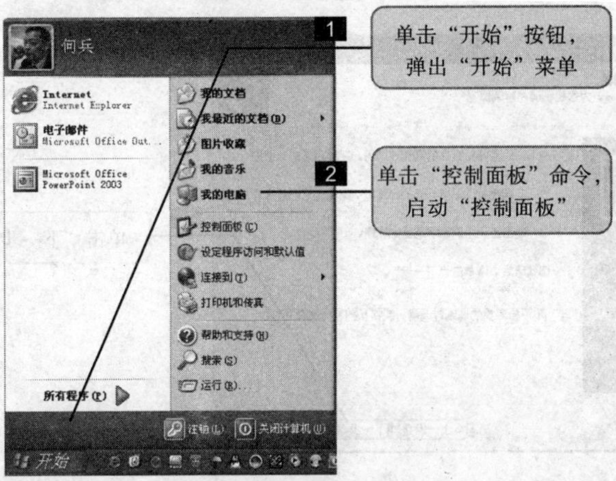

图 4.2 “开始”菜单

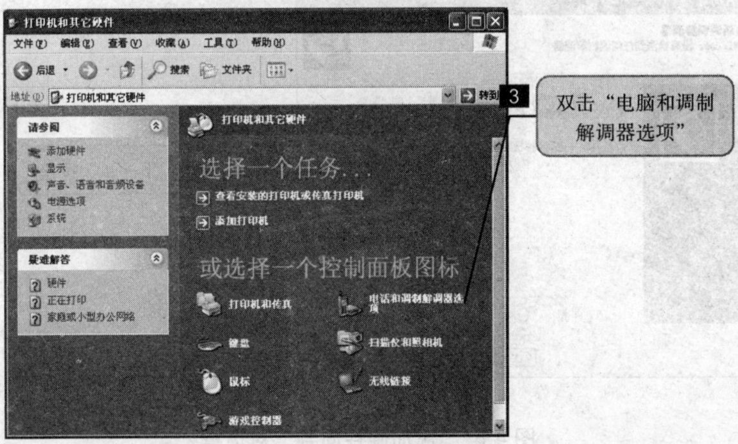

图 4.3 “控制面板”窗口

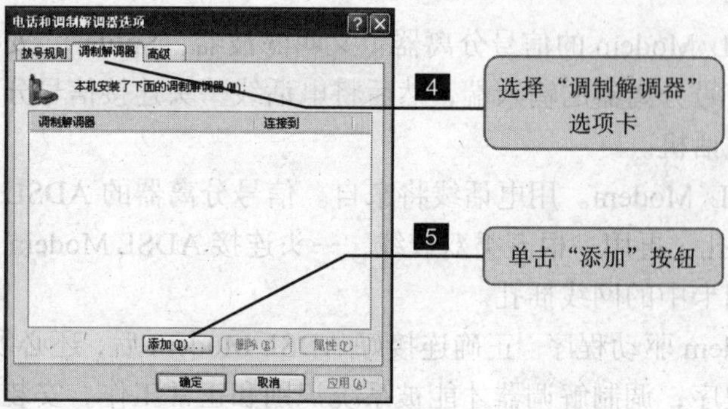

图 4.4 “电话和调制解调器选项”对话框

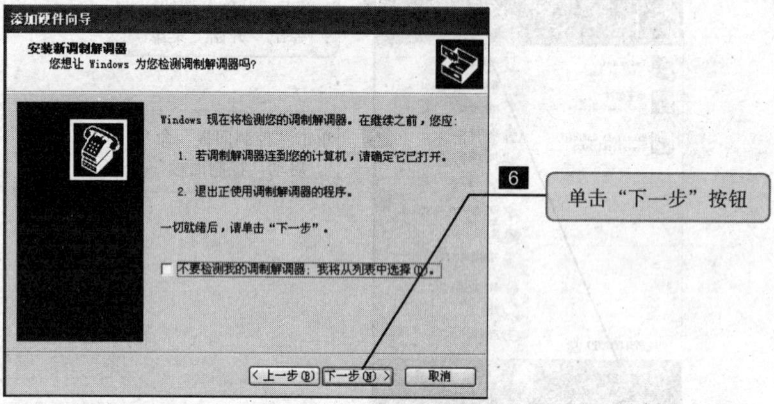

图 4.5 “添加硬件向导”对话框

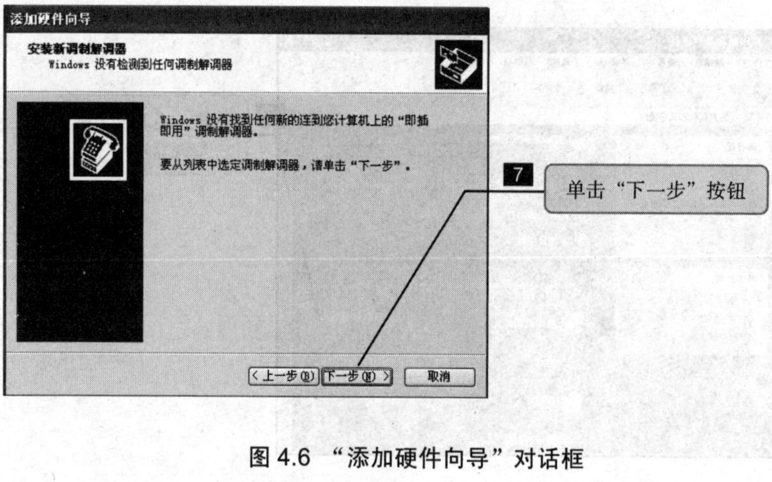

图 4.6 “添加硬件向导”对话框

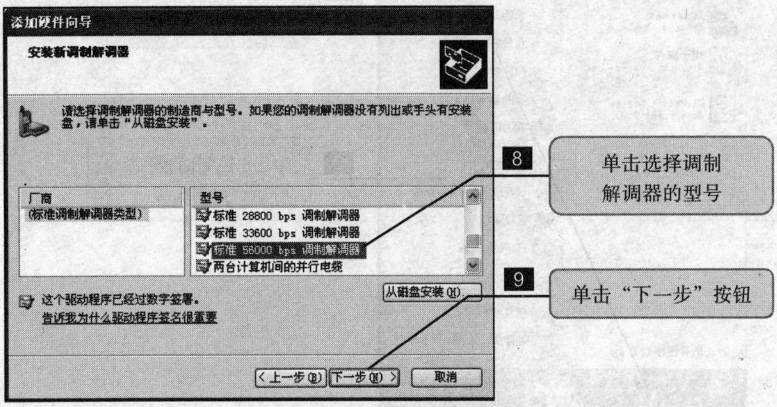

图 4.7　选择调制解调器的型号

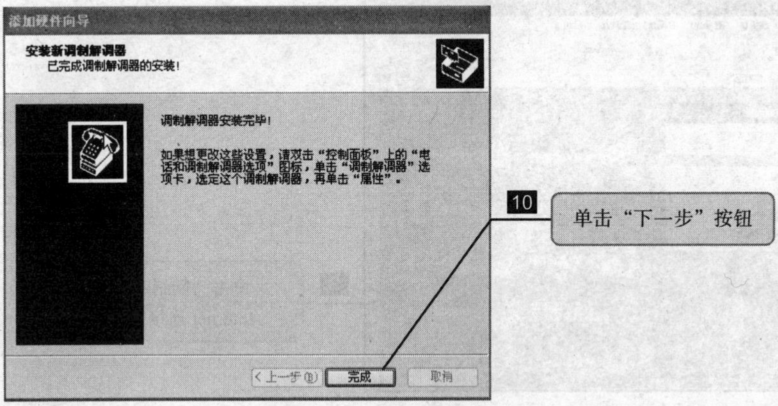

图 4.8　调制解调器安装完毕

练一练

安装一个调制解调器驱动程序，调制解调器的型号为：标准 56 000bps 调制解调器。

（3）建立 Modem 拨号连接。安装好 ADSL Modem 后，还需要建立拨号连接，通过创建的拨号连接才能拨号登录。下面以 ADSL 的 Modem 拨号方式为例，操作步骤如图 4.9 至图 4.19 所示。

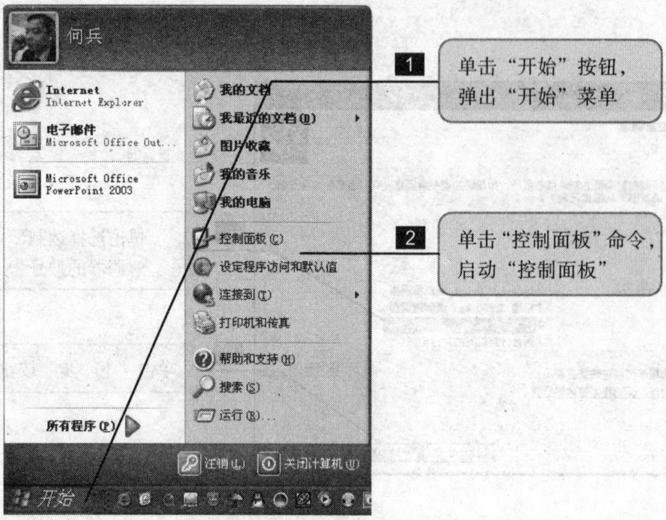

图 4.9 “开始”菜单

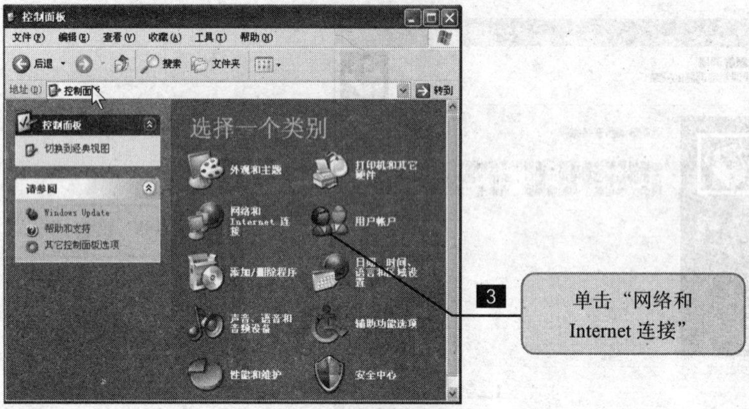

图 4.10 “控制面板”窗口

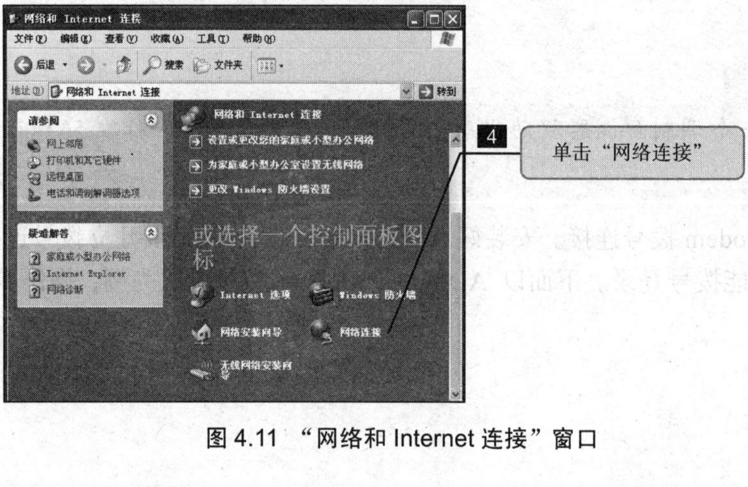

图 4.11 “网络和 Internet 连接”窗口

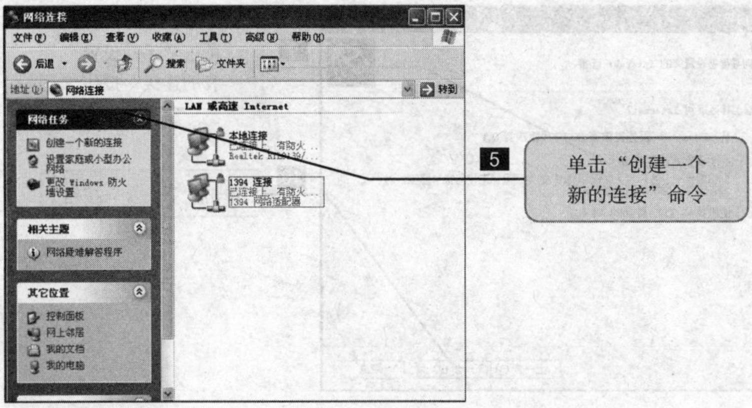

图 4.12 “网络连接”窗口

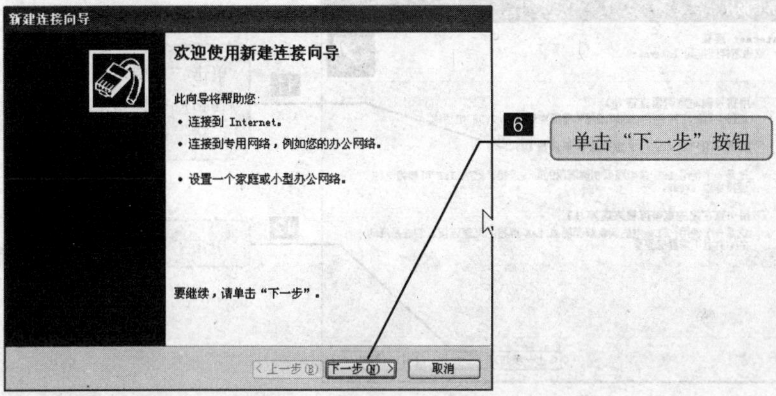

图 4.13 “新建连接向导”对话框

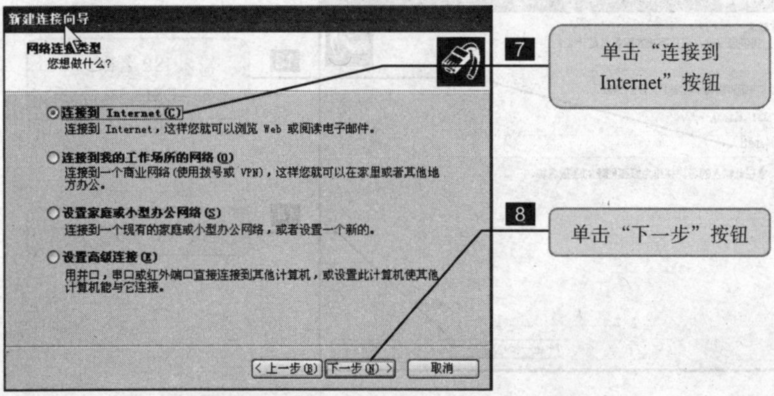

图 4.14 “新建连接向导”对话框

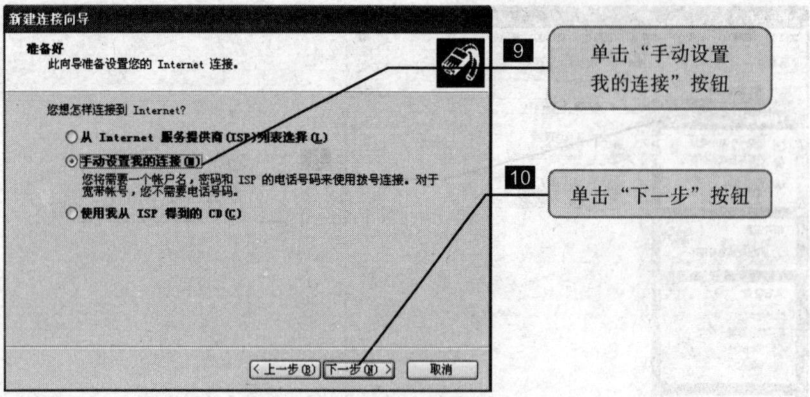

图 4.15　选择“手动设置我的连接”项

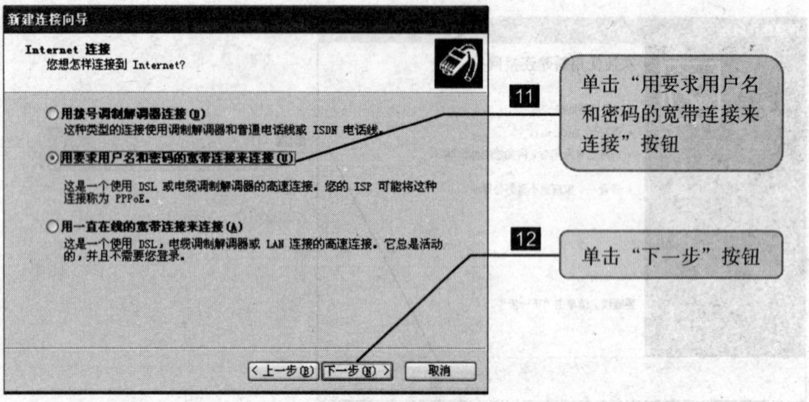

图 4.16　选择选项

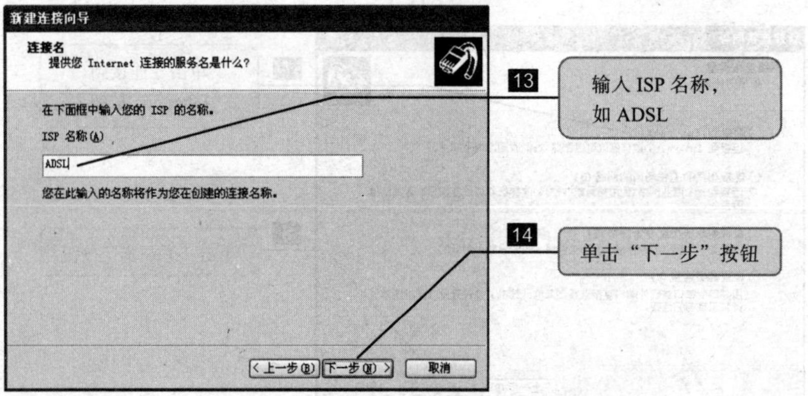

图 4.17　输入 ISP 名称

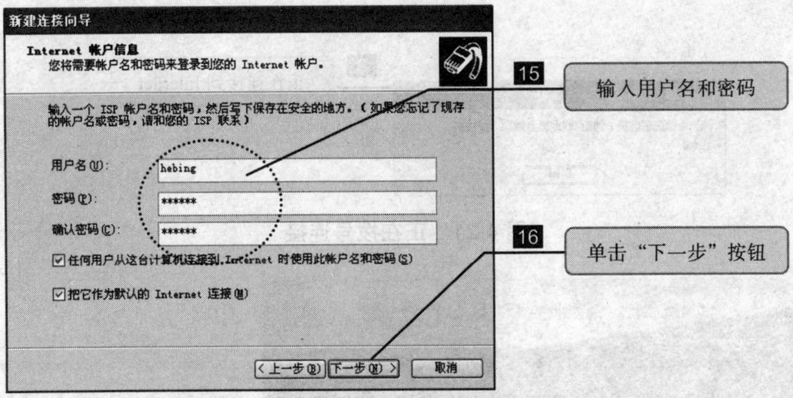

图 4.18　输入用户名和密码

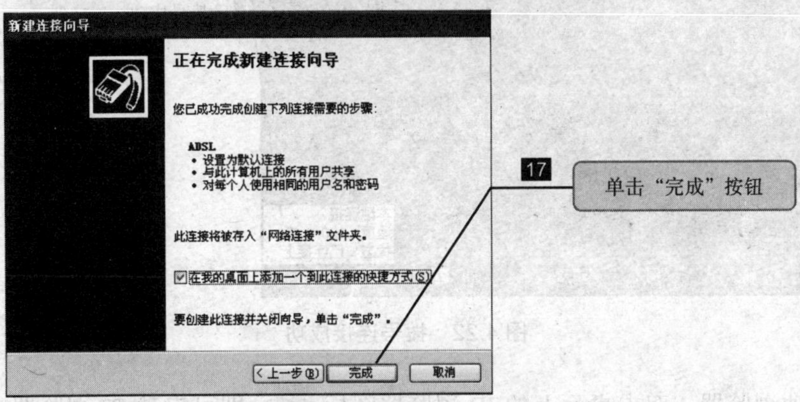

图 4.19　连接向导安装完毕

2．浏览网页的方法和技巧

建立了拨号连接后，用户就可以使用已经创建好的连接拨号登录到 Internet，畅游网络了。

（1）登录连接 Internet。通过上面创建的拨号连接，用户双击桌面的 ADSL 连接，输入自己的账户和密码（从 ISP 处获得）即可登录网络。拨号登录的操作步骤如图 4.20 至图 4.22 所示。

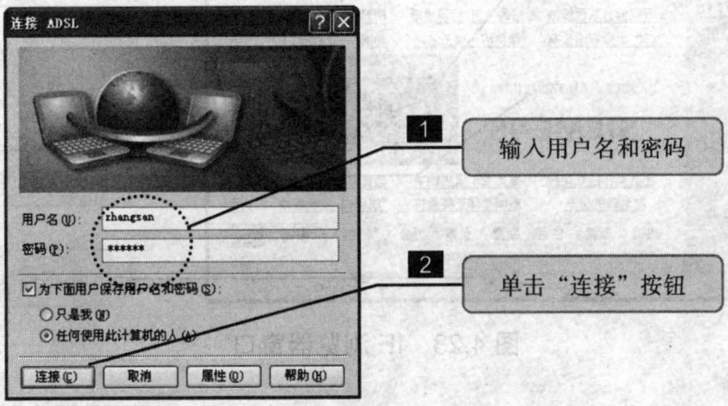

图 4.20　拨号

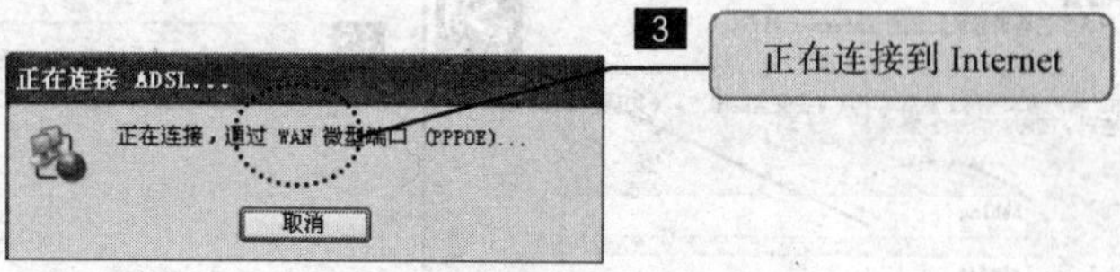

图 4.21 正在拨号连接

图 4.22 拨号连接成功

（2）启动浏览器。双击桌面上的 IE 浏览器图标，即可启动 IE 浏览器。IE 浏览器窗口由标题栏、菜单栏、工具栏、地址栏、网页浏览区、状态栏组成，如图 4.23 所示。

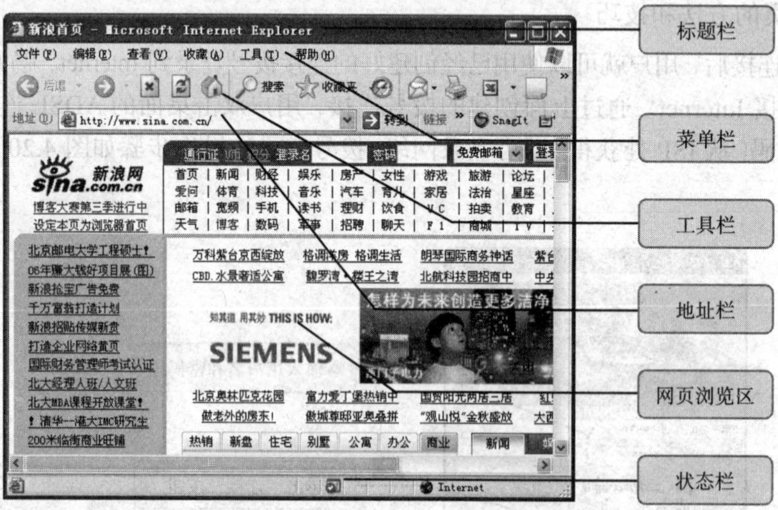

图 4.23 IE 浏览器窗口

（3）打开网页。打开网页的方法很多，以打开“新浪”网页为例。

1）通过地址栏输入网址。操作步骤如图 4.24 至图 4.25 所示。

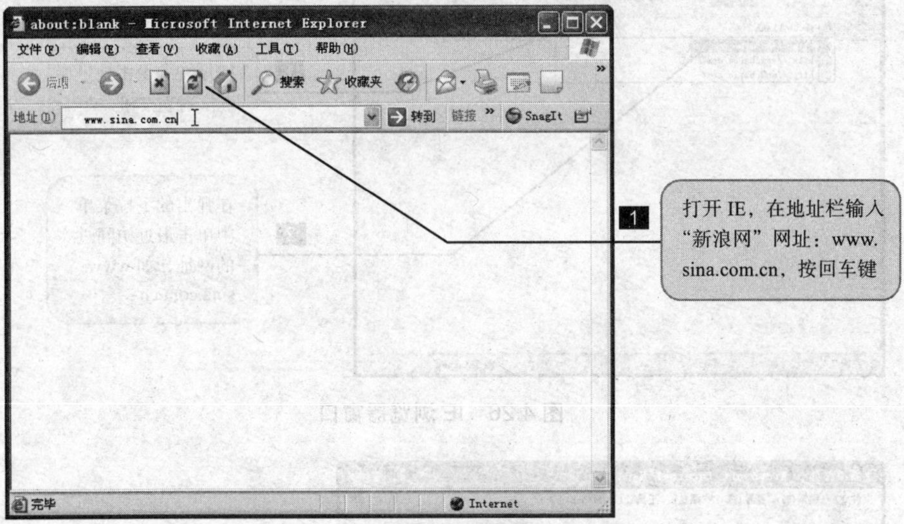

图 4.24　IE 浏览器窗口

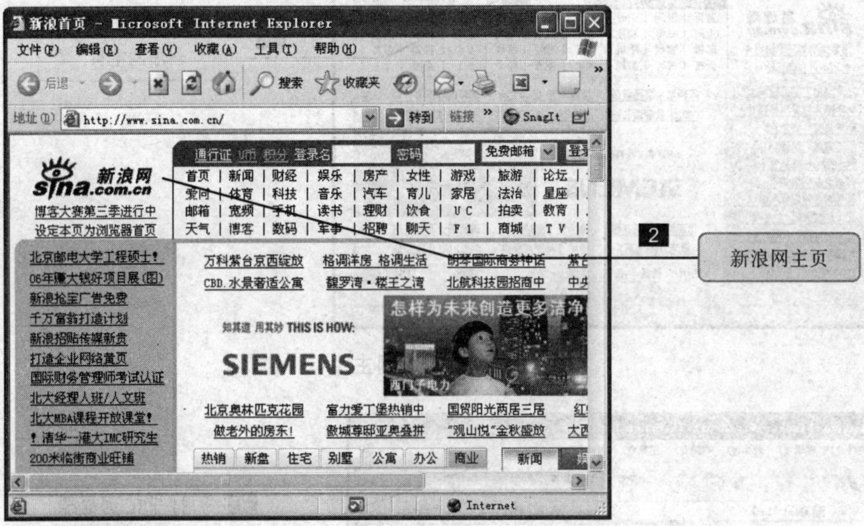

图 4.25　新浪网主页

2）选择已有的网址登录。在默认情况下，IE 浏览器会保存用户浏览过的网站网址，也可以直接从地址栏列表中选择网址来登录需要访问网站。操作步骤如图 4.26 和图 4.27 所示。

3）通过历史记录打开网页。IE 的“历史记录”是将用户最近访问过的网站的网址记录下来，以方便用户查看或从历史记录直接登录到需要的网站。通过历史记录登录网站的操作方法如图 4.28 和图 4.29 所示。

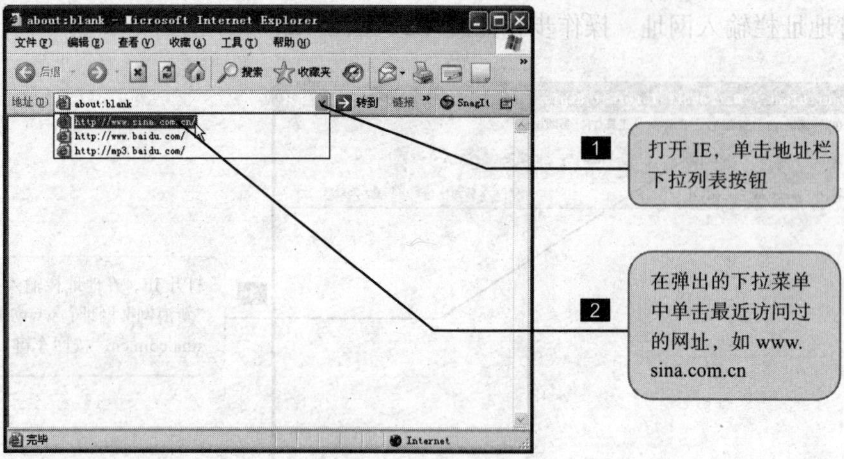

图 4.26　IE 浏览器窗口

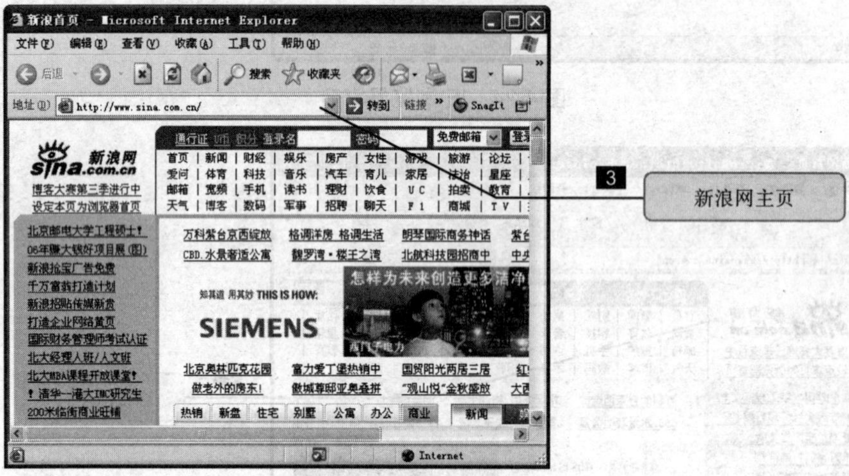

图 4.27　新浪网主页

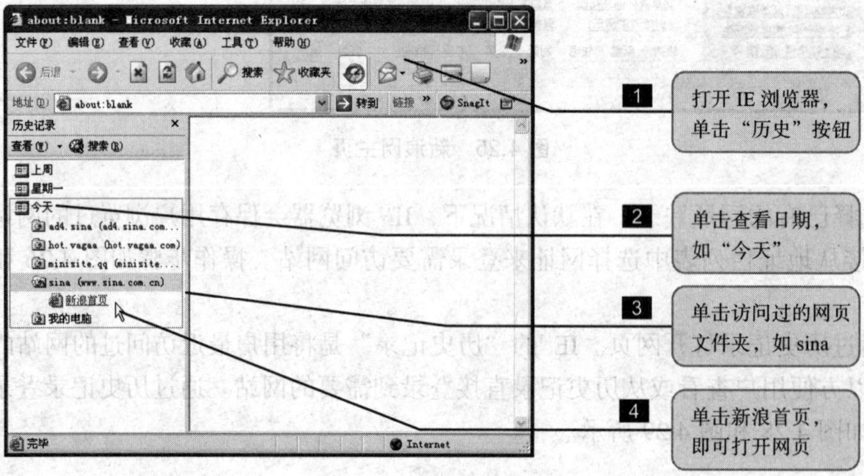

图 4.28　IE 浏览器窗口

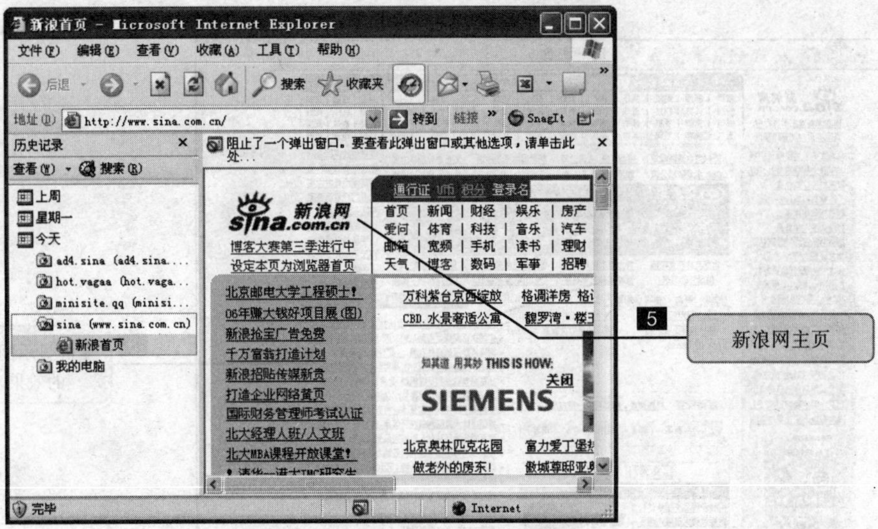

图 4.29　新浪网主页

（4）浏览网页信息。打开网站以后，用户可以直接单击需要查看的信息的链接，即可打开网页内容，直接浏览信息就可以了。

（5）全屏浏览。打开网页后，如果想对网页进行全屏浏览，可以按下列操作进行，如图 4.30 和图 4.31 所示。

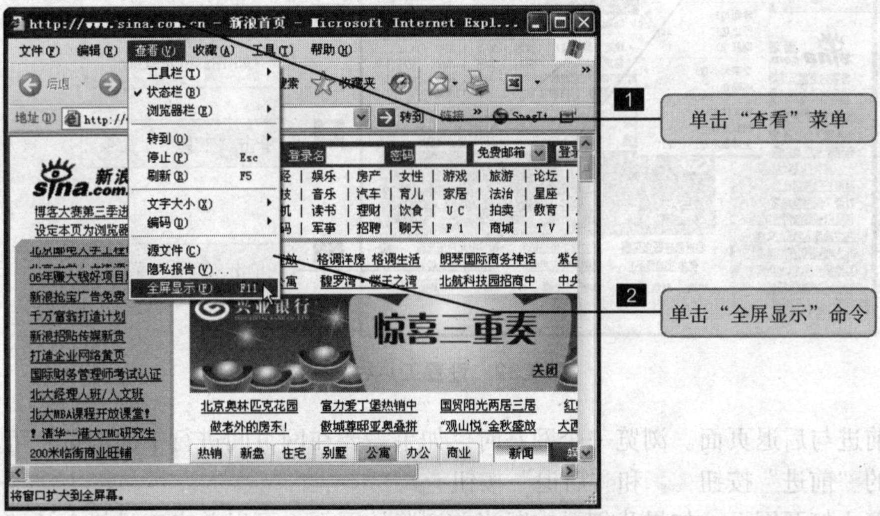

图 4.30　新浪首页窗口

（6）设置工具栏。打开 IE 以后，用户可以根据自己的需要，设置工具栏，操作步骤如图 4.32 所示。

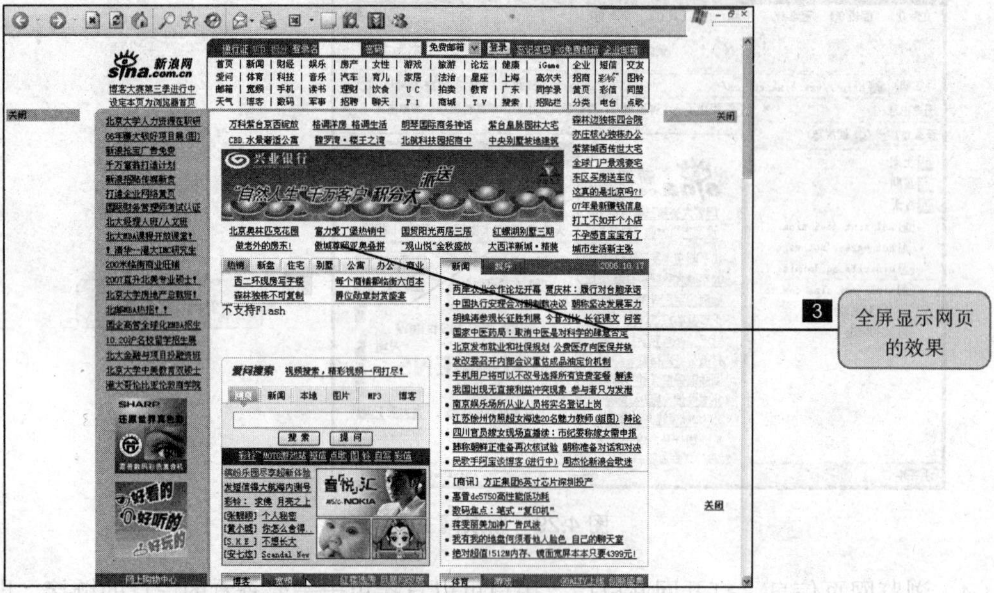

图 4.31　全屏显示网页

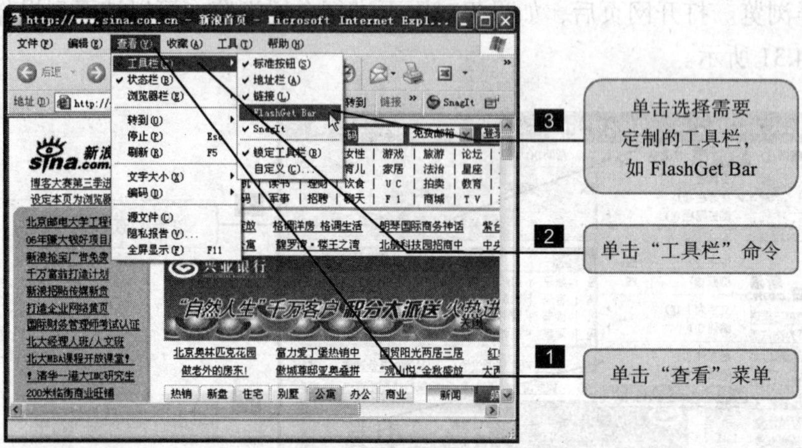

图 4.32　设置工具栏

（7）前进与后退页面。浏览一个网站时，如果需要在网页间进行来回浏览，可以单击工具栏上的“前进”按钮 和“后退”按钮 。

（8）停止打开网页。如果我们要中断当前浏览的网页，可以单击工具栏上的“停止”按钮 。

（9）刷新页面信息。如果当前网页打不开，需要重新打开并访问网页内容时，可以单击工具栏上的“刷新”按钮 。

（10）新建浏览窗口。在浏览网站信息时，用户可让链接的网页页面信息在一个新的 IE 浏览器窗口中打开，而不覆盖当前窗口中的页面信息。操作方法如图 4.33 所示。

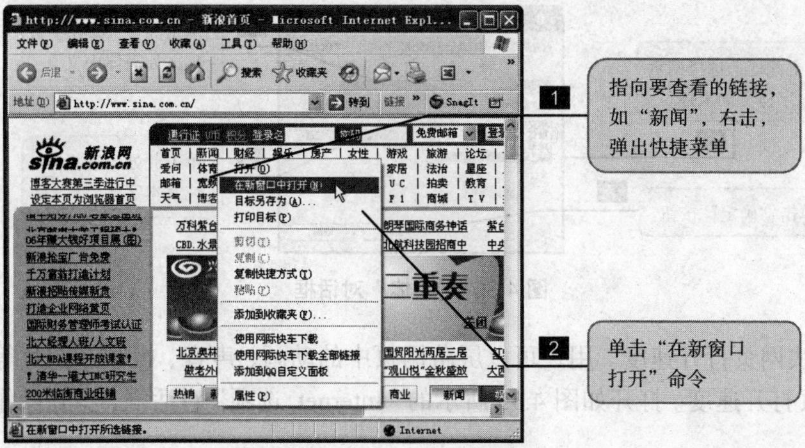

图 4.33 新建浏览窗口

（11）设置网页字体格式。我们在浏览网页的时候，可以改变网页的字体，操作步骤如图 4.34 至图 4.36 所示。

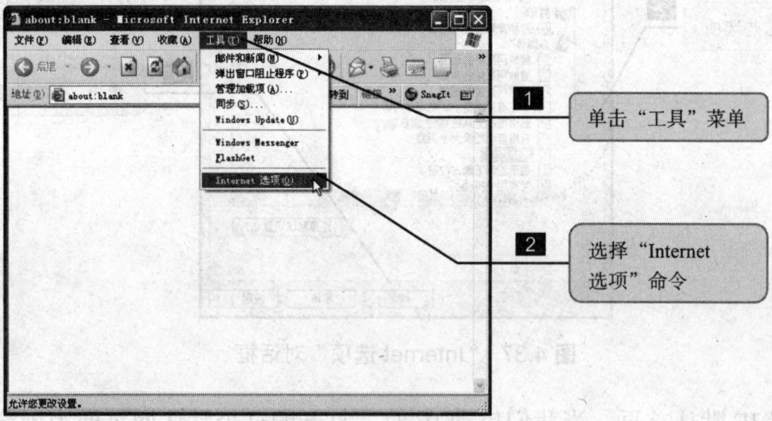

图 4.34 浏览器窗口

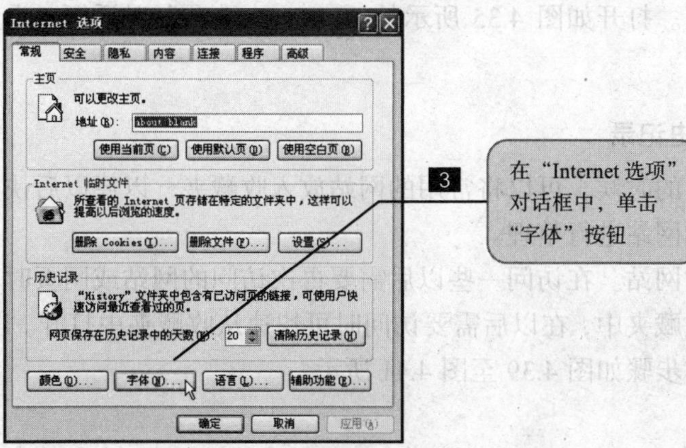

图 4.35 “Internet 选项”对话框

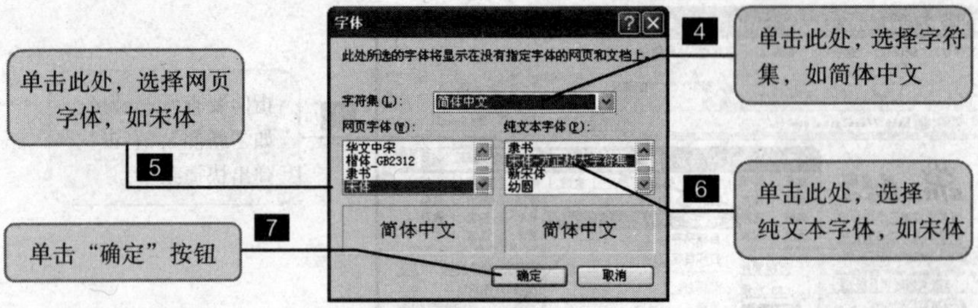

图 4.36 “字体”对话框

（12）加快网页打开速度。用户可以屏蔽网页中的动画、声音、视频或图片等多媒体对象来提高网页打开速度。打开如图 4.35 所示的“Internet 选项”对话框，步骤操作如图 4.37 所示。

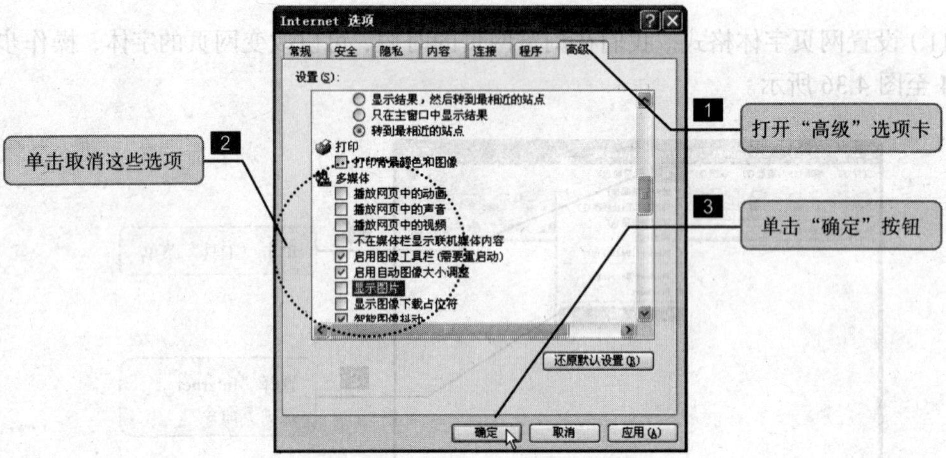

图 4.37 “Internet 选项”对话框

（13）设置 IE 默认首页。当我们启动 IE 时，打开的这个默认网页即为浏览器的主页。我们可以把自己喜欢的站点设置为主页，这样，启动 IE 时就看到自己喜欢的网站了，查看、浏览信息就比较方便。打开如图 4.35 所示的“Internet 选项”对话框，设置浏览器主页的方法如图 4.38 所示。

3．收藏夹与历史记录

我们在访问网站的时候，可以将常用的网站放入收藏夹，以便以后快速打开访问，也可以对已经收藏好的网站进行整理。

（1）收藏常用的网站。在访问一些以后需要再次访问的网站或网页时，用户可以将该网站或网页添加到收藏夹中，在以后需要访问时可快速从收藏夹中打开。以收藏 www.126.com 网站为例，操作步骤如图 4.39 至图 4.41 所示。

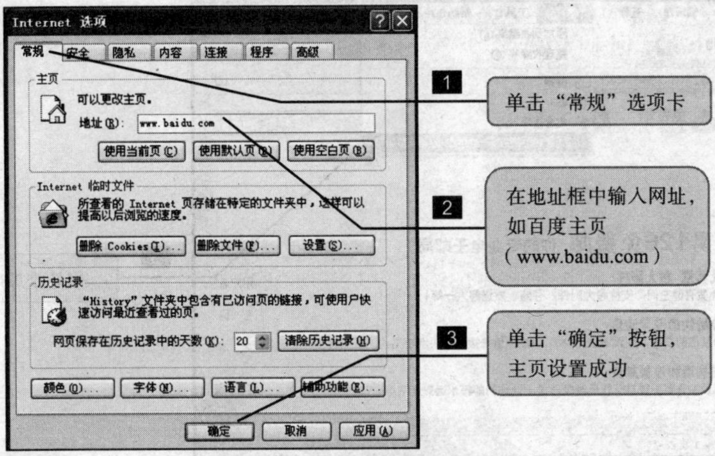

图 4.38　“Internet 选项”对话框

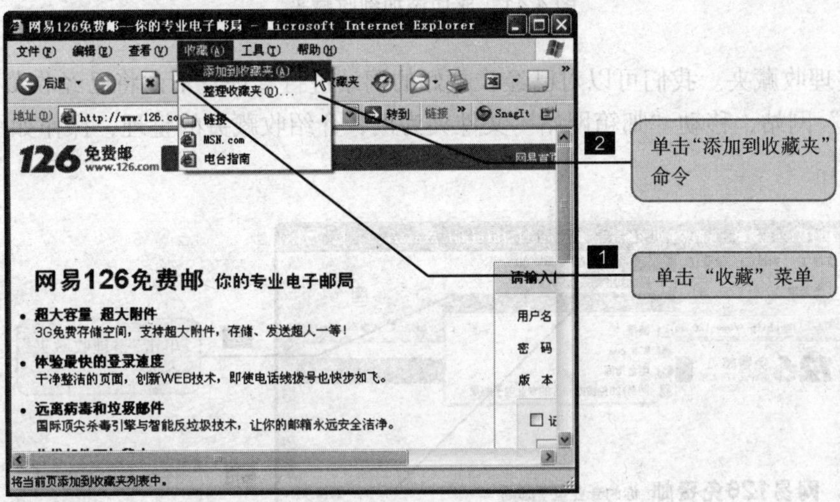

图 4.39　“网易 126 免费邮”窗口

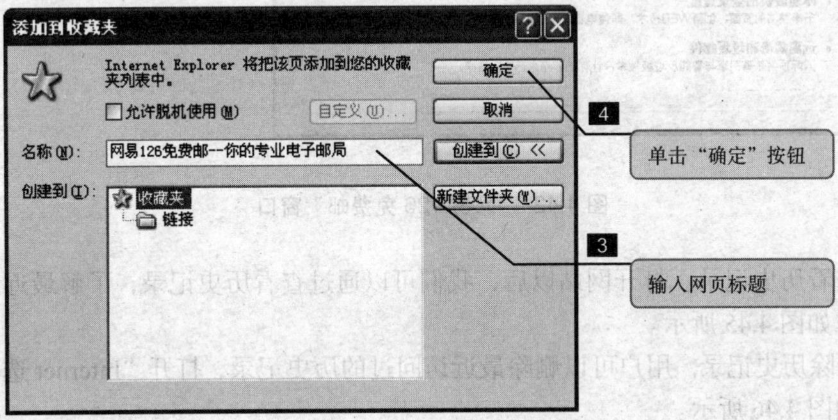

图 4.40　“添加到收藏夹”对话框

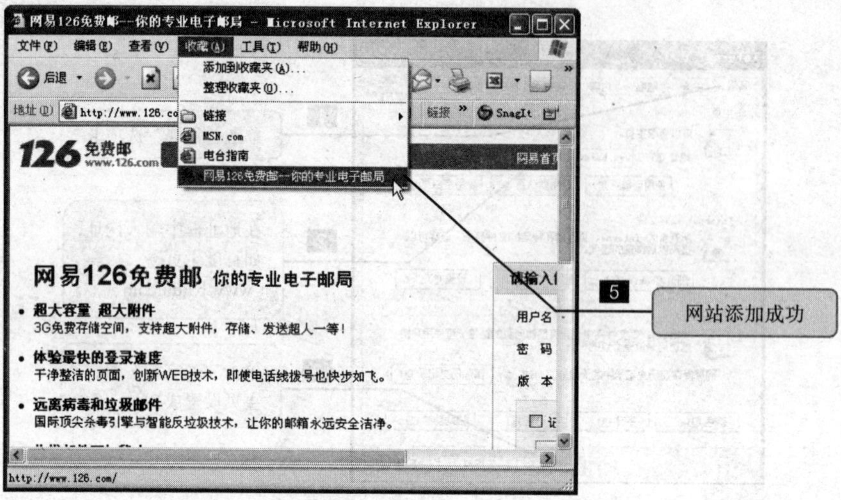

图 4.41　成功添加到收藏夹

（2）整理收藏夹。我们可以对已经收藏好的网站进行管理，下面将已经收藏的“网易126 免费邮”网站，移动“邮箱网站”文件夹为例，介绍收藏夹的整理，操作如图 4.42 至图 4.44 所示。

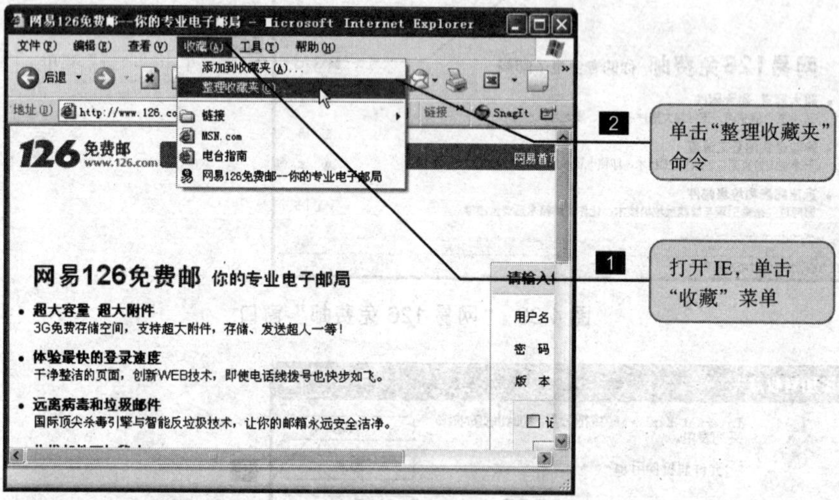

图 4.42　“网易 126 免费邮”窗口

（3）查看历史记录。打开网站以后，我们可以通过查看历史记录，了解最近访问过的网页，操作如图 4.45 所示。

（4）清除历史记录。用户可以删除最近访问过的历史记录，打开“Internet 选项”对话框，操作如图 4.46 所示。

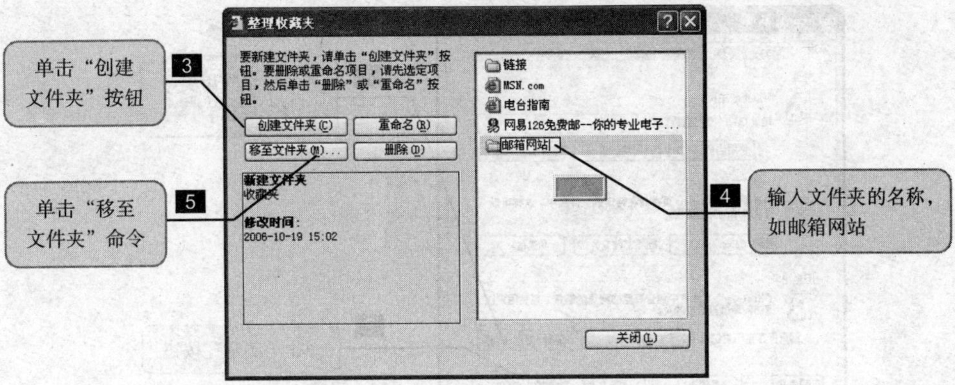

图 4.43 "整理收藏夹"对话框

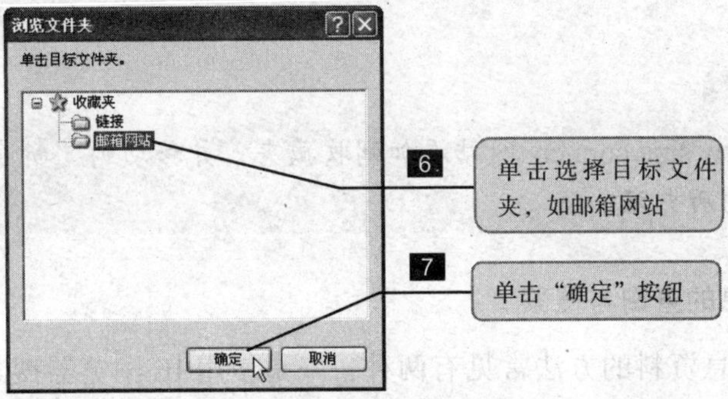

图 4.44 "浏览文件夹"对话框

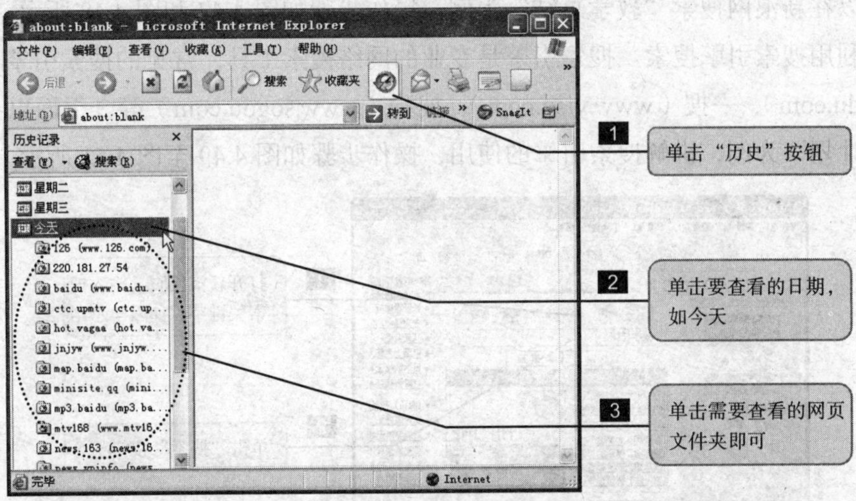

图 4.45 查看历史记录

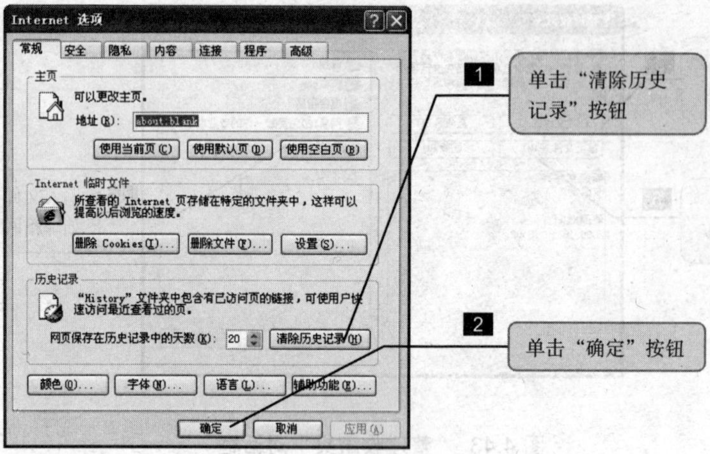

图 4.46 清除历史记录

练一练

将 www.sina.com.cn 网站添加到收藏夹，并移动到“新浪网”文件夹，清除最近访问过的历史记录。

4．网上信息的查询与搜索

网上搜索信息资料的方法常见有两种：一是使用 IE 浏览器搜索；二是使用搜索引擎搜索。

（1）利用 IE 搜索。IE 浏览器本身提供了搜索信息资料的功能，可以通过 IE 来查找相关资料。以在新浪网搜索“教学总结”为例，操作步骤如图 4.47 和图 4.48 所示。

（2）利用搜索引擎搜索。搜索引擎是专业的网络搜索工具，常见的搜索引擎有：百度（www.baidu.com）、一搜（www.yiso.com）、搜狗（www.sogou.com）等。下面以在百度搜索“教学计划”为例，讲解搜索引擎的使用，操作步骤如图 4.49 至图 4.51 所示。

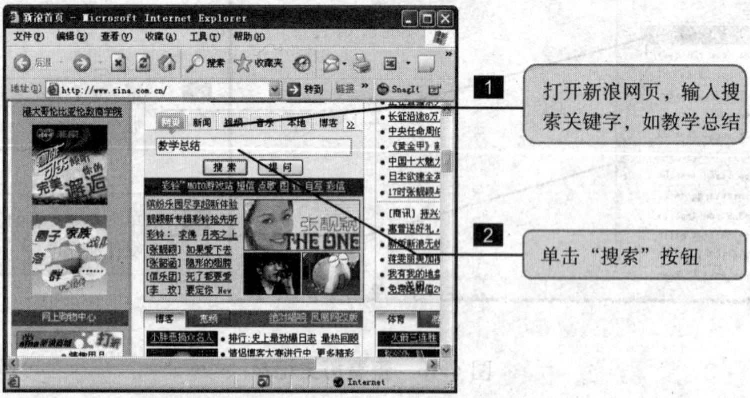

图 4.47 “新浪首页”窗口

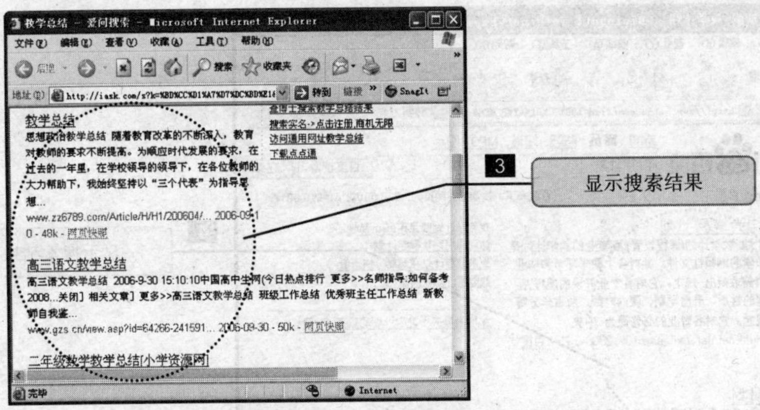

图 4.48　搜索结果网页

图 4.49　IE 窗口

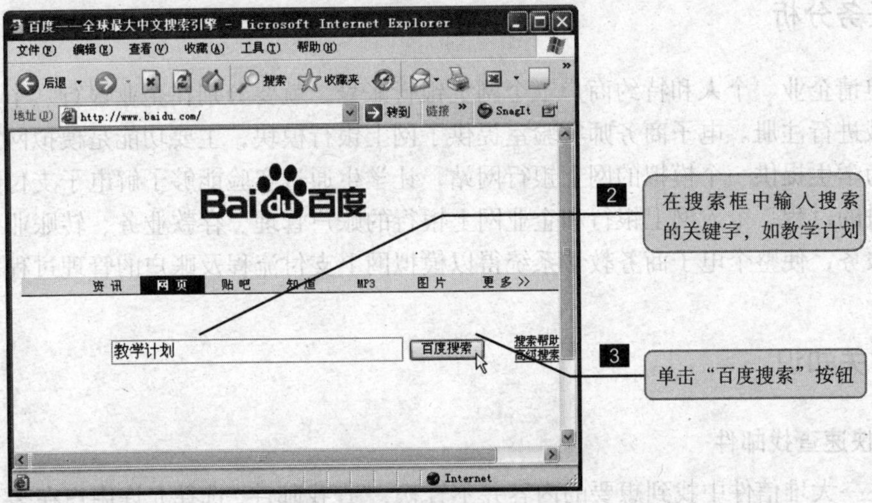

图 4.50　“百度”主页

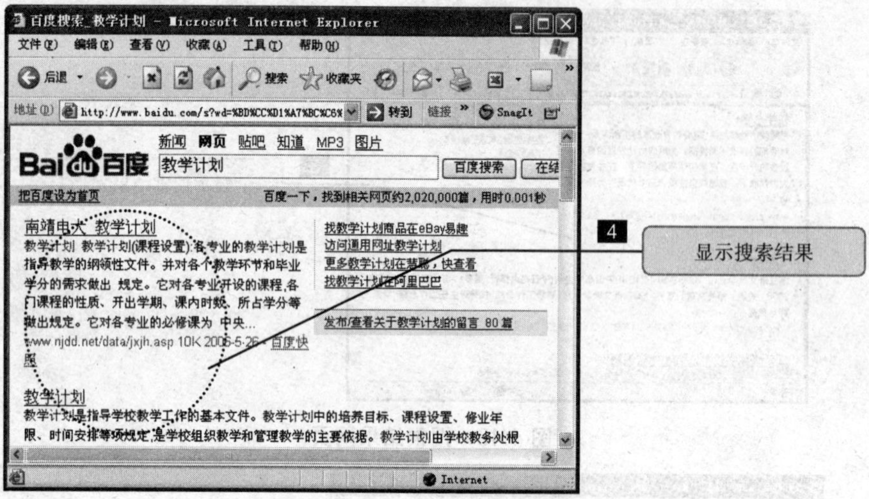

图 4.51　搜索结果网页

任务 11　电子邮箱的使用

任务引入

李明在电子商务师实验室中以个人、特约商户和企业三种不同的角色进行注册一个网上银行账号，用来进行各种交易活动，那么，我们如何进行申请呢？操作步骤又是怎么进行的呢？下面我们就要帮助李明来完成这个操作。

任务分析

要申请企业、个人和特约商户三个网上银行账号，就要分别在企业银行、个人银行和网上商城进行注册。电子商务师实验室提供了网上银行模块，主要功能是模拟网上银行系统，并为学生提供一个模拟的网上银行网站，让学生通过实验能够了解电子支付账号的申请及支付的过程、个人网上银行和企业网上银行的账户管理、存款业务、转账业务、账务查询等服务，使整个电子商务教学系统得以模拟网上支付流程及账户的管理过程。

相关知识

1. 快速查找邮件

要在一大堆信件中找到想要的内容并不轻松，“查找邮件”选择允许用户在多个文件夹中搜索邮件，以查找文件夹或子文件夹中的任何邮件。单击“编辑”菜单，选择“查找邮件”，以下任何条件都可以为查找邮件的标准：谁发送的邮件、邮件的主题或标题、邮件中的文本等。

免费电子邮箱深受网友们的欢迎，但是，免费邮箱往往访问起来速度很慢。用以下方法可解决此问题：首先进入免费电子邮箱，打开“邮箱配置”→“转发邮件”（绝大多数免费邮箱提供这一功能），将ISP提供的邮箱地址填入“转往邮箱地址”栏内，选择“转发邮件生效”即可。当然，此方法的前提是你还拥有一个访问速度较快的、由ISP提供的电子邮箱。

在Outlook Express5中用以下方法可实现自动签名功能。

（1）启动Outlook Express5后，选择“工具选项”命令。

（2）在“选项”对话框中，单击“签名”标签。

（3）在“签名”标签中，单击“在所有发出的邮件中添加该签名”前的方框，使之处于选中的状态，以便自动签名功能生效。

（4）在“签名”框中，新建一个签名名称，在下面文本框中输入你想添加的所有个人信息，如姓名、联系地址、电话等。

（5）若希望在回复和转发邮件时同样自动添加签名，则可以单击“不在回复和转发的邮件中添加签名”前的方框，使之处于不选中的状态。

（6）单击“确定”按钮，下次建立新邮件时就会在你的邮件中自动添加上签名了。当然，可以单击“高级”按钮，为你的每个账号设置一个漂亮的签名。

2. 用ISP邮箱提高发信速度

现在免费电子邮件大都支持SMTP和POP3协议，故在设置服务账号时“工具”→“选项”→“邮件服务器”中的“发送邮件服务器SMTP”和“接收邮件服务器POP3”均填相同的服务器，如海南建恒电子邮局都填“www.88998.com”，但在使用中发现用此服务器发送邮件速度较慢。有没有捷径呢？经过试验发现，发送邮件的服务器不一定要和接收邮件服务器一致，它可以是任何一个连通的主机，但最好是与你相距最近的主机为最快。因此将账号上“发送邮件服务器SMTP”由原来的“www.88998.com”改为你的ISP提供的服务器将极大地提高发送速度，且接收邮件人接收到的信箱还是免费信箱。

3. 拒收“垃圾邮件”

在“工具”菜单栏中选择“收件箱助理”，单击“添加”，该窗口分为上、下两个部分，上面是“处理条件”，下面是“处理方法”。比如，经常收到发信地址为“qingzhu990.net”的垃圾邮件，如果想从今以后不再收到它，可以在“处理条件”栏目中选择“发件人”，并在其中填入上述地址；接着，在“处理方法”中选择“从服务器上删除”；单击“确定”按钮后，可以看到在描述框内，出现了“如果发件人地址中包含‘qingzhu990.net，则直接从服务器上删除”的描述，这就达到了目的。

4. 备份你的地址簿

在Outlook Express中，通讯簿是很重要的，它记录了你的所有通讯地址，但由于一些原因，需要重装系统时或格式化磁盘时，对通讯簿的备份就显得很重要了。在“Cwindows

Application Data Microsoft Ad dress Book”目录中找到一个名为 username.wab 的文件，其中 username 为在计算机中的注册用户名。这就是你的通讯簿，可以把它备份在指定路径下，以便以后重装 Outlook Express 后 copy 到原目录。如果你嫌以后 copy 麻烦，可以通过修改注册表一劳永逸。打开注册表后，在“我的电脑 HKEY CURRENT USER\Software\Microsoft WABWAB4 Wab File Name”键值中找到“默认”字符串。右键单击该字符串，选择修改，改为保存通讯簿的路径。重装 Outlook Express 后，记得如此改回来才能找到原来的通讯簿。

5．脱机写邮件

单击“文件”菜单，选择“脱机工作”，用户就可以在不联机的情况下，从容地写好电子邮件。此时发送的新邮件都被保存在发件箱窗口中，只有当你按下“发送和接收”键时，OutLook Express 才会自动连通因特网将信件发出。

信体的格式为：第一行为空行；第二行写上“::”（两个冒号）；在第三行写上“Anon-To:”，紧接着是收件人的 E-mail 地址；第四行必须是空行；第五行就可是正文了，正文可以随便写。注意不要把自己的签名也写进去，否则可就让匿名服务器白忙了，若使用了 E-mail 软件提供的签名功能，必须将其关闭。这样，匿名邮件转发器就会把你的邮件转发到收件人的邮件箱里了。匿名邮件转发服务器只是为了在必要的时候隐藏自己才可以使用，我们在网上要遵守网上公则，切记不可滥用。

6．解决乱码的两种方法

使用电子邮件最大的烦恼莫过于收到乱码邮件了，这个问题对新手来说尤其严重。Outlook Express5 提供了解决乱码的方法：首先选择乱码邮件，单击“查看”菜单指向“编码”命令中的“简体中文（GB2312）”即可，也可指向“编码”命令中的“其他”，这里提供了“阿拉字符”、“波罗的海字符”、“中欧字符”等 19 种字符选择，你只需单击“简体中文（HZ）”即可。另一种方法是：首先选择乱码邮件，单击鼠标右键打开邮件快捷菜单，选择“属性”命令；然后在出现的对话框中单击“详细资料”标签，单击右下角的“邮件源文件……”按钮，这时就会打开邮件的源文件码，这样就可看到邮件的内容了。

7．永远解除乱码的方法

对 Outlook Express5 进行设置，能够从根本上解决电子邮件的乱码，方法为：① 打开 Outlook Express 5，选择“工具”菜单中的“选项”命令，单击“阅读”标签；② 单击“字体”按钮，选择“简体中文（GB2312）”并把它设置为默认值，设置好后按“确定”按钮回到“阅读”对话框；③ 单击“国际设置”按钮，选中“为接收的所有邮件使用默认的编码”，确定退出。再次打开所有邮件，中文邮件就不会乱码了。

8．压缩大邮件

邮件越大，发送和接收邮件的时间就越长，且每个邮箱的最大容量受到限制，因此在发送之前最好将邮件压缩。你可以用 WinZip 等压缩软件对邮件进行压缩和用 FileSplit 等文件分割软件将大件分割成小的邮件分期发送。

9. 备份你的邮件

IE 的 Outlook Express 虽然能导出邮件，遗憾的是只能一封一封地导，要是几封信那还好，下面方法可实现。具体步骤如下：

（1）打开 Outlook Express，进入要备份的信箱，如收件箱；

（2）选择要备份的邮件。按住键，单击第一封和最后一封邮件可全选；按住 Ctrl 键，单击所需邮件可选择多个邮件；

（3）用鼠标左键单击“转发邮件”。此时，你刚才所选的邮件被作为附件，夹在新邮件中；

（4）在“新邮件”对话框中选择“文件”菜单中的“另存为（A）……”命令，然后为此邮件取个文件名即可。

以上方法可以有选择地导出邮件。如果你想彻底保存邮件，那就到 C:\WINDOWS\ApplicationData\Microsoft\OutlookExpressMail 文件夹中，将所有的文件全部备份即可。

任务实施

1. 申请邮箱

第一步：打开 163 首页，单击邮箱申请按钮（见图 4.52）。

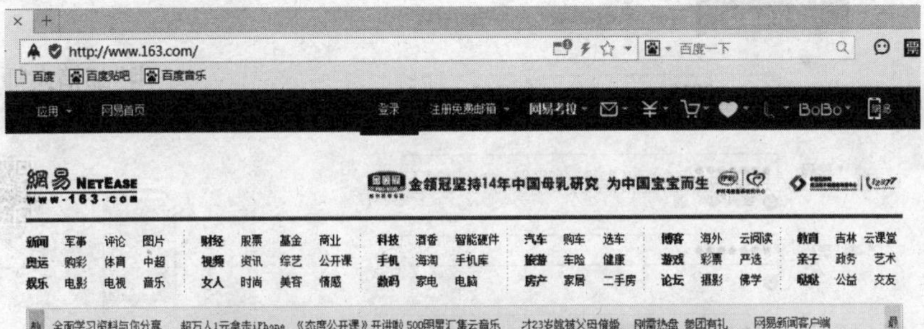

图 4.52　网易首页

第二步：选择注册字母注册（见图 4.53）。

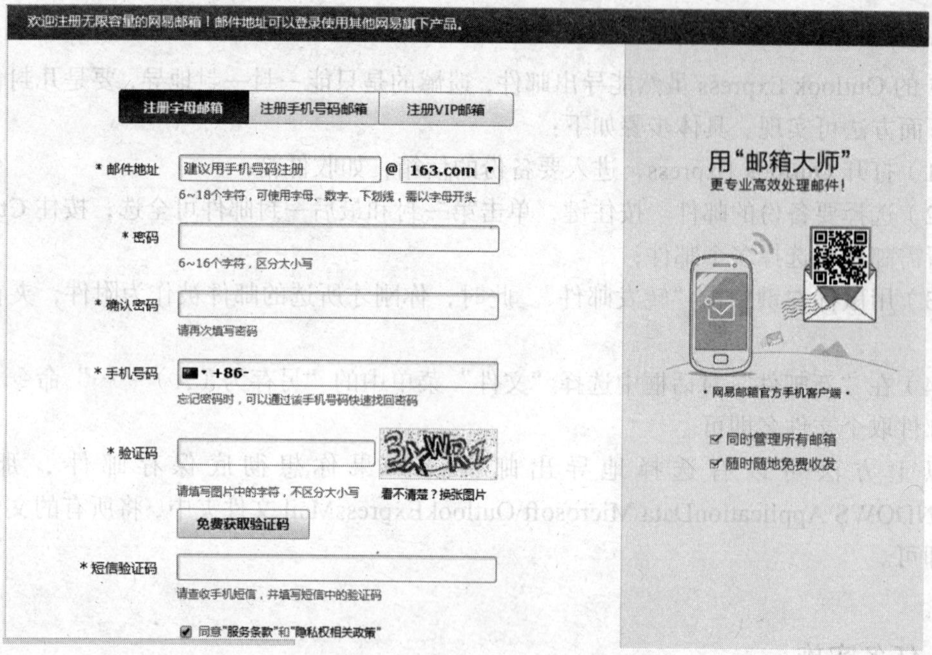

图 4.53　网易公司服务条款页面

第三步：选择用户名（见图 4.54）。

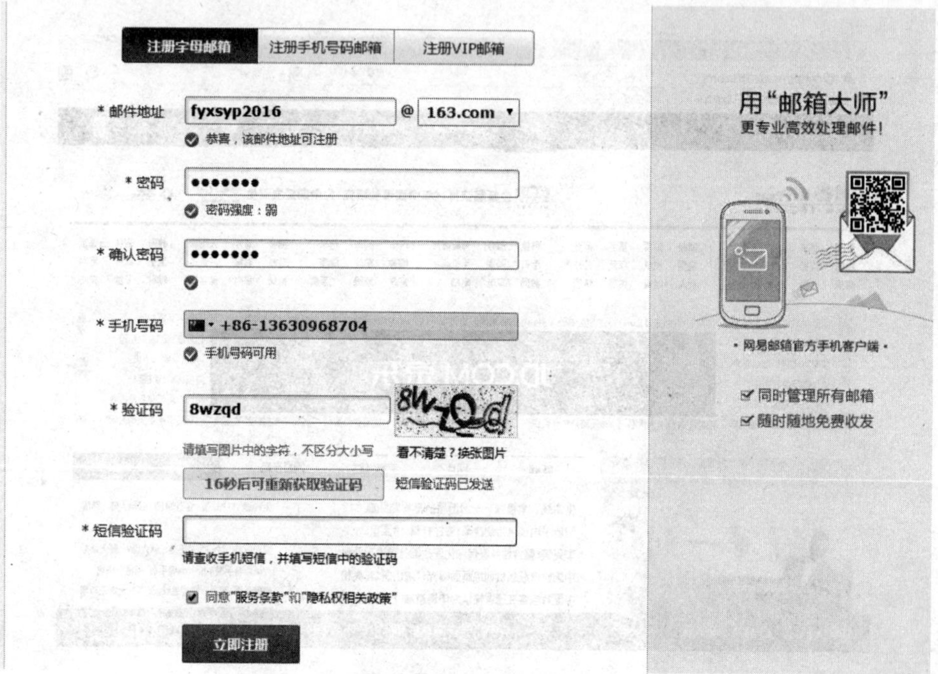

图 4.54　信息填写页面

第四步：个人资料填完后，单击“立即注册”，即出现注册成功页面（见图 4.55）。

图 4.55　申请成功页面

第五步：填写手机号码，单击“免费获取短信验证码”按钮，马上激活。

2．登录电子邮箱

在登录页面输入你的用户名和密码，单击登录，即可登录邮箱，如图 4.56 所示。

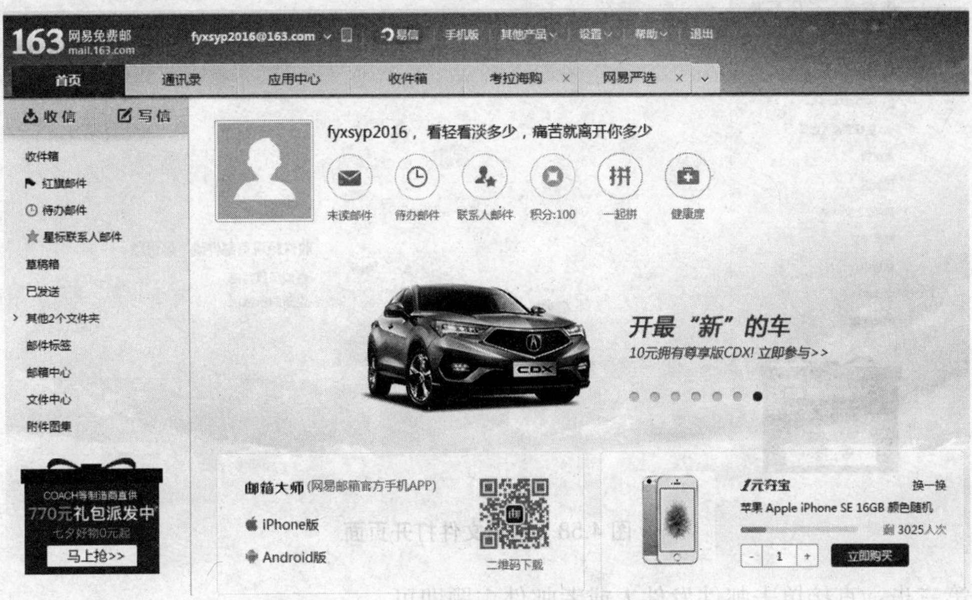

图 4.56　进入电子邮箱页面

3. 写信

第一步：打开写信界面（见图 4.57），填写收件人地址、主题等信息。

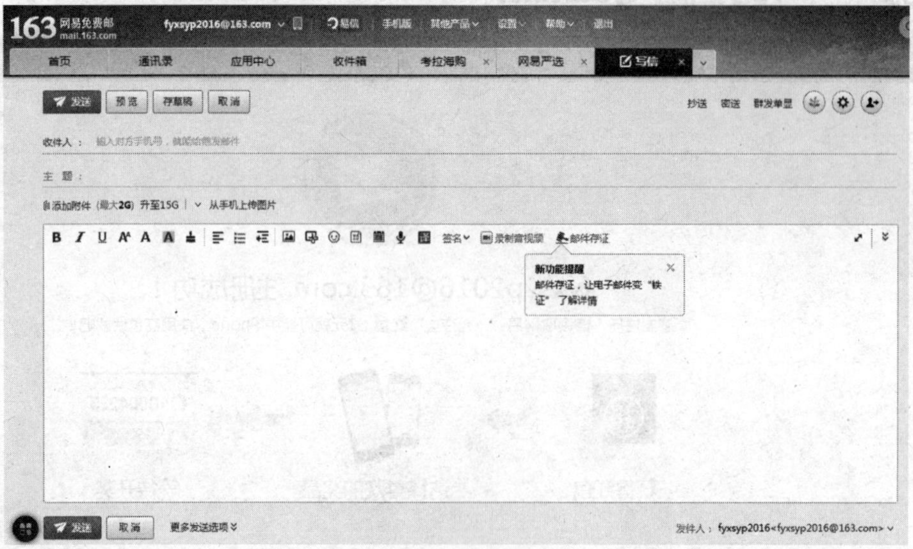

图 4.57 写信页面

第二步：打开收件箱（见图 4.58）。

图 4.58 网易文件打开页面

第三步：直接单击邮件发件人或者邮件主题即可。

单击发件人，将会在新窗口中打开该邮件；单击主题，将会在本窗口中打开该邮件。（直接单击邮件的发件人，或者将鼠标指向邮件主题，单击右键，在右键菜单中选择“在新窗口中打开”，就可以在新的窗口中读信。）

如果接收到包含附件的信件，在文件夹页面，信件大小的旁边有一个曲别针图形。打开邮件后，可以在浏览器中打开附件，也可以下载到本地文件夹中。

4．发信

登录你的邮箱后，请单击页面左侧“写信”按钮。

第一步：在“发给”一栏中填入收信人的 E-mail 地址，如果是多个地址，在地址间请用“,”隔开；或者单击右边“通讯录”中一位或多位联系人，选中的联系人地址将会自动填写在“发给”一栏中（如 abc@163.com）。如果单击联系组，该组内的所有联系人地址都会自动填写在“发给”栏。

若你想抄送信件，请单击“添加抄送地址”，将会出现抄送地址栏。抄送就是将信同时也发给收信人以外的人，请将他（她）的 E-mail 地址写在这一栏中。如果是多个地址，在地址间请用“,”隔开，也可多次单击右边的“通讯录”选择多个收件人，与此同时收件人知道你将这封信抄送给其他人。

若您想密送信件，请单击“添加密送地址”，将会出现密送地址栏，再填写密送人的 E-mail 地址。密送就是将信秘密发送给收件人以外的人，如果您将信发送给 abc@163.com 并密送给 123@163.com，“主题”一栏中填入邮件的主题，再填写邮件的内容（见图 4.59）。

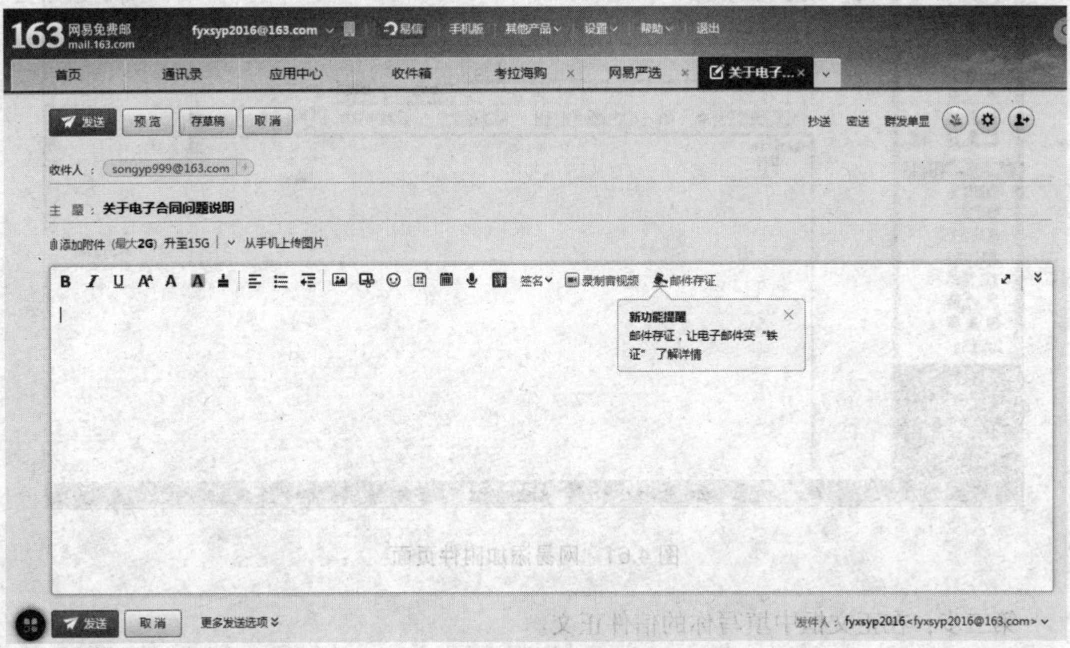

图 4.59　网易发信页面

第二步："主题"一栏中填入邮件的主题（见图 4.60 和图 4.61）。

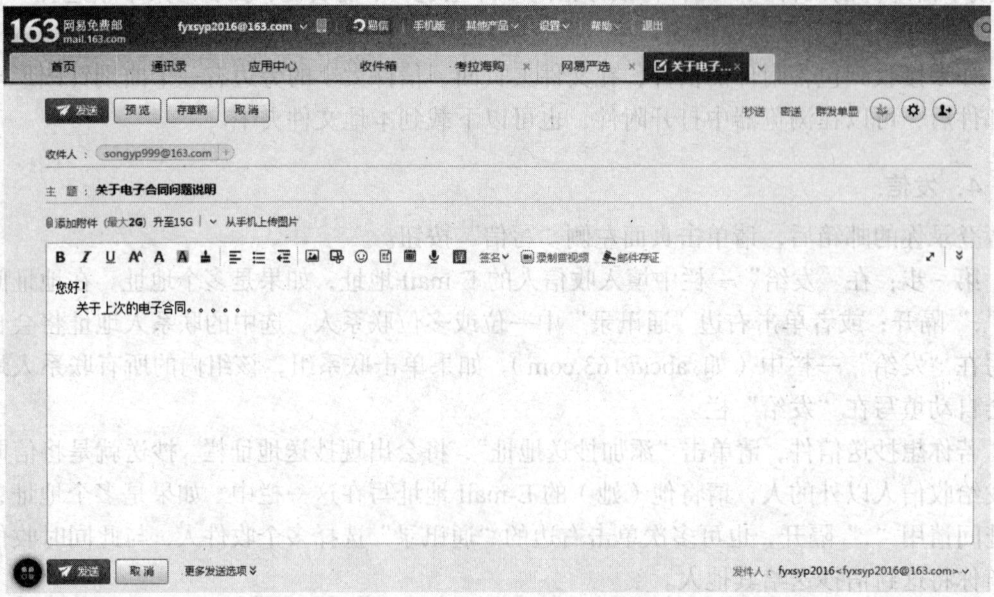

图 4.60　网易邮件的主题填写页面

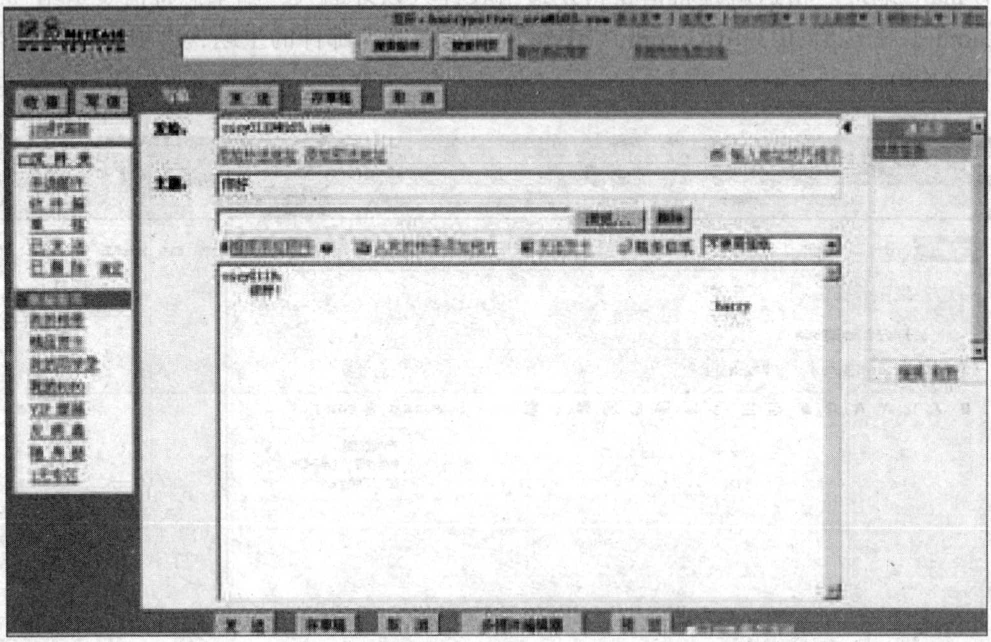

图 4.61　网易添加附件页面

第三步：在正文框中填写你的信件正文。

5．删除邮箱中不需要的信件

（1）删除邮件。选中要删除的邮件（在邮件前面打钩），单击页面左上方或左下方的“删除”按钮，即可将邮件删除到“已删除”文件夹。

（2）彻底删除邮件。若要删除“已删除”文件夹中的邮件。请打开“已删除”文件夹，选择需要彻底删除的邮件，单击“彻底删除”按钮完成；单击“清空”按钮将彻底删除“已删除”文件夹中的全部邮件。

（3）若要将收件箱中的邮件直接删除，而不通过删除到“已删除”文件夹的中间过程，则选择需要删除的邮件，直接单击“彻底删除”按钮即可。

6．使用通讯录

（1）添加和删除联系人

单击邮箱页面右上方的“通讯录”链接；或者在写信页面右上方单击“通讯录”按钮，然后单击“编辑”，将会进入“通讯录”页面。

在通讯录页面右上方单击“添加联系人”，就可以添加新的联系人。

如果要删除地址资料，请先在地址左边打钩，选中联系人，然后在页面右下方单击“删除”按钮，系统就会弹出确认信息：“您真的要删除这些地址项吗”，再单击“确定”按钮，就可将选中的地址资料删除。

（2）使用通讯录

通讯录页面中显示联系人的姓名和 E-mail 地址，右边“操作”栏中：

1）单击“给他/她发信”，可链接到写信页面，并自动在地址栏中填入该联系人的地址；

2）单击“列出来信”，可列出该联系人发给你的所有邮件；

3）单击“显示资料”，可显示该联系人的个人资料；

4）单击“编辑”，可编辑该联系人的详细资料。

写信时，只需单击写信页面右上方的“通讯录”按钮，在已建立好的通讯录上选择收件人即可，无须再手动输入。

任务 12　FTP 站点的建立、管理与使用

任务引入

李明在电子商务师实验室中以个人、特约商户和企业三种不同的角色进行注册一个网上银行账号，用来进行各种交易活动，那么，我们如何进行申请呢？操作步骤又是怎么进行的呢？下面我们就要帮助李明来完成这个操作。

任务分析

要申请企业、个人和特约商户三个网上银行账号，就要分别在企业银行、个人银行和网上商城进行注册。电子商务师实验室提供了网上银行模块，主要功能是模拟网上银行系统，并为学生提供一个模拟的网上银行网站，让学生通过实验能够了解电子支付账号的申请及支付的过程、个人网上银行和企业网上银行的账户管理、存款业务、转账业务、账务查询等服务，使整个电子商务教学系统得以模拟网上支付流程及账户的管理过程。

相关知识

IIS 是 Internet 信息服务（Internet Infomation Server）的缩写，主要包括 WWW 服务器、FTP 服务器等。它使得在 Intranet（局域网）或 Internet（因特网）上发布信息成了一件很容易的事。

正如 WWW 服务的实现依赖于 TCP/IP 协议组中的 HTTP 应用层协议一样，FTP 服务同样依赖于 TCP/IP 协议组应用层中的 FTP 协议来实现。FTP 的默认 TCP 端口号是 21，由于 FTP 可以同时使用两个 TCP 端口进行传送（一个用于数据传送、一个用于指令信息传送），所以 FTP 可以实现更快的文件传输速度。使用 FTP 需要专门的客户端软件，如著名的 BulletFTP、LeapFTP 等，一般的浏览器（如 IE）也可以实现有限的 FTP 客户端功能，如下载文件等。

任务实施

1. “ftp.abc.com”的设置

（1）打开“默认 FTP 站点”属性窗口：选“默认 FTP 站点→右键→属性”即可。

（2）设置“FTP 站点”：在“IP 地址”处选“192.168.0.49”，端口号保持默认值“21”不变，如图 4.62 所示。

（3）设置“消息”：在“欢迎”框中输入登录成功后的欢迎信息，“退出”中为退出信息。

（4）设置“主目录”：在“本地路径”中按“浏览”按钮选择目标目录“E:\myweb”（见图 4.63）。

（5）设置“安全账号”：默认的，匿名用户（Anonymous）被允许登录，如果有必要，此处可选拒绝其登录以增加安全性；或增加其他用于管理此 FTP 服务器的用户名（默认的为“Administator”）。

（6）设置“目录安全性”：此处可以设置只被允许或只被拒绝登录此 FTP 服务器的计

算机的 IP 地址。

（7）如需要，也可在“默认 FTP 站点”处单击右键选“新建”来新建 FTP 的虚拟目录。

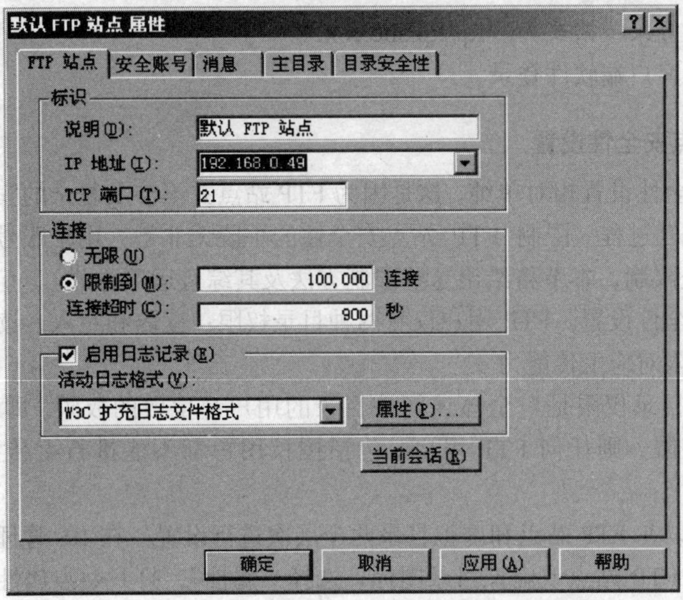

图 4.62　FTP 站点属性

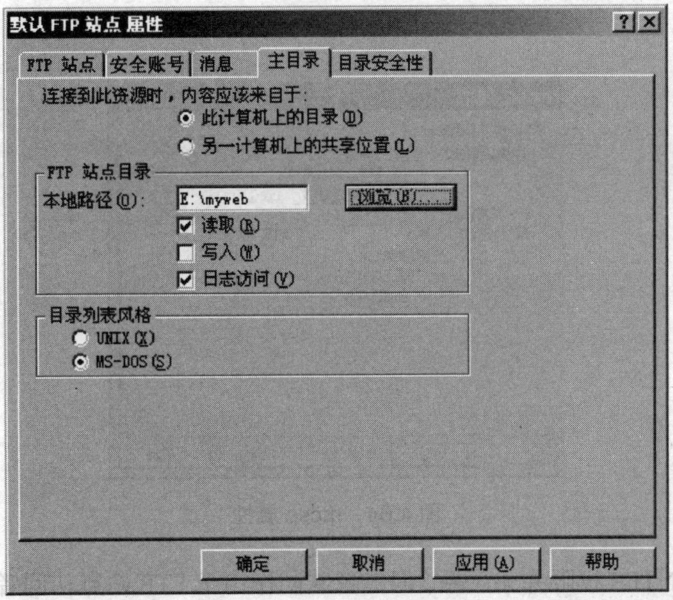

图 4.63　FTP 站点属性

2．“ftp.abc.com”的测试

（1）在浏览器中登录：格式为“ftp://ftp.abc.com”或“ftp://用户名@ftp.abc.com”。如

果匿名用户被允许登录，则第一种格式就会使用匿名登录的方式；如果匿名不被允许，则会弹出选项窗口，供输入用户名和密码。第二种格式可以直接指定用某个用户名进行登录。

（2）DOS 下登录：格式为“ftp ftp.abc.com”。

（3）用 FTP 客户端软件登录。

3. FTP 站点安全性设置

FTP 站点安全性设置相对单纯，这是因为 FTP 站点并不涉及复杂的安全性应用程序和服务器/浏览器交互过程。限制 FTP 站点安全性的手段无非是：用户账号认证、匿名访问控制以及 IP 地址限制，本节将给出这些限制方法及其综合运用方式。

（1）目录安全性设置。FTP 用户仅有两种目录权限：读取和写入，读取权限对应于下载能力；写入权限对应上传能力。

FTP 站点的目录权限是对全体访问该目录的用户都生效的权限，即一旦某个目录设置为仅有读取权限，则任何 FTP 用户，包括授权用户都不能进行上传操作（需要写入权限）。

目录权限可以在 FTP 站点和虚拟目录两个层次进行设置。在 IIS 管理 MMC 界面的管理控制树中右击 FTP 站点或虚拟目录图标，选择“属性”，打开站点属性表单或虚拟目录属性表单，选择“主目录”或“虚拟目录”选项卡。只需选择“读取”、“写入”复选框即可指定站点或虚拟目录的目录访问权限。如图 4.64 所示，就是在虚拟目录属性表单中配置目录权限的情况。

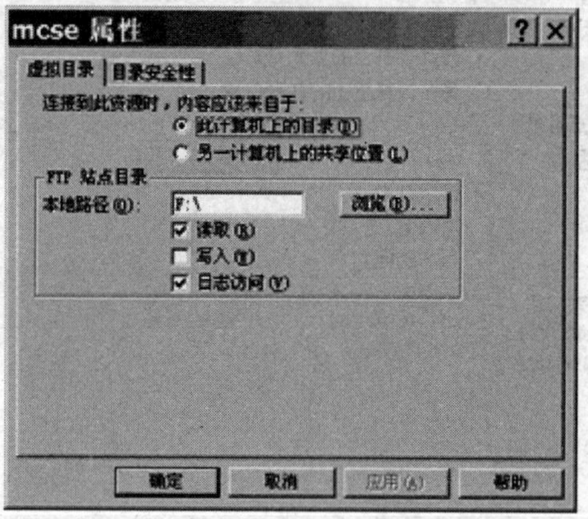

图 4.64　mcse 属性

目录权限与 NTFS 权限并无关系，但二者共同作用于 FTP 站点访问者。一般，在 NTFS 分区上的站点目录被设置的 NTFS 权限如果与我们这里设置的目录权限发生冲突，二者中限制较大（权限较小）的权限将实际发生作用。这种配置有利于站点的安全性，两重的权限保护在某种程度上避免了管理员的疏忽。所以，应当尽量将站点目录（包括虚拟目录）存储在 NTFS 分区中。

完成目录权限指定后，单击“应用”按钮使之生效，如果此时系统提示修改过的权限设置与当前对象的子站点（子目录或虚拟目录）存在权限冲突，如图 4.65 所示，则说明子站点权限与当前权限有不一致的情况。这时，应在“子站点”列表栏中指定继承当前许可设置的子站点/子目录对象。或者单击“全选”按钮使当前权限能够覆盖全部子对象当权限。单击“确定”按钮返回。如果不选择站点或单击“取消”按钮，都会导致只有当前对象直接包含的文件才被修改了权限。最后单击“确定”按钮结束目录权限的设置。

（2）匿名访问控制。匿名访问是 FTP 服务的一大特点，虽然在 WWW 服务中也有匿名访问的限制,但是匿名访问对于一个FTP站点来说在安全性和内容方面具有特殊的用途。

由于 FTP 是一个简单的，在 Internet 产生初期就存在的服务，一个 FTP 站点除了用户账号之外没有其他的用户安全验证服务（ISAPI 过滤器、数字证书等方法对于 FTP 是无效的）。所以有必要合理地设置 FTP 安全账号。

在 IIS 管理器的 MMC 界面中，右击管理控制树中的 FTP 站点节点，从弹出菜单中选择“属性”，打开站点属性表单，选择“安全账号”选项卡，如图 4.66 所示，这里是配置匿名访问的主要界面。

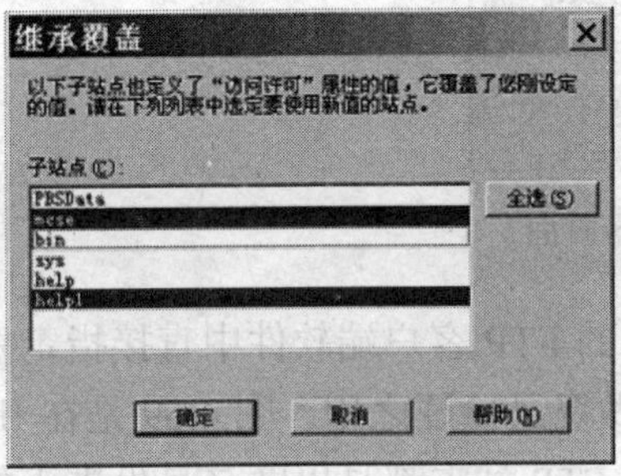

图 4.65　继承覆盖界面

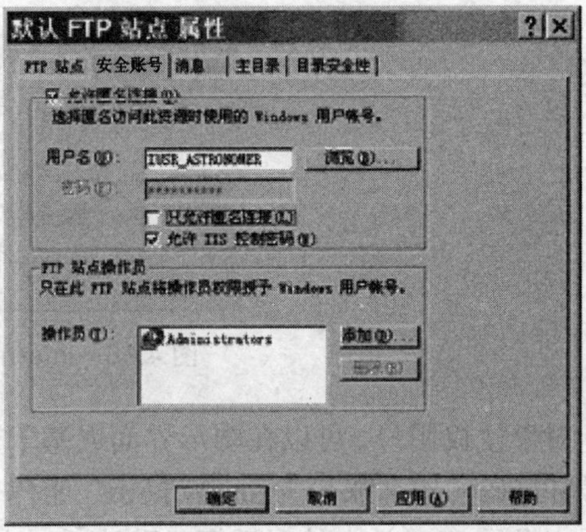

图 4.66　默认 FTP 站点属性界面

在“安全账号”选项卡中选中“允许匿名访问”复选框，使当前站点同时允许匿名和授权用户连接。

IIS 默认的匿名访问用户账号是 IUSR_computername，其中 computername 是 IIS 所在服务器的计算机名。我们也可以更改这一账号，在“安全账号”选项卡中单击“用户名”栏右侧的“浏览”按钮。

通常情况下，虽然匿名访问用户账号由 Windows 2000 进行验证和安全性维护，但是账号的密码是由 IIS 进行控制的，取消选择“允许 IIS 控制密码”复选框可以自行指定用户密码（见图 4.67）。

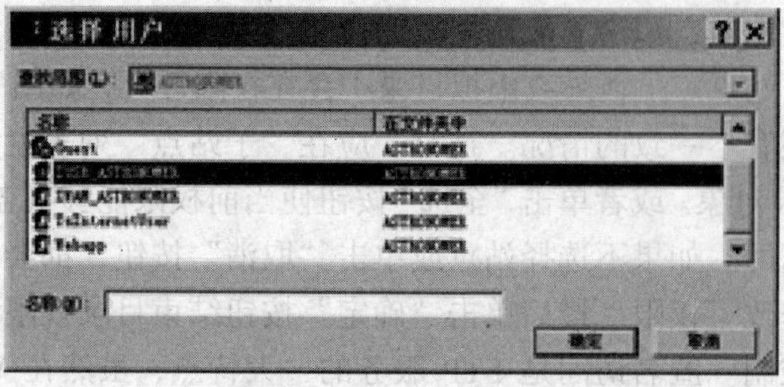

图 4.67 选择用户界面

FTP 站点的用户访问控制可以分为三种情况：仅有授权访问、仅有匿名访问、匿名访问与授权访问混合使用。仅使用匿名访问方式的好处是强化系统的安全性。这种方式拒绝任何非匿名的登录请求，也就不可能允许具有管理员权限的用户（可能是黑客）通过 Internet 登录站点，从而保证服务器不被入侵。在 FTP 站点属性表单的“主目录”选项卡中选择“只允许匿名连接”复选框进行此设置。如果清除此复选框，IIS 会给出如图 4.68 所示的警告对话框。

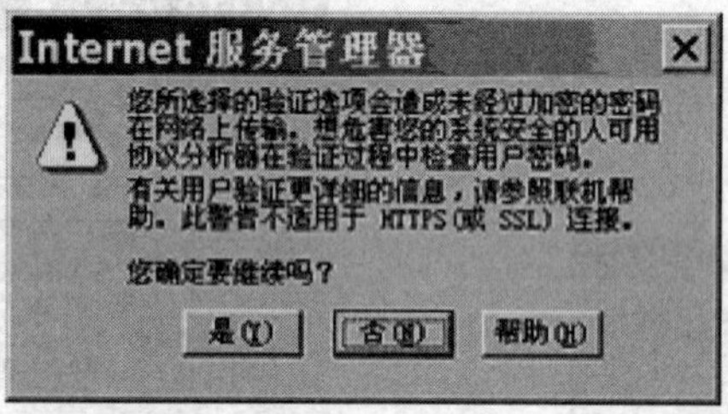

图 4.68 Internet 服务管理器界面

对于授权用户，可以在图形界面或基于目录提示行的 FTP 客户端软件中直接指定登录账号和密码（匿名账号为 anonymous，密码为空），以做登录验证之用。图 4.69 是在 IE 浏览器中登录 FTP 站点的对话框。默认时，在 IE 中打开 FTP 站点都是以匿名身份进入的，需要改变用户身份时，单击 IE 浏览器的“文件”菜单，选择“登录”，输入用户名和密码，单击“登录”以授权用户身份进入站点。通常只有授权用户才有上传权限。

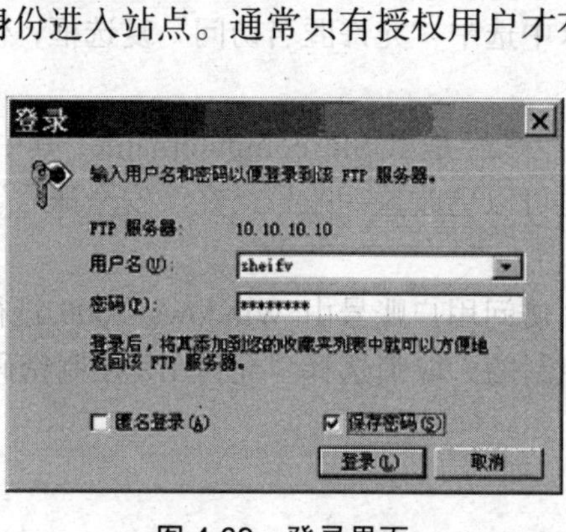

图 4.69 登录界面

（3）IP 地址访问控制。IP 地址限制是 FTP 站点通常使用的安全限制方式之一，由于对于 FTP 这种较老的服务并无过多的安全技术可供选择，所以用好现有的安全限制（如 IP 地址限制）是非常必要的。FTP 站点的目录安全性可以以两种方式限制特殊 IP 地址的访问：授权访问和拒绝访问，两种方式不能同时使用。授权访问方式允许默认用户访问站点，但可以指定不能访问站点的例外地址；拒绝访问方式默认限制所有地址对站点的访问，但可以指定不受限制的例外地址。两种方式中后者的安全性要高些，但限制也较大，通常用于内部 FTP 站点（不对组织外的用户提供服务）；前者则广泛用于公共的下载站点，根据经验或者日志文件的攻击纪录将曾经尝试攻击的用户 IP 地址加入例外地址列表即可加强站点的安全性。

任务 13　压缩工具的使用

任务引入

李明在电子商务师实验室中以个人、特约商户和企业三种不同的角色进行注册一个网上银行账号，用来进行各种交易活动，那么，我们如何进行申请呢？操作步骤又是怎么进行的呢？下面我们就要帮助李明来完成这个操作。

任务分析

要申请企业、个人和特约商户三个网上银行账号，就要分别在企业银行、个人银行和网上商城进行注册。电子商务师实验室提供了网上银行模块，主要功能是模拟网上银行系统，并为学生提供一个模拟的网上银行网站，让学生通过实验能够了解电子支付账号的申请及支付的过程、个人网上银行和企业网上银行的账户管理、存款业务、转账业务、账务查询等服务，使整个电子商务教学系统得以模拟网上支付流程及账户的管理过程。

相关知识

WinRAR 是一款功能强大的压缩包管理器，它是档案工具 RAR 在 Windows 环境下的图形界面。该软件可用于备份数据，缩减电子邮件附件的大小，解压缩从 Internet 上下载的 RAR、ZIP 2.0 及其他文件，并且可以新建 RAR 及 ZIP 格式的文件。

WinRAR 内置程序可以解开 CAB、ARJ、LZH、TAR、GZ、ACE、UUE、BZ2、JAR、ISO、Z 和 7Z 等多种类型的档案文件、镜像文件和 TAR 组合型文件；具有历史记录和收藏夹功能；新的压缩和加密算法，压缩率进一步提高，而资源占用相对较少，并可针对不同的需要保存不同的压缩配置；固定压缩和多卷自释放压缩以及针对文本类、多媒体类和 PE 类文件的优化算法是大多数压缩工具所不具备的；使用非常简单方便，配置选项也不多，仅在资源管理器中就可以完成你想做的工作；对于 ZIP 和 RAR 的自释放档案文件，单击属性就可以轻易知道此文件的压缩属性，如果有注释，还能在属性中查看其内容；对于 RAR 格式（含自释放）档案文件提供了独有的恢复记录和恢复卷功能，使数据安全得到更充分的保障。

WinRAR 是共享软件。任何人都可以在 40 天的测试期内使用它。如果你希望在测试过期之后继续使用 WinRAR，你必须注册。

运行环境：Windows 9x 及以上版本。

任务实施

1．WinRAR 的下载和安装

（1）从许多网站都可以下载这个软件。

（2）安装 WinRAR 的安装十分简单，只要双击下载后的压缩包，就会出现图 4.70 的安装界面。

在图 4.70 中通过单击“浏览”按钮选择好安装路径后单击“安装”按钮就可以开始安装了，然后会出现图 4.71 所示的选项。

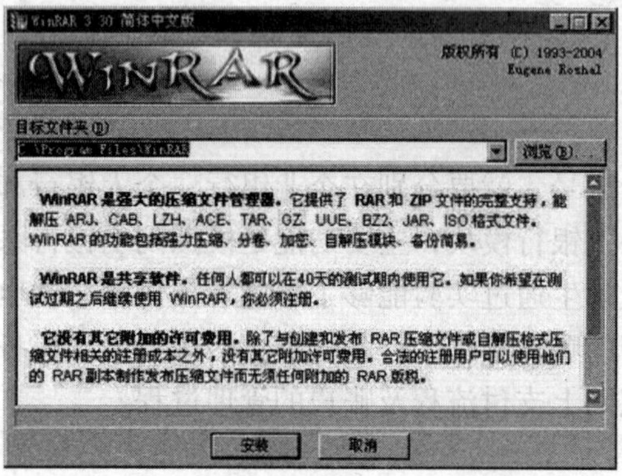

图 4.70 设定目标文件夹

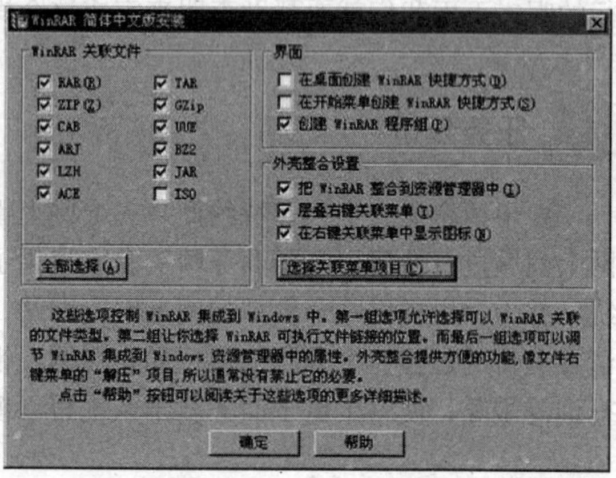

图 4.71 设置关联等

图 4.71 分三个部分，在左边的“WinRAR 关联文件”是让你将下面的格式的文件创建联系，如果你决定经常使用 WinRAR 的话，可以与所有格式的文件创建联系；如果只是偶然使用 WinRAR 的话，也可以酌情选择。右边的“界面”是选择 WinRAR 在 Windows 中的位置。“外壳整合设置”是在右键菜单等处创建快捷。都做好选择后，单击“确定”按钮就会出现图 4.72 所示，单击“完成”按钮，安装成功。

2．使用 WinRAR 快速压缩和解压

WinRAR 支持在右键菜单中快速压缩和解压文件操作十分简单。

（1）快速压缩。当你在文件上单击右键的时候，会看见图 4.73 中用圆圈标注的部分就是 WinRAR 在右键中创建的快捷键。

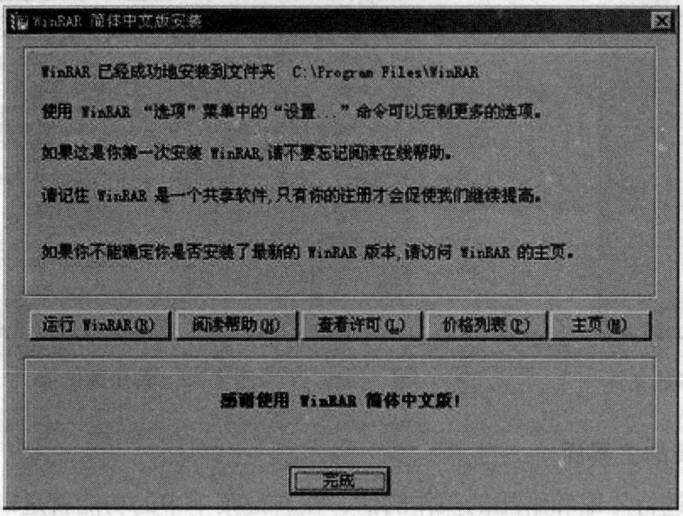

图 4.72 感谢和许可

想压缩文件的时候，在文件上单击右键并选择“添加到档案文件”，这样就会出现图 4.74 所示的界面，在图 4.74 的上部有 6 个选项，这里是选择“常规”选项卡时出现的界面。

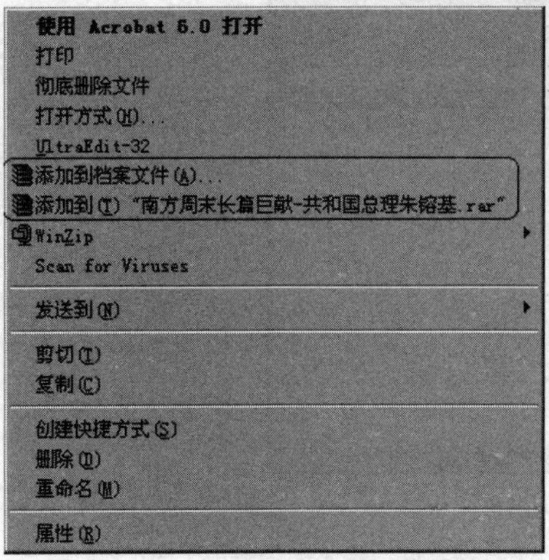

图 4.73 右键菜单

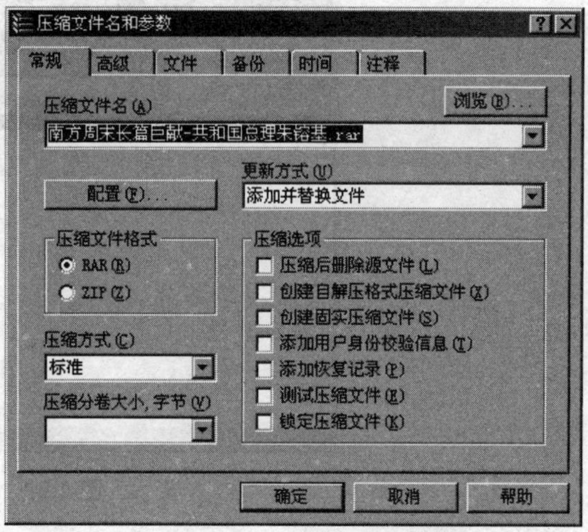

图 4.74 解压缩向导

（2）快速解压。当你在压缩文件上单击右键后，会有图 4.75 中画圈的选项出现，选择“释放文件”。

选择“释放文件”后出现图 4.76，在图 4.76 的“目标路径”处选择出解压缩后的文件将被安排至的路径和名称。没有什么问题，单击“确定”按钮就可以解压了。

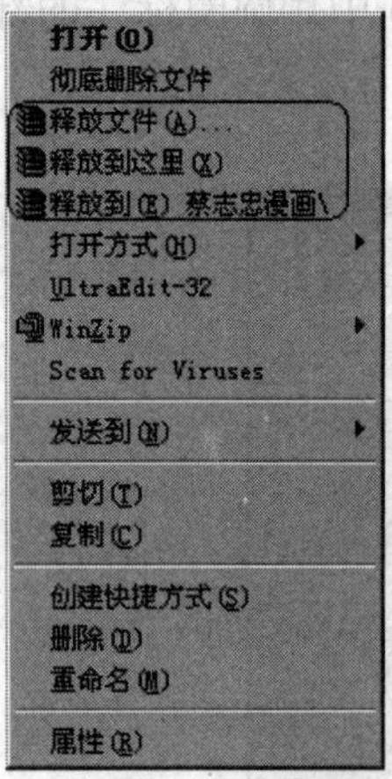

图 4.75 释放文件

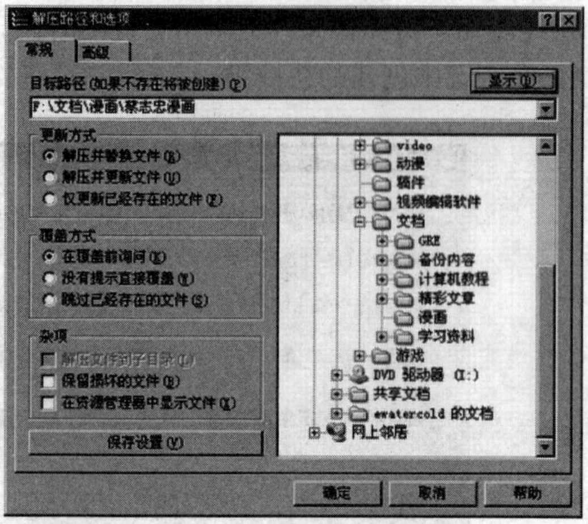

图 4.76 解压缩选择

3．WinRAR 的主界面

其实对文件进行压缩和解压的操作的话，在右键菜单中的功能就足以胜任了，一般不用在 WinRAR 的主界面中进行操作，但是在主界面中又有一些额外的功能所以我们有必要对它进行了解，下面我们将对主界面中的每个按钮做一说明。

单击 WinRAR 的图标后出现的主界面，如图 4.77 所示。

图 4.77 压缩包

“添加”按钮就是我们已经熟悉的压缩按钮，当单击它的时候就会出现前面我们已经解释过的图 4.75 的界面，相信您对此界面已经熟悉了，在此就不多说了。

在下面的窗口中选好一个具体的文件后，单击“查看”按钮就会显示文件中的内容代码等。

“删除”按钮的功能十分简单就是删除你选定的文件。

“修复”是允许你修复文件的一个功能。修复后的文件 WinRAR 会自动为它起名为_

reconst.rar，所以你只要在“被修复的压缩文件保存的文件夹”处为修复后的文件找好路径就可以了，当然你也可以自己为它起名。

“解压到”是将文件解压。

“测试”是允许你对选定的文件进行测试，它会告诉你是否有错误等测试结果。

当你在 WinRAR 的主界面中双击打开一个压缩包的时候，又会出现几个新的按钮，如图 4.78 所示。

其中有“自解压格式”按钮，是将压缩文件转化为自解压可执行文件，“保护”是防止压缩包受意外的损害。“注释”是对压缩文件做一定的说明。“信息”是显示压缩文件的一些信息。

4．WinRAR 的卸载

卸载只要在控制面板——添加/删除程序——WinRAR 压缩文件管理器——添加/删除就可以了。

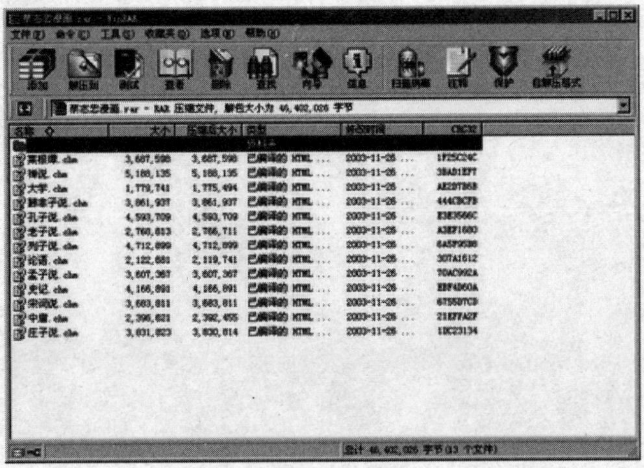

图 4.78　文件浏览

技能训练

【技能训练 1】设置自家的电脑与互联网连接

1．实验目的

掌握调制解调器和无线路由器的使用方法，重点了解互联网络的连接方法。

2．实验内容和步骤

（1）调制解调器的安装。

（2）无线路由器的安装。

（3）设置 IE 浏览器。

3．实训报告要求

撰写实训报告。

【技能训练 2】使用 Outlook 发送邮件

1．实训目的

通过使用 Outlook 发送邮件的操作过程，掌握电子商务邮件发送的操作流程。

2．实训内容

（1）撰写邮件。

（2）邮件的发布。

3．实训报告要求

撰写实训报告。

第二模块

职场实战

实训项目 5

电子商务模式的应用

任务 14 网上支付

任务引入

林琳是个追求个性的女孩，网上购物能够满足她对于新鲜、与众不同且物美价廉的产品的需求。足不出户挑到自己喜欢的个性产品，使林琳体会到了网络选物品的便捷与乐趣。可是，选好产品后如何进行支付却让林琳一时没了主意，这个问题又怎样去解决呢？采用哪种方法能更好地进行网上支付呢？

任务分析

林琳要想足不出户，坐在家中敲敲键盘、点点鼠标就能买到心仪已久的商品需要进行网上支付，要开通一个网上银行，申请一个个人网上银行卡。目前网上支付有很多种方式，最主要的几种是：支付宝、财富通、安付通、贝宝、快钱、收汇宝。如支付宝支持中国工商银行、中国农业银行、中国建设银行等多家银行的网络银行。

目前，符合业界标准的三种网上购物在线支付方式分别是：B2C 方式（企业对消费者的交易）、C2C 方式（消费者对消费者的交易）、B2B 方式（企业对企业的电子商务）。我们可以看出，B2C 和 C2C 是针对个人消费者的在线支付方式；而 B2B 则是针对企业客户的在线支付方式。一般情况下，网上银行包括个人网上银行和企业网上银行，两者在实现功能、网上支付限额等方面存在很大区别，而且不同银行的网上银行也存在区别。

相关知识

1．网上支付的概念

网上支付指的是消费者、厂商和网上银行之间使用安全电子支付手段，利用电子现金、银行卡、电子支票等支付工具通过网络进行的货币支付或资金流转，从而完成支付的整个过程。

2．网上支付的模式

网上支付的主要模式包括网上银行、电子钱包和第三方支付等。随着电子商务的发展，网上支付已经成为一种不可或缺的生活方式，越来越多的人选择利用各种网上支付手段来进行缴费、付款、转账、买卖基金等。本任务主要是通过网上银行卡支付和第三方支付两种方式进行网上支付。

3．第三方支付模式分析

电子商务网上支付模式中，使用"信任的第三方"比较常见和普及，因为第三方支付平台是在商家与消费者之间建立了一个公共可信任的中介。它满足了电子商务中商家和消费者对信誉和安全的要求，它的出现和发展说明该方式满足市场发展的必然需求。现以该模式为样本，简要分析其原理。

第三方支付一般的运行模式为：买方选购商品后，使用第三方平台提供的账户进行货款支付，第三方在收到代为保管的货款后，通知卖家货款到账，要求商家发货；买方收到货物、检验商品并确认后，通知第三方付款；第三方将其款项转划至卖家账户上。这一交易完成过程的实质是一种提供结算信用担保的中介服务方式。以 B2C 交易为例，其支付交易流程如图 5.1 所示。

（1）消费者在卖方网站选购商品，填写订购单。

（2）消费者选择第三方平台作为交易中介，用借记卡或信用卡将货款划到第三方账户。

（3）第三方支付平台通知卖方货款已到账，要求卖方发货。

（4）卖方发送商品给买方，同时进行配送商品。

（5）买方收到商品，并通知第三方支付平台商品到货情况。

（6）第三方支付平台接到收款确认单，将货款转账给卖方。

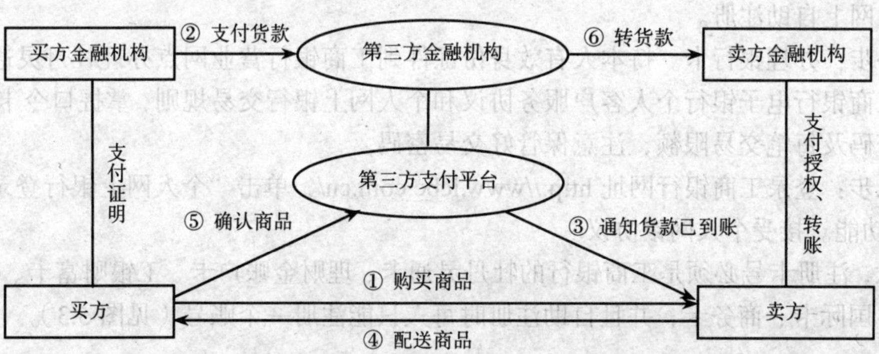

图 5.1　第三方支付平台参与的电子商务交易流程

任务实施

本次的任务是网上银行的申请及使用，为了完成这个任务，主要讲解以下几个要点：

- 掌握网上银行的申请步骤；
- 熟悉网上银行账务查询业务的功能；
- 掌握网上银行的支付、转账等功能。

中国工商银行分为企业网上银行和个人网上银行两种，它们在申请步骤、业务功能等方面存在一定差别。

1. 中国工商银行企业网上银行的申请方式

（1）仔细阅读有关资料。仔细阅读《中国工商银行电子银行章程》、《中国工商银行电子银行企业客户服务协议》及有关介绍材料。

（2）准备申请资料。准备该企业营业执照、组织机构代码证、税务登记证、法人身份证、开户许可证、经办人身份证，填写企业网上银行申请表，签署协议（至少收费 260 元，其中 60 元是 U 盾工本费，200 元是网上银行年服务费）。

（3）提交《网上银行企业客户注册申请表》、《企业或集团外常用账户信息表》、《企业贷款账户信息表》、《客户证书信息表》和《分支机构信息表》，等待网点通过审核。应如实填写表中各项内容，加盖单位公章，并保证内容的真实性。特别应注意的是应准确填写联系地址，否则可能耽误申请事宜。在收到申请表的两周之内，工行将通过电话、电子邮件或信函给予客户答复。对于未通过工行审批的，申请材料原件将退回给客户。

（4）领取客户证书和密码信。

（5）安装安全控件和证书驱动程序。工行会将客户端安全代理软件发送给客户，客户可按安装说明下载并安装软件，工行还可为客户提供上门安装服务。

（6）开通企业网上银行，即可正常使用了，具体功能如图 5.2 所示。

2. 中国工商银行个人网上银行的申请方式

（1）网上自助注册。

第一步：办理银行卡。持本人有效身份证件到工商银行营业网点办理牡丹灵通卡。阅读中国工商银行电子银行个人客户服务协议和个人网上银行交易规则，掌握口令卡和 U 盾的交易密码及每笔交易限额，注意保管好交易密码。

第二步：登录工商银行网址 http://www.icbc.com.cn/，单击“个人网上银行登录”下的“注册”功能。接受个人网银协议。

注意，注册卡号必须是工商银行的牡丹灵通卡、理财金账户卡、工银财富卡、信用卡、贷记卡、国际卡、商务卡，并且自助注册时每人只能注册一个账号（见图 5.3）。

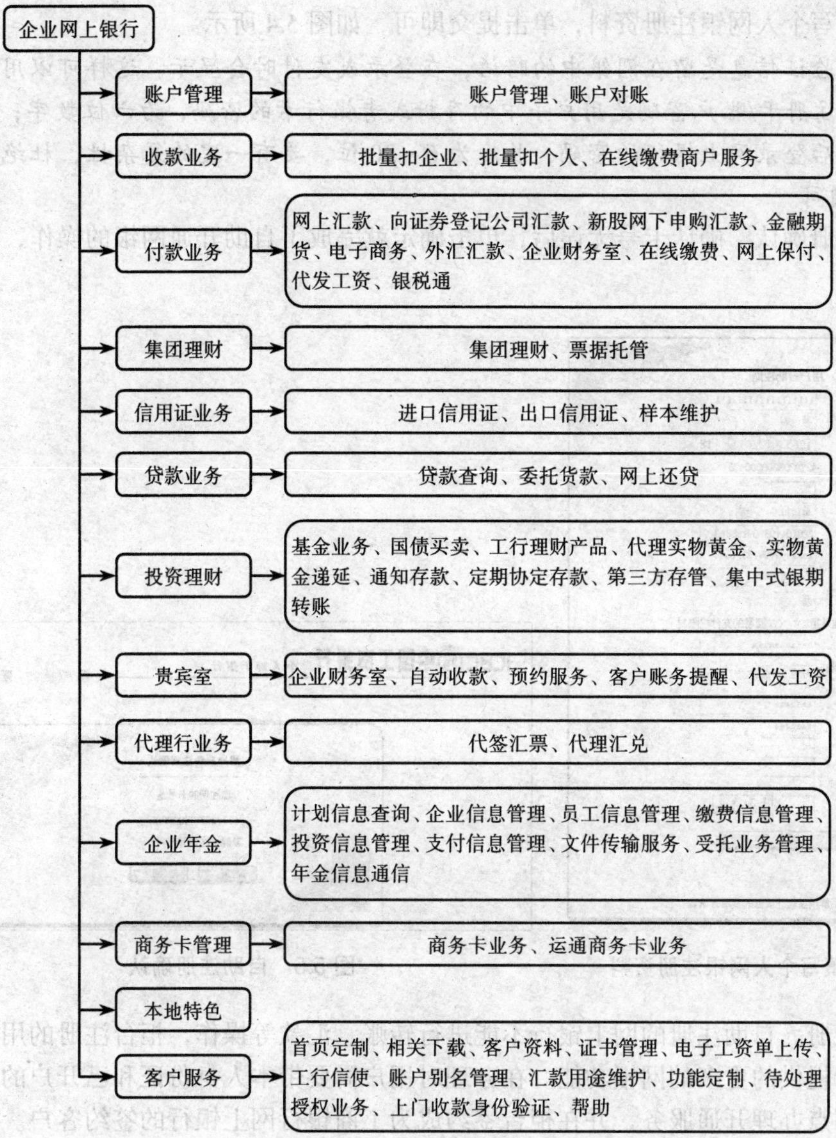

图 5.2　企业网上银行功能框架

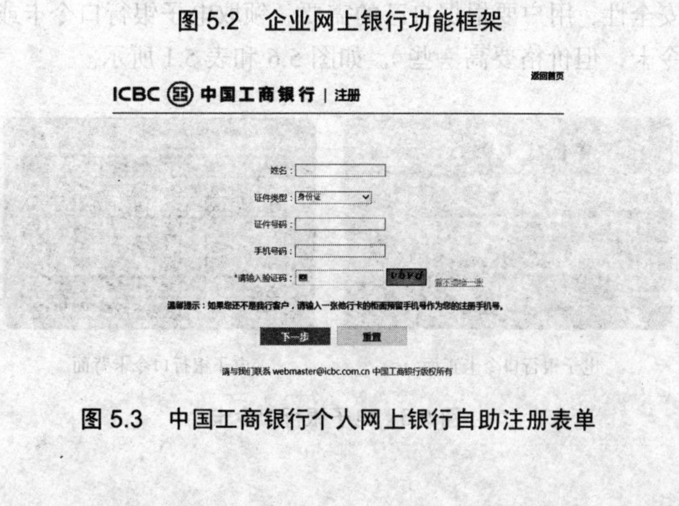

图 5.3　中国工商银行个人网上银行自助注册表单

第三步：填写个人网银注册资料，单击提交即可，如图 5.4 所示。

注意：预留验证信息是留在网银中的暗语，在登录或支付时会显示，这样可以用来辨别网站的真伪。注册卡/账户密码是用户手中的存折或者银行卡的密码，为六位数字；而登录密码是用户以后登录网上银行的密码，长度为 6～30 位，要有一定的复杂性，杜绝与注册卡/账户密码相同。

第四步：注册确认。确认卡号无误后，单击确定就完成了自助开通网银的操作，如图 5.5 所示。

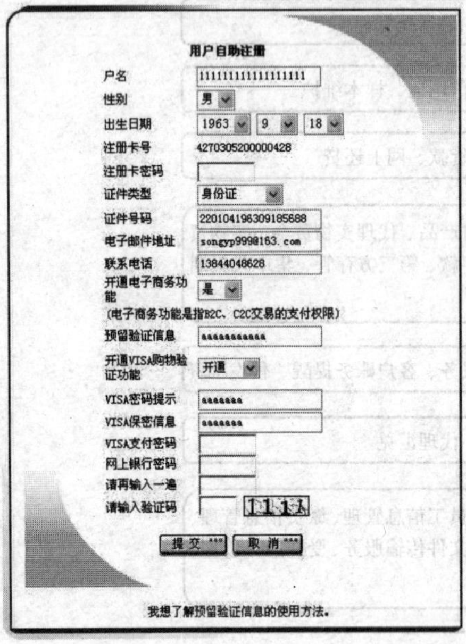

图 5.4　填写个人网银注册资料

图 5.5　自助注册确认

（2）柜台注册。自助注册的网上银行不能进行转账、汇款等操作，柜台注册的用户能够利用工商银行提供的更多的网银功能。在办理时用户需要带本人身份证和已开户的工商银行的卡，到网点办理开通服务，并在柜台签约成为工商银行网上银行的签约客户。为了保证网上银行的安全性，用户要根据自己的需要，领取电子银行口令卡或者 U 盾（U 盾安全性高于电子口令卡，但价格要高一些），如图 5.6 和表 5.1 所示。

电子银行口令卡正面　　电子银行口令卡背面

图 5.6　电子银行口令卡

表 5.1　U 盾产品介绍

	产品型号	证书价格
金邦达	GEMPC KEY（16K）	60 元
	Gem e-Seal（32K）	60 元
捷德	STARKEY 100（32K）	60 元
华虹	BHDC USB（16K）	58 元
	BHDC USB（32K）	60 元

备注：各种型号的 U 盾产品功能一致
本表为参考价格，最新价格以网点公告为准

（3）工商银行个人网上银行的账户查询功能。申请到工商银行网上银行账号，即可登录网上银行。第一次使用工商银行网上银行，为了安全起见，需要在登录时在计算机上安装安全控件，否则登录密码是无法输入的。另外，用户既可以利用卡号进行登录，也可以利用设置的用户名进行登录，以解决记忆银行卡号的麻烦，如图 5.7 和图 5.8 所示。

图 5.7　工商银行网上银行登录页面

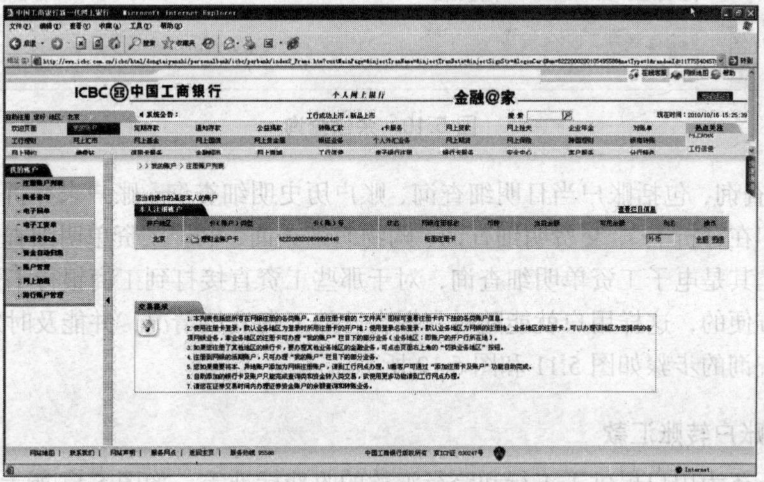

图 5.8　进入工商银行网上银行

注意：登录到网上银行之后，单击页面菜单中的“欢迎”页面，即可以看到预留信息，如果预留信息与你所留信息不同，要立即退出网上银行。

如账务查询是工商银行网上银行的基本功能之一，包括基本信息查询、余额查询、明细查询、利息税查询等。

① 余额查询。单击左侧账务查询中的“余额查询”，在中间的账户余额查询单中，选择好要查询的账户及下挂账户、币种等信息，单击查询，就可以进行余额的查询功能，如图 5.9 和图 5.10 所示。

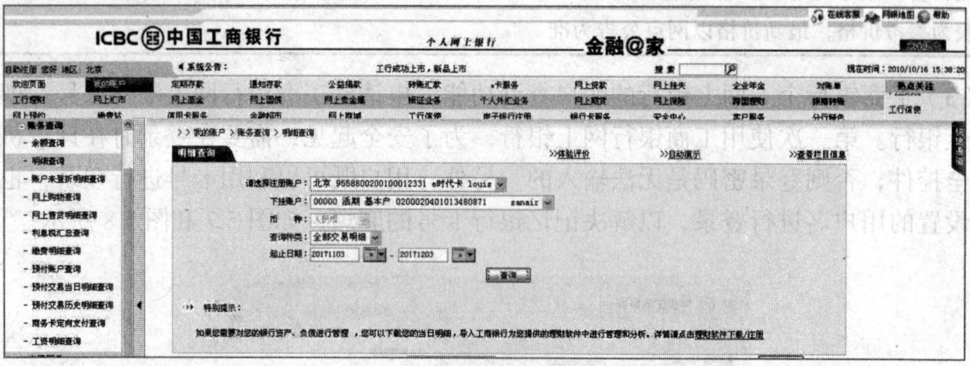

图 5.9 余额查询

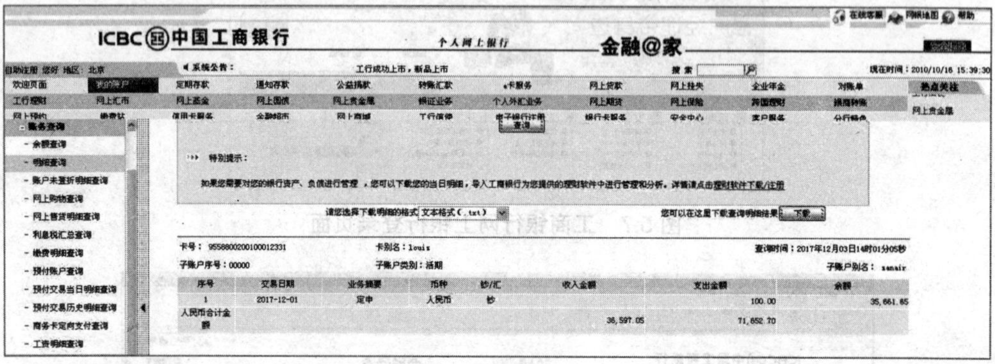

图 5.10 余额查询

② 明细查询，包括账户当日明细查询、账户历史明细查询、账户未登折明细查询（账务明细未打印在存折上）、交费明细查询、购物明细查询、电子工资单明细查询、利息税汇总查询等。尤其是电子工资单明细查询，对于那些工资直接打到工商银行工资卡上的用户来说是非常方便的，这样用户就能随时掌握自己的工资发放情况，并能及时发现问题。网上购物明细查询的步骤如图 5.11 和图 5.12 所示。

3. 注册账户转账汇款

工商银行还为用户提供了工行和跨行汇款的收费标准等，如图 5.13 所示。

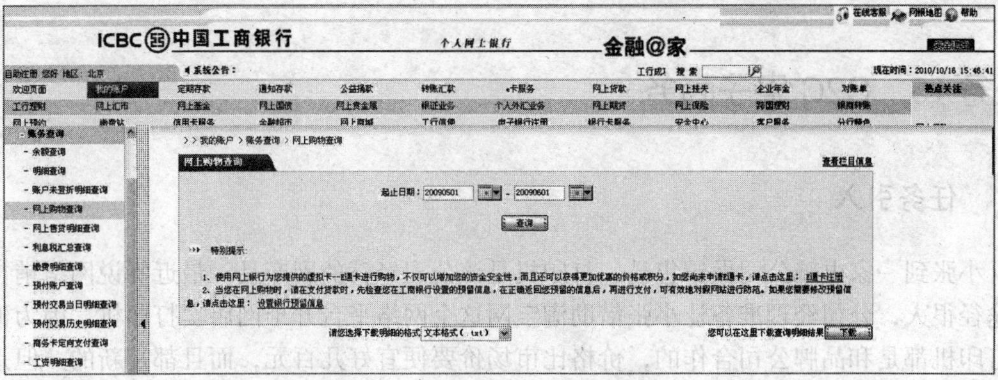

图 5.11　网上购物明细查询步骤 1

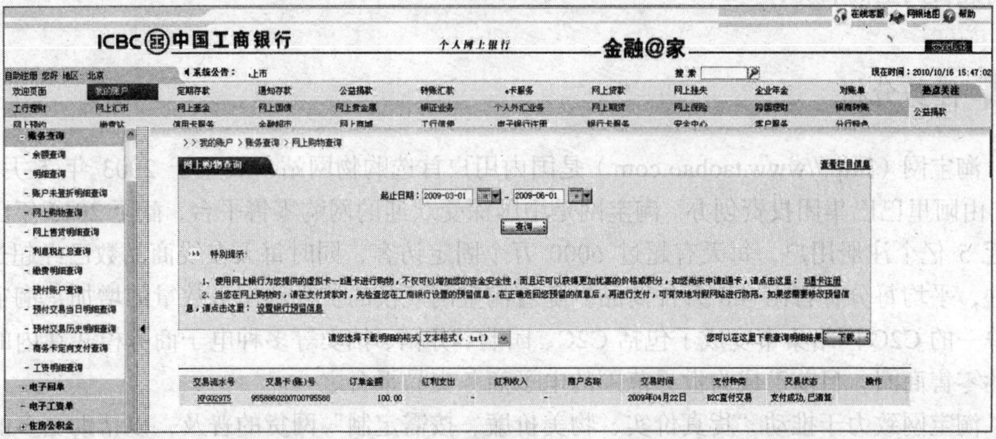

图 5.12　网上购物明细查询步骤 2

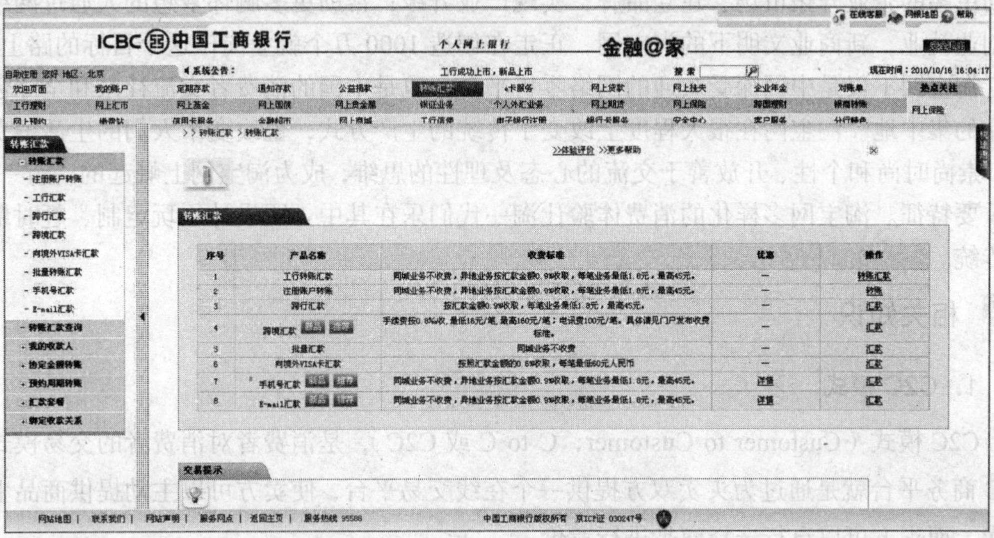

图 5.13　汇款的收费标准

任务 15 C2C 电子商务

任务引入

小张到一家电脑公司做销售员，打印机是该公司经营的副产品。最近听说网络销售这个途径很火，公司经理准备让小张借助淘宝网这个网络平台开个网店卖打印机，因为他们的打印机都是和品牌公司合作的，价格比市场价要便宜好几百元，而且都是新的。但是小张还从来没有在网上开过店，不知怎样在网上销售打印机。小张该如何在淘宝网上开店，如何经营网上商店呢?

任务分析

淘宝网（http://www.taobao.com）是国内用户首选购物网站，成立于 2003 年 5 月 10 日，由阿里巴巴集团投资创办。淘宝网是中国深受欢迎的网购零售平台，截至 2015 年已拥有近 5 亿个注册用户，每天有超过 6000 万个固定访客，同时每天在线商品数已经超过 8 亿件，平均每分钟售出 4.8 万件商品。随着淘宝网规模的扩大和用户数量的增加，淘宝也从单一的 C2C 网络集市变成了包括 C2C、团购、分销、拍卖等多种电子商务模式在内的综合性零售商圈，目前已成为世界范围的电子商务交易平台之一。

淘宝网致力于推动“货真价实、物美价廉、按需定制”网货的普及，以帮助更多的消费者享用海量且丰富的网货，获得更高的生活品质；通过提供网络销售平台等基础性服务，帮助更多的企业开拓市场、建立品牌，实现产业升级；帮助更多胸怀梦想的人通过网络实现创业就业。新商业文明下的淘宝网，正走在创造 1000 万个就业岗位这个目标的路上。

淘宝网不仅是中国深受欢迎的网络零售平台，也是中国的消费者交流社区和全球创意商品的集中地。淘宝网在很大程度上改变了传统的生产方式，也改变了人们的生活消费方式。崇尚时尚和个性、开放善于交流的心态及理性的思维，成为淘宝网上崛起的“淘一代”的重要特征。淘宝网多样化的消费体验让淘一代们乐在其中：团设计、玩定制、赶时髦、爱传统。

相关知识

1. C2C 模式

C2C 模式（Customer to Customer，C to C 或 C2C），是消费者对消费者的交易模式，C2C 商务平台就是通过为买卖双方提供一个在线交易平台，使卖方可以主动提供商品上网拍卖，而买方可以自行选择商品进行竞价。

C2C 电子商务具有一些显著的特点：一是参与者众多，覆盖面广；二是 C2C 电子商务的产品种类和数量极其丰富；三是 C2C 电子商务的交易方式十分灵活。

C2C 是个人交易买卖的场所，完全的个性化体验，一切都是以买家的兴趣、爱好和购物体验为导向，代表有淘宝、拍拍、易趣，还有一些不知名的小 C2C。

2．C2C 电子商务平台的功能

C2C 电子商务平台有首页商品和店铺的自助推荐功能，支持拍卖模式，支持在线充值，支持支付宝按钮支付，商品支持多图片，四级分类设置，同时 C2C 电子商务网站管理系统拥有虚拟币、用户收费店铺、商品登录收费、求购信息平台、新闻发布、友情链接、交易提醒邮件、交易信用评价、站内短信、信息脏话过滤、后台分权限管理等功能。C2C 电子商务平台旨在为广大网民朋友提供一个网络公平竞价交易的商务平台。

3．淘宝网上拍卖的流程

淘宝网上拍卖的流程如图 5.14 所示。

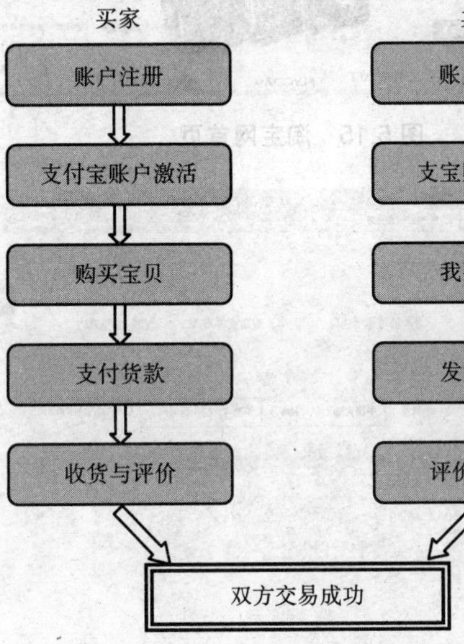

图 5.14　淘宝网上拍卖的流程

任务实施

本次的任务是在 C2C 电子商务平台上开展商务业务，为了完成这个任务，主要讲解以下几个要点：

- 掌握淘宝网上开店的步骤；
- 掌握淘宝网店的经营策略；
- 掌握网上购物的流程。

1．买家与卖家交易前的准备

（1）启动 IE 浏览器，打开淘宝网的首页，如图 5.15 所示。

（2）单击页面上方的“免费注册”按钮，打开其注册页面，页面中提供了如图 5.16 所示的注册方式，单击手机号码注册区域下的“点击进入”按钮，进入手机号码注册页面。

图 5.15　淘宝网首页

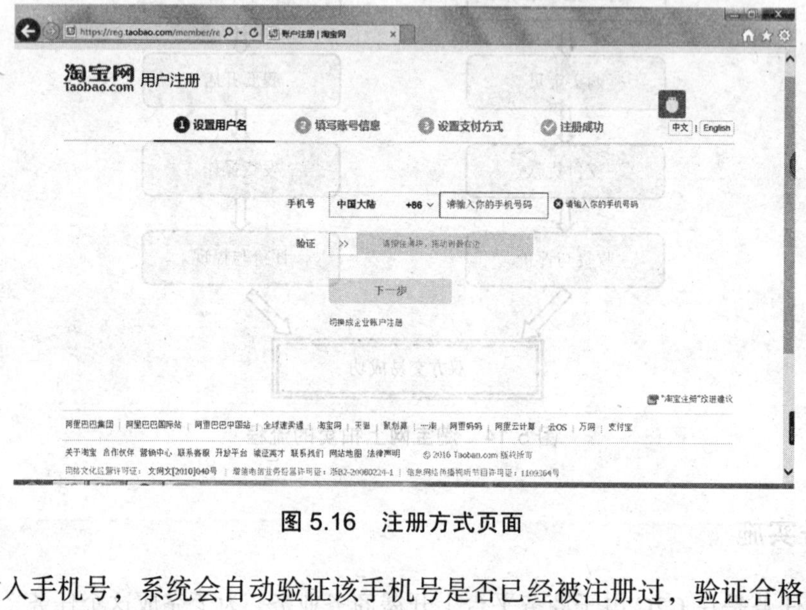

图 5.16　注册方式页面

（3）输入手机号，系统会自动验证该手机号是否已经被注册过，验证合格系统将会以短信方式给手机发送验证码，将验证码输入注册的表单中，注册就完成了，如图 5.17 所示。

（4）验证邮件已发送到邮箱，单击“立即查收邮件”。进入注册邮箱后，会看见由淘宝网发送过来的邮件，打开该邮件并单击“完成注册”或链接，如图 5.18 所示。

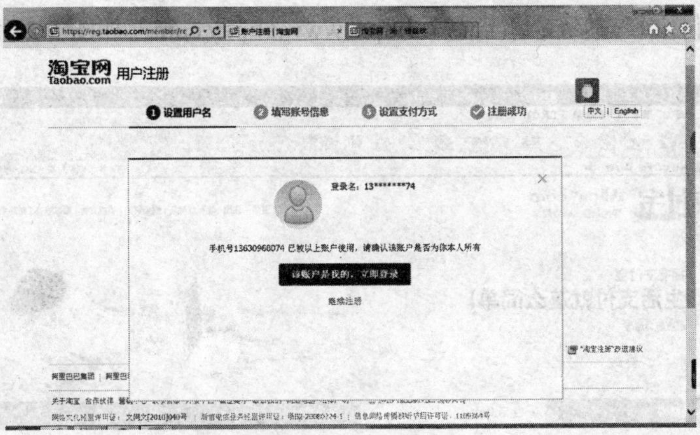

图 5.17　手机注册页面

（5）单击链接后，将显示填写账户信息页面，填写账户信息，输入登录密码、会员名，如图 5.19 所示。

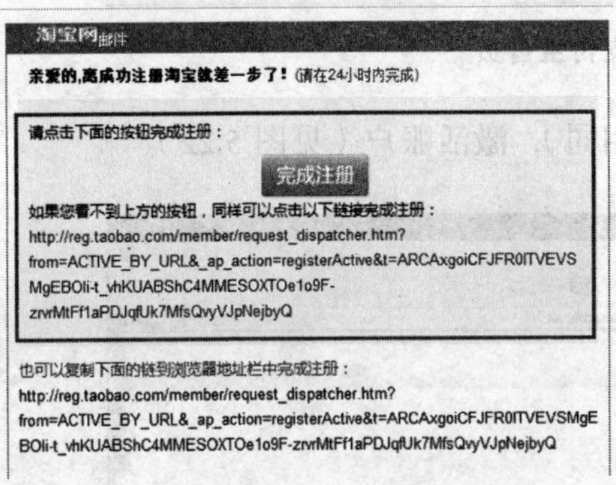

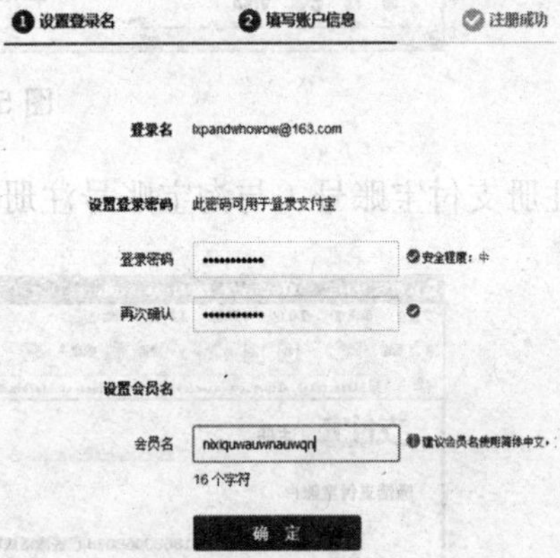

图 5.18　淘宝会员邮箱激活页面　　　　图 5.19　淘宝注册页面

（6）单击“确定”按钮，提交后淘宝账号即可成功注册。注册完成淘宝账号后，我们可以使用淘宝账号去购物、开淘宝店等，不过开通淘宝店铺仍需要进行更多的认证操作，如图 5.20 所示。

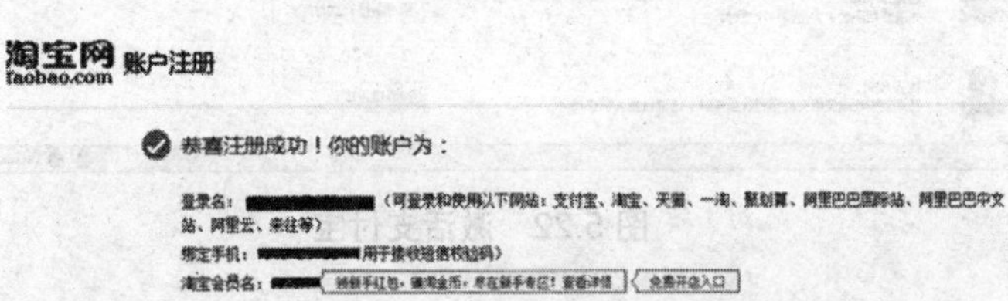

图 5.20　淘宝注册成功页面

（7）开通支付宝。进入支付宝主页 http://www.alipay.com，如图 5.21 所示。

图 5.21　支付宝首页

注册支付宝账号（与淘宝账号注册方式相同），激活账户（见图 5.22）。

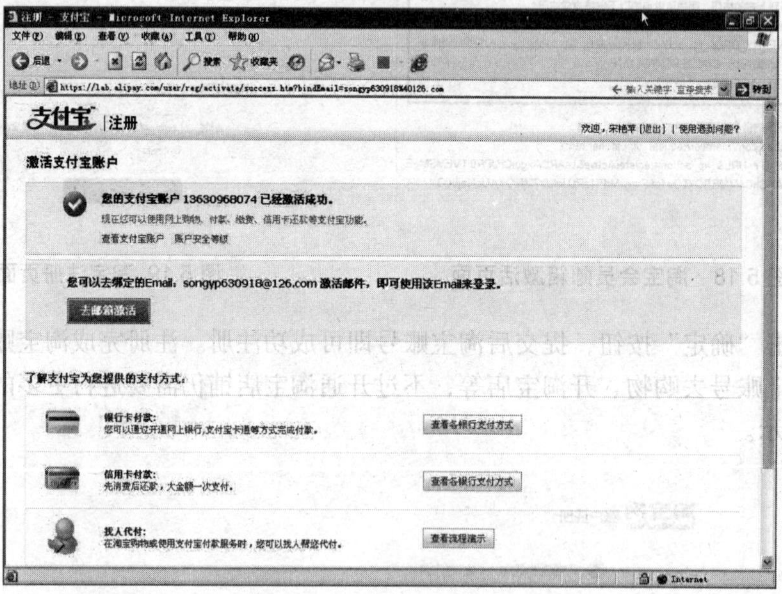

图 5.22　激活支付宝

（7）给支付宝账户充值。首先进入支付宝首页，单击“立即充值”（见图 5.23）。

图 5.23　支付宝充值

（8）然后选择网上银行，如图 5.24 所示。

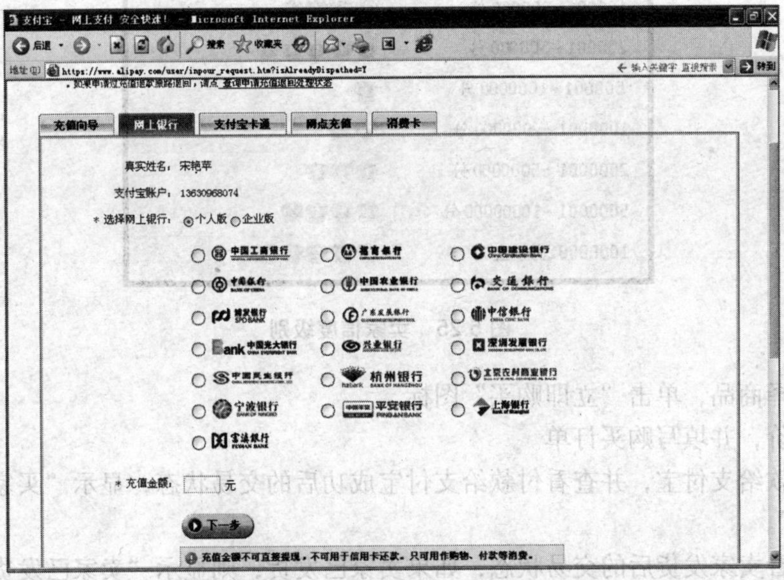

图 5.24　支付宝网上银行选取

选择网上银行，进行信息核对，核对信息正确后单击“去网上银行充值”。然后登录网上银行进行充值，充值成功后，接下来可以查询账户情况。

2．买家流程（买家如何买宝贝）

（1）浏览搜索宝贝。

（2）了解卖家信度级别，一般分为 15 个级别（见图 5.25）。

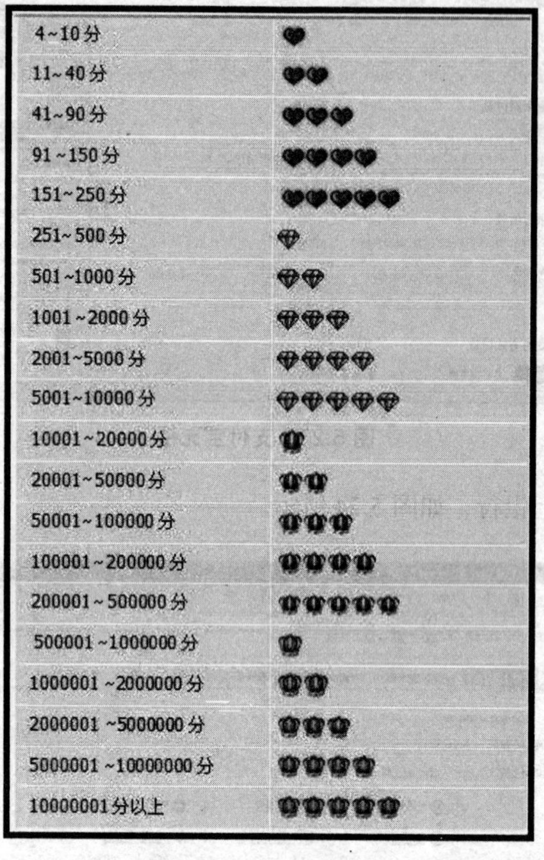

4~10分	♥
11~40分	♥♥
41~90分	♥♥♥
91~150分	♥♥♥♥
151~250分	♥♥♥♥♥
251~500分	💎
501~1000分	💎💎
1001~2000分	💎💎💎
2001~5000分	💎💎💎💎
5001~10000分	💎💎💎💎💎
10001~20000分	👑
20001~50000分	👑👑
50001~100000分	👑👑👑
100001~200000分	👑👑👑👑
200001~500000分	👑👑👑👑👑
500001~1000000分	👑
1000001~2000000分	👑👑
2000001~5000000分	👑👑👑
5000001~10000000分	👑👑👑👑
10000001分以上	👑👑👑👑👑

图 5.25　卖家信度级别

（3）选择商品，单击“立即购买”图标。

（4）出价，并填写购买订单。

（5）付款给支付宝，并查看付款给支付宝成功后的交易状态，显示“买家已付款，等待卖家发货”。

（6）查看卖家发货后的交易状态，如果卖家已发货，则显示“卖家已发货，等待买家确认”。收货确认后，给卖家信用评价，买家通知支付宝付款给卖方，显示交易成功。

3．卖家流程（卖家如何卖宝贝）

（1）申请支付宝实名认证。首先登录支付宝账户，在支付宝首页中单击“申请认证”链接，在打开的“支付宝实名认证”页面中单击“填写认证信息”按钮，如图 5.26 所示。

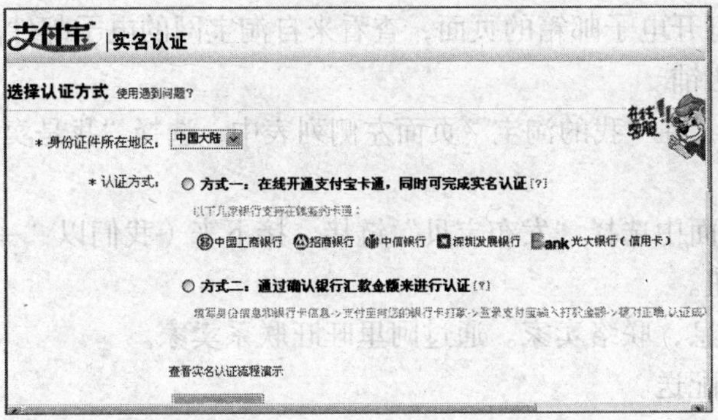

图 5.26　认证方式选择

在弹出的页面中填写申请表，如图 5.27 所示。

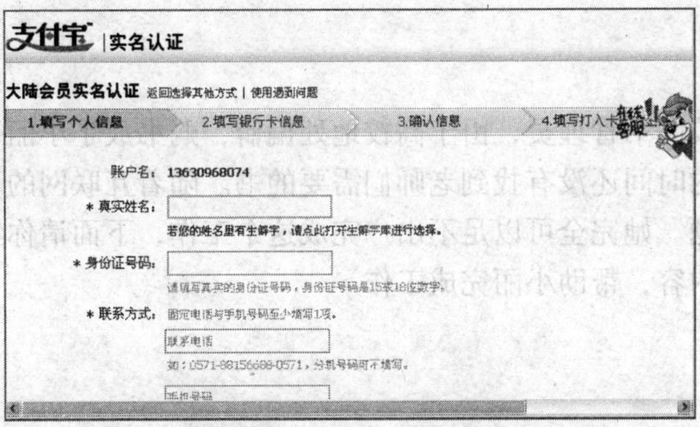

图 5.27　支付宝实名认证申请表

申请信息被提交后，打开如图 5.28 所示的页面。

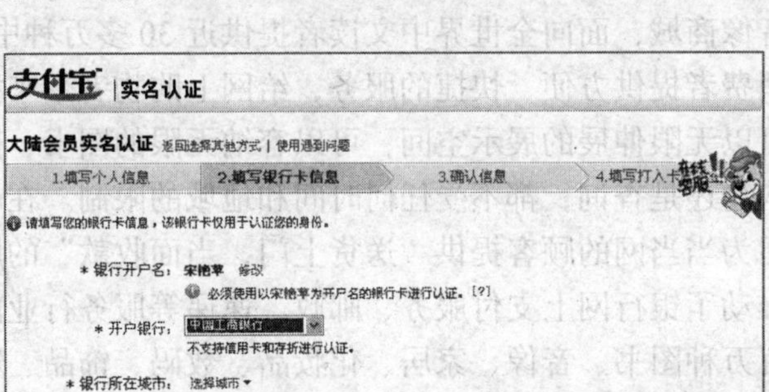

图 5.28　支付宝银行卡信息

填写完信息后，需要用户本人带着身份证去银行柜台进行签约。完成银行签约后，再次登录淘宝账户，并进入“我的淘宝”页面，可以看到用户已经有了支付宝实名认证的标志。通过个人实名认证中，用户会收到来自淘宝网和支付宝的邮件，在页面中单击“请点此处查看”链接，打开电子邮箱的页面，查看来自淘宝网的电子邮件。

（2）网上开设店铺

① 登录淘宝网，在“我的淘宝”页面左侧列表中，选择“我是卖家”栏目下的“我要开店”选项。

② 在打开的页面中选择“发布宝贝”链接。接下来（我们以“一口价”方式为例），单击“一口价”按钮。

③ 上传商品信息，联络卖家。通过阿里旺旺联系卖家。

④ 发货，物流配送。

任务 16 B2C 电子商务

任务引入

小丽是一家高校图书管理员，由于高校地处偏僻，购书成了小丽一件很头痛的事情，有时竟然往返一天的时间还没有找到老师们需要的书。随着互联网的飞速发展，小丽想通过网上购物解决问题。她完全可以足不出户完成这个工作，下面请你给小丽讲一下网上采购图书方面的相关内容，帮助小丽完成工作。

任务分析

当当网是北京当当网信息技术有限公司营运的一家中文购物网站，以销售图书、音像制品为主，兼具发展小家电、玩具、网络游戏点卡等其他多种商品的销售，目前是全球最大的中文网上图书音像商城，面向全世界中文读者提供近 30 多万种中文图书和音像商品，每天为成千上万名消费者提供方便、快捷的服务，给网上购物者带来极大的方便和实惠。

互联网提供了可以无限伸展的展示空间，可以容纳无限的图书、图样及内容。在当当网，消费者无论是购物还是查询，都不受任何时间和地域的限制。在全国 192 个城市里，大量本地的快递公司为当当网的顾客提供“送货上门，当面收款”的服务。当当网这样的网络零售公司帮助推动了银行网上支付服务、邮政、速递等服务行业的迅速发展。

当当网经营近百万种图书、音像、家居、化妆品、数码、饰品、箱包、户外休闲等商品，是中国经营商品种类最多的网上零售店，参照国际先进经验独创的商品分类，智能查询、直观的网站导航和简洁的购物流程等，为消费者提供了愉悦的购物环境。目前无论从网站访问量还是从每日订单数量来讲，当当网都是中国顾客最繁忙的网上零售店。当当网的使命就是坚持“更多选择，更多低价”。当当网全部商品“假一罚一”，同时可在全国 800 个大中城市实现“货到付款”、“上门退换货”。

相关知识

1. B2C 商务模式的概念

B2C（Business to Customer）是电子商务按交易对象分类中的一种，即表示商业机构对消费者的电子商务。这种形式的电子商务一般以网络零售业为主，主要借助于 Internet 开展在线销售活动。B2C 是我国最早产生的电子商务模式，以早期的 8848 网上商城正式运营为标志。B2C 即企业通过互联网为消费者提供一个新型的购物环境——网上商店，消费者通过网络在网上购物、在网上支付。由于这种模式节省了客户和企业的时间和空间，从而大大提高了交易效率，特别是对于工作忙碌的上班族，这种模式可以为其节省宝贵的时间。

2. B2C 商务模式的组成

B2C 由四个基本部分组成：网上商城、物流配送体系、支付结算系统及安全认证系统。

（1）网上商城，也称虚拟商场，是商家直接面向消费者的场所。网上商场以图片的形式陈列琳琅满目的虚拟商品，如图 5.29 所示。

图 5.29　当当网首页

（2）物流配送体系。物流配送体系是阻碍虚拟商场发展的一个主要瓶颈。商家根据配送范围的大小可选择不同的配送方式，近距离可用直接送货，远距离可用 EMS 或第三方物流。例如，上海复来物流有限公司总部地处闵行南方物流园区，是一家专业从事国内（包括香港地区、澳门地区、台湾地区）物流、货运、仓储、运输、配送等服务的一体化、现代化物流增值企业，可承担全国各地公路、铁路、水路的整车、零单运输业务，为客户量身定制灵活、变通的个性化物流运输服务。

（3）支付结算系统。支付结算系统为交易活动提供支付货款的平台。支付方式决定了资金的流动过程，目前 B2C 网络支付方式有：信用卡支付方式、智能卡支付方式、电子钱包、电子现金、个人网络银行等。近两年 B2C 在我国飞速发展起来，各种类型的购物网站为消费者提供了大量的商品。但是，由于物流管理体系还不完善，跟不上电子商务的发展速度，以致形成配送瓶颈：服务无法控制和保证，对出现的问题响应太慢，外地的配送成本过高、效率低下，可以配送到的城市范围还很小等诸多问题，制约了 B2C 业务的发展。如果对电子商务的物流问题没有足够的认识和充分的重视，电子商务的优势就很难在我国发挥出来。

（4）安全认证系统。安全认证包括消费者身份确认和支付确认。在 B2C 电子商务模式中，消费者身份大多采用电话和电子邮件确认。通过 CA 认证中心的身份确认由于操作技术的复杂性目前还不十分普及。

3. B2C 电子商务的购物流程

B2C 电子商务的购物流程见图 5.30。

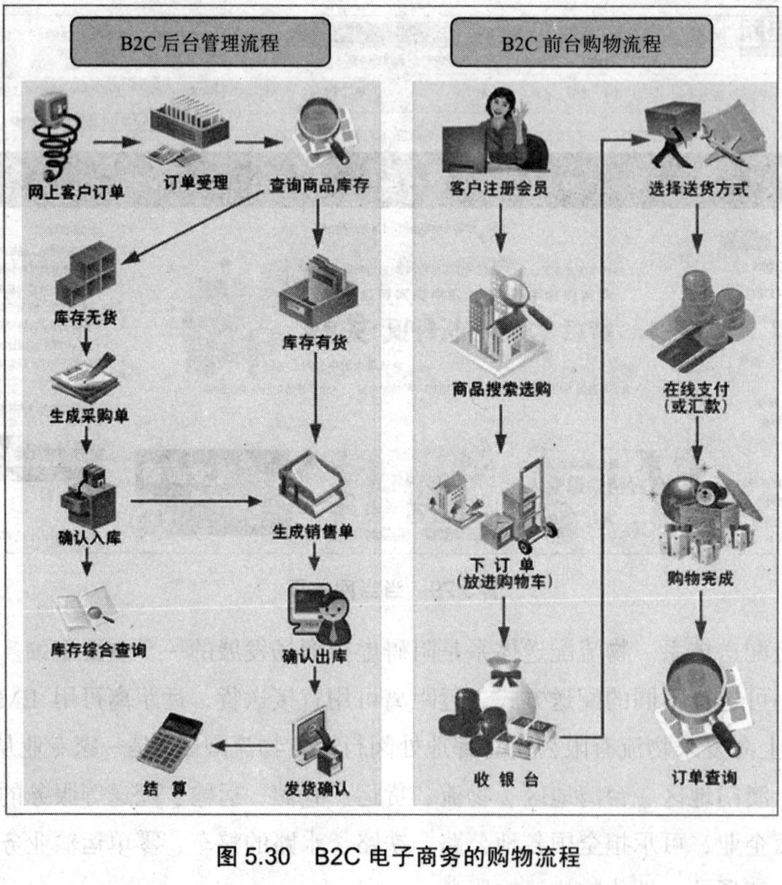

图 5.30 B2C 电子商务的购物流程

任务实施

本次的任务是使用典型的 B2C 网站进行采购，为了完成这个任务，主要讲解以下几个要点：

- 掌握 B2C 模式的流程；
- 熟悉 B2C 网上购物的运作环节。

下面我们主要以典型 B2C 模式的当当网网上购物为例，说明网上采购的操作流程。

第一步：登录当当网首页 http://www.dangdang.com，如图 5.31 所示。

图 5.31　当当网首页

选购商品放入购物车：浏览/搜索你需要的商品，单击“购买”即可放入购物车（购物清单页面）；进入购物车后，如果你还想购买其他感兴趣的商品，单击购物清单中的“继续挑选商品”即可；如果你不需要其他商品，即可单击购物清单中的“去结算中心”，即进入注册/登录页面。

第二步：注册/登录。如果你未在当当注册登记过，需要输入用于注册的电子邮件地址，选择“我还未登记过”，然后进入注册页面，设定登录密码即可完成开户；如果你已在当当注册登记过，只需输入邮件地址后选择“我已经登记过，我的密码是”并在下方输入登录密码即可。

第三步：填写收货信息。完成注册/登录后，即进入收货信息页面填写收货人的详细信息。

第四步：选择送货方式。填写完收货人信息后，你可以根据你所在地区和时间要求选择你想要的送货方式。当当网提供了快递、普通邮寄、特快专递和加急送（仅限北京五环地区）等送货方式。

第五步：选择包装和付款方式。完成收货人信息填写后，即可选择该订单付款方式及礼品包装、包裹、发票信息等。当当网提供了多种支付方式，你可以选择在线支付、邮局汇款、银行电汇等。

第六步：提交订单等待收货。填写并确认完以上信息，你就可以放心提交此订单，等待收货了。提交订单后，当当网会在网页返回一个订单提交成功的页面信息；此时，请你注意记下你的订单号，以方便查询。

第七步：商家处理订单，发货。

任务 17 B2B 交易处理

任务引入

王刚被应聘到一家木器加工厂从事原材料的采购工作，他主要通过互联网（http://www.alibaba.com.cn）获得制造家具的原材料的商家信息，与供应商进行在线洽谈、完成采购，他是如何完成自己的工作的呢？

任务分析

阿里巴巴（Alibaba.com）是全球 B2B 电子商务的著名品牌，是全球国际贸易领域内最大、最活跃的网上交易市场和商人社区，目前已经成功融合了 B2B、C2C、搜索引擎和门户，帮助全球客户和合作伙伴取得成功。

良好的定位、稳固的结构、优秀的服务使阿里巴巴成为全球首家拥有超过 800 万网商的电子商务网站，遍布 220 个国家和地区，每日向全球各地企业及商家提供 810 万条商业供求信息，成为全球商人网络推广的首选网站，被商人们评为“最受欢迎的 B2B 网站”。杰出的成绩使阿里巴巴受到各界人士的关注。WTO 首任总干事萨瑟兰出任阿里巴巴顾问，美国商务部、日本经济产业省、欧洲中小企业联合会等政府和民间机构均向本地企业推荐阿里巴巴。阿里巴巴两次入选哈佛大学商学 MBA 案例，在美国学术界掀起研究热潮；连续五次被美国权威财经杂志《福布斯》选为全球最佳 B2B 站点之一；多次被相关机构评为全球最受欢迎的 B2B 网站、中国商务类优秀网站、中国百家优秀网站、中国最佳贸易网；被国内外媒体、硅谷和国外风险投资家誉为与雅虎、Amazon、eBay、AOL 比肩的五大互联网商务流派代表之一。

在产品与服务方面，阿里巴巴公司为中国优秀的出口型生产企业提供在全球市场的“中国供应商”专业推广服务。中国供应商依托世界级的网上贸易社区，顺应国际采购商网上商务运作的趋势，推荐中国优秀的出口商品供应商，获取更多更有价值的国际订单。截至2003年5月底加盟企业达到近3 000家。目前已经有70%的被推荐企业在网上成交，众多类别市场名额已满。阿里巴巴从2002年3月开始为全球注册会员提供进入诚信商务社区的通行证“诚信通”服务。阿里巴巴积极倡导诚信电子商务，与邓白氏、ACP、华夏、新华信等国际国内著名的企业资信调查机构合作推出电子商务信用服务，帮助企业建立网上诚信档案，通过认证、评价、记录、检索、反馈等信用体系，提高网上交易的效率和成功的机会。每月营收以双位数增长。

“倾听客户的声音，满足客户的需求”也许是阿里巴巴生存与发展的根基，根据相关的调查显示：阿里巴巴的网上会员近五成是通过口碑相传得知阿里巴巴并使用阿里巴巴的；各行业会员通过阿里巴巴商务平台双方达成合作者占总会员的比率近五成。

相关知识

1．B2B 电子商务模式

企业对企业（Business to Business）电子商务，是电子商务按交易对象分类中的一种，广义上是指通过因特网、外联网、内联网或者私有网络，以电子化方式在企业间进行的交易。这种交易可能是在企业及其供应链成员间进行的，也可能是在企业和任何其他企业间进行的。B2B 的主要特点是企业将交易过程自动化。

B2B 电子商务的贸易双方从贸易磋商、签订合同到支付等，整个交易均通过互联网络来完成，B2B 交易的优势首先在于大大降低了交易成本，具体表现在以下方面。

（1）使买卖双方信息交流低廉、快捷。信息交流是买卖双方实现交易的基础。传统商务活动的信息交流是通过电话、电报或传真等工具实现的，这与 Internet 信息是以 Web 超文本（包含图像、声音、文本信息）传输的不可同日而语。

（2）降低企业间的交易成本。首先，对于卖方而言，电子商务可以降低企业的促销成本。通过 Internet 发布企业相关信息（如企业产品价目表、新产品介绍、经营信息等）和宣传企业形象，与按传统的电视、报纸广告相比，可以更省钱、更有效。据 IDC 调查，在 Internet 上做广告促销，可以提高销售数量至原来的 10 倍，而费用只是传统广告的 1/10。其次，对于买方而言，电子商务可以降低采购成本。传统的原材料采购是一个程序烦琐的过程。而利用 Internet，企业可以加强与主要供应商之间的协作，将原材料采购和产品制造过程两者有机地结合起来，形成一体化的信息传递和处理系统。据通用电气公司的报告称：它们利用电子商务采购系统，可以节约采购费用 30%，其中人工成本降低 20%、材料成本降低 10%。另外，借助 Internet，企业还可以在全球市场上寻求最优价格的供应商，而不是只局限于原有的几个商家。

（3）减少企业的库存。企业为应付变化莫测的市场需求，通常需保持一定的库存量。但企业高库存政策将增加资金占用成本，且不一定能保证产品或材料是适销货品；而企业低库存政策，可能使生产计划受阻，交货延期。因此寻求最优库存控制是企业管理的目标之一。以信息技术为基础的电子商务可以改变企业决策中信息不确切和不及时的问题。通过 Internet 可以将市场需求信息传递给企业以决策生产，同时也可以把需求信息及时传递给供应商而适时得到补充供给，从而实现“零库存管理”。

（4）缩短企业生产周期。一个产品的生产是许多企业相互协作的结果，因此产品的设计开发和销售最可能涉及许多关联企业，通过电子商务可以改变过去由于信息封闭而无谓等待的现象。

（5）24 小时无间断运作，增加了商机。传统的交易受到时间和空间的限制，而基于 Internet 的电子商务则是一周 7 天、一天 24 小时无间断运作，网上的业务可以开展到传统营销人员和广告促销所达不到的市场范围。

一个完整的电子商务交易过程一般包含四种基本的“流”：信息流、商流、资金流和物流。信息流是指有关交易的各种信息的交流；商流是指商品在购销过程中所有权转移的一系列活动；资金流是指交易过程中资金的转移过程；物流是指产品实体从供应者向需求者流动的过程。

2. B2B 电子商务交易类型

目前企业采用的 B2B 可以分为以下两种类型。

（1）面向制造业或面向商业的垂直 B2B。垂直 B2B 可以分为两个方向，即上游和下游。生产商或商业零售商可以与上游的供应商之间形成供货关系，如戴尔公司与上游的芯片和主板制造商就是通过这种方式进行合作的。生产商与下游的经销商可以形成销货关系，如 Cisco 与其分销商之间进行的交易。

垂直网站将买方和卖方集合在一个市场中进行交易。垂直网站是将特定产业的上下游厂商聚集一起，让各阶层的厂商都能很容易地找到物料供应商或买主。最近由三大汽车厂所形成的汽车零件交易网便是一种垂直市场，汽车厂不但能很快地找到有足够货源的零件供应商，供应商也可更迅速地将产品销售出去，甚至库存品也可通过拍卖的方式售出。之所以称为“垂直”网站，是因为这些网站的专业性很强，它们将自己定位在一个特定的专业领域内，如 IT、化学工业、钢铁或农业。

（2）面向中间交易市场的 B2B。这种交易模式是水平 B2B，它将各个行业中相近的交易过程集中到一个场所，为企业的采购方和供应方提供了一个交易的机会，如环球资源网等。

B2B 只是企业实现电子商务的一个开始，它的应用将会得到不断发展和完善，并适应所有行业的企业需要。

水平网站可以将买方和卖方集中到一个市场上来进行信息交流、广告、拍卖竞标、交易、库存管理等。水平网站一开始都以提供各大企业采购软件起家，在积累了足够的客户群后才连带建立水平网站，因此这类网站也可视为各大企业内部采购部门的延伸，其主要客户一般是大型企业。之所以用“水平”这一概念，主要是指这种网站的行业范围广，很多行业都可以在同一个网站上进行贸易活动。

3. B2B 商务运作流程（见图 5.32）

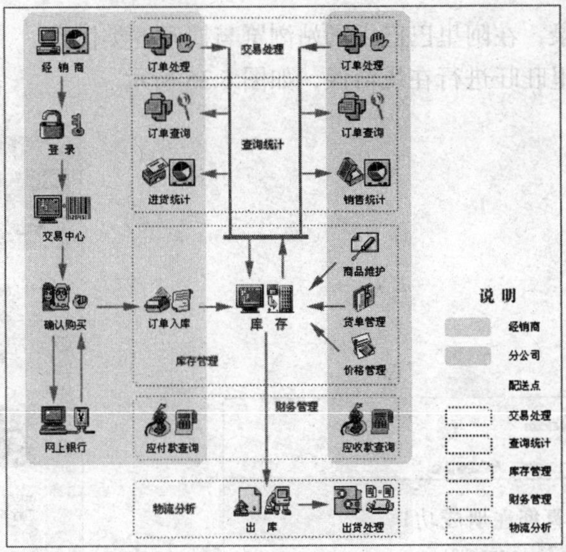

图 5.32　B2B 商务运作流程

任务实施

本次的任务是使用典型的 B2B 网站进行网上洽谈及交易，为了完成这个任务，主要讲解以下要点：

- 掌握 B2B 模式的流程；
- 熟悉 B2B 网上购物的运作环节。

下面我们主要以典型 B2B 模式的阿里巴巴网上交易为例，说明 B2B 交易流程。

第一步：登录阿里巴巴首页 http://www.alibaba.com.cn，如图 5.33 所示。

图 5.33　阿里巴巴首页

第二步：注册会员（买家与卖家两个身份），填写信息，注册成功，出现如图 5.34 所示的提示语。

第四步：会员登录，在阿里巴巴中国站浏览与搜索各类信息。

第五步：使用阿里旺旺进行在线洽谈，如图 5.35 所示。

图 5.34　阿里巴巴注册成功

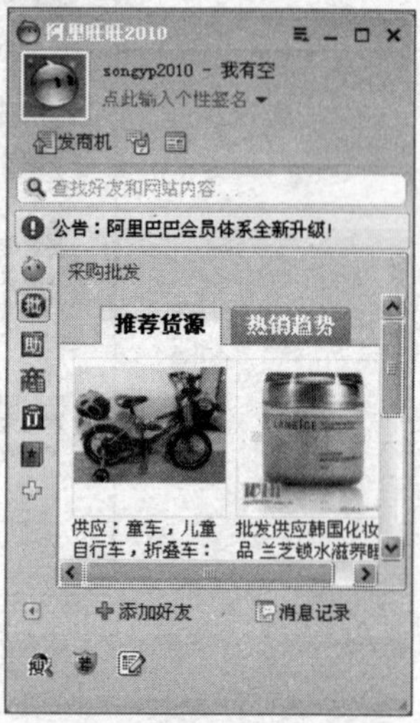

图 5.35　阿里旺旺在线洽谈

第六步：发布商务信息，如图 5.36 所示。

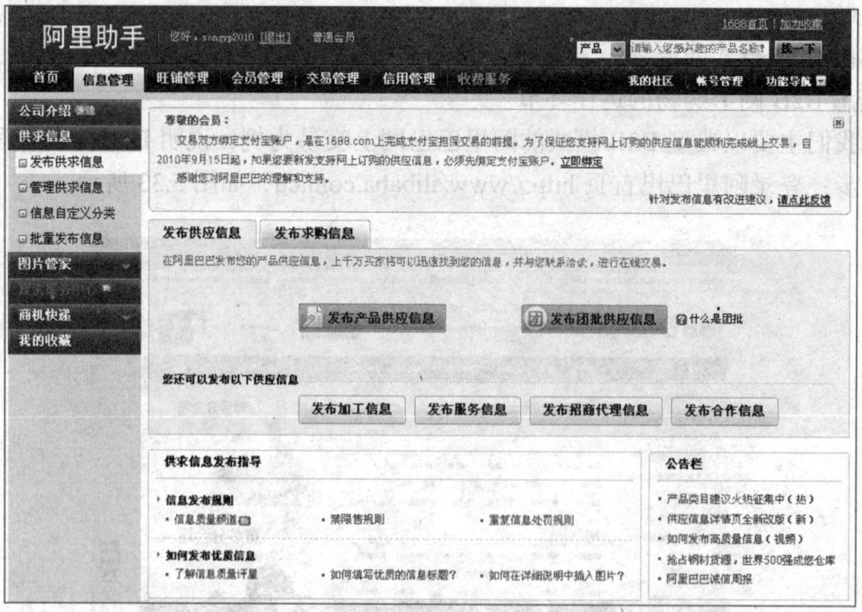

图 5.36　发布商务信息

填写详细信息（见图 5.37）。

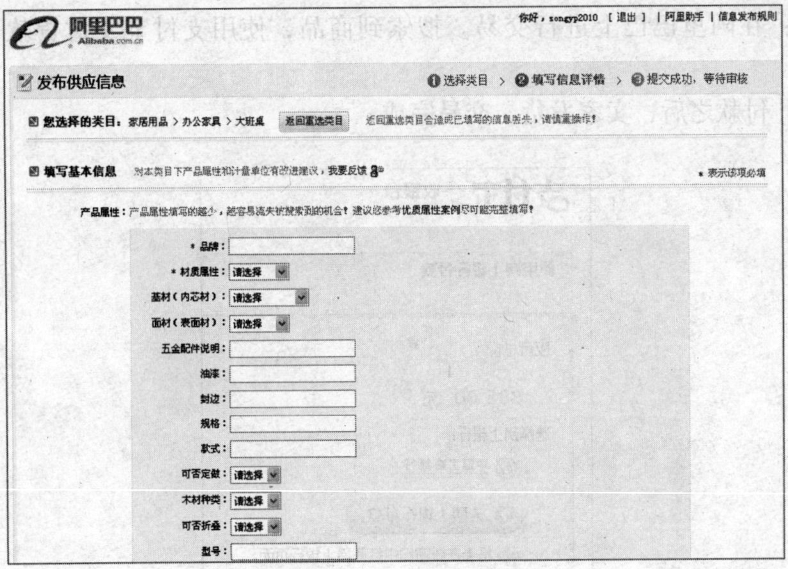

图 5.37　发布产品表单

发布的求购信息如图 5.38 所示。

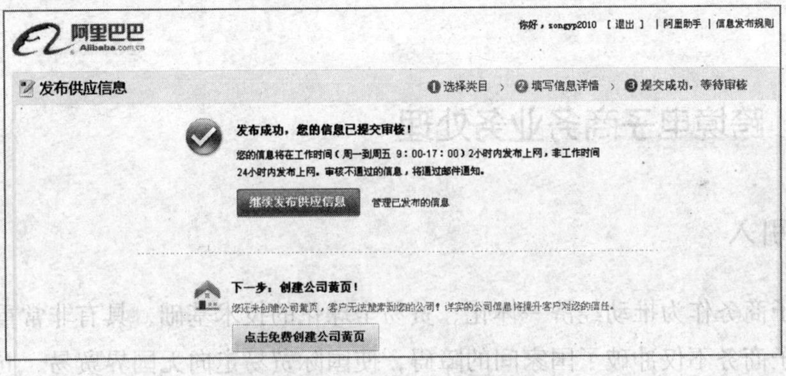

图 5.38　发布求购信息表单

求购信息如图 5.39 所示。

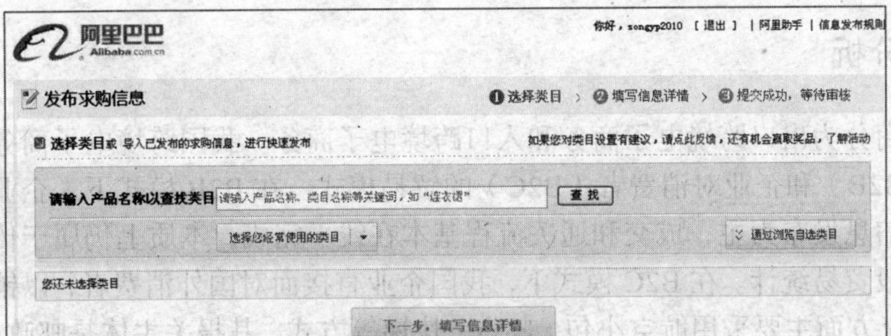

图 5.39　发布求购信息表单

第七步：在阿里巴巴上进行交易。搜索到商品，使用支付宝支付货款，如图 5.40 所示。

第八步：付款之后，卖家发货，交易完成。

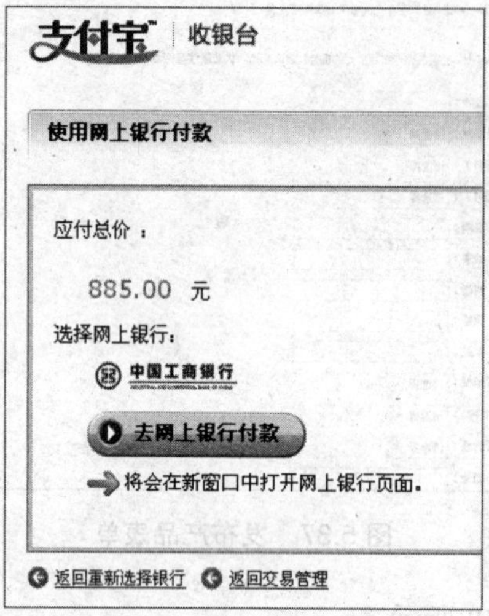

图 5.40　支付宝支付货款界面

任务 18　跨境电子商务业务处理

任务引入

跨境电子商务作为推动经济一体化、贸易全球化的技术基础，具有非常重要的战略意义。跨境电子商务不仅冲破了国家间的障碍，使国际贸易走向无国界贸易，同时它也正在引起世界经济贸易的巨大变革。对企业或消费者来说，了解跨境电子商务很有必要，极大地拓宽了进入国际市场的路径，也非常容易获取其他国家的信息并买到物美价廉的商品。

任务分析

跨境电商分为出口跨境电子商务和入口跨境电子商务。我国跨境电子商务主要分为企业对企业（B2B）和企业对消费者（B2C）的贸易模式。在 B2B 模式下，企业运用电子商务以广告和信息发布为主，成交和通关流程基本在线下完成，本质上仍属于传统贸易，已纳入海关一般贸易统计。在 B2C 模式下，我国企业直接面对国外消费者，以销售个人消费品为主，物流方面主要采用航空小包、邮寄、快递等方式，其报关主体是邮政或快递公司。

相关知识

随着因特网（Internet）在全球的迅猛发展，应用网络进行信息沟通、在线业务处理、通信传递、商务交易等活动越来越多了。Internet 成为新的传播媒体——数字媒体。美观实用、功能完善的网站成为越来越多企业进行产品宣传、在线销售、远程管理的重要工具。

一、我国跨境电商发展的现状

（一）跨境电商已形成一定规模

近年来，跨境电商逐渐崭露头角。据中国电子商务研究中心监测数据显示，2013 年在我国进出口总值 4.2 万亿美元中，跨境电商交易额约为 3.1 万亿元（约 5057 亿美元），2008～2013 年复合年均增长率高达 31.1%，成为我国对外贸易新的增长点。我国境内通过各类电子商务平台开展跨境电商业务的外资企业已有 20 多万家，跨境电商平台企业达 5000 多家。每年有近 4 亿个快递包裹通过跨境电商和物流出口，有 10 亿多件商品通过跨境电子商务销往世界各地，参与的企业数量和规模继续增长。

随着全球跨境电商的快速发展，中国商务部预测，2016 年我国跨境电商进出口贸易额将达 6.5 万亿元（折合 1.1 万亿美元）。在传统外贸年均增长不足 10%的情况下，未来几年跨境电商占中国进出口贸易的比例将会提高到 20%，年增长率将超过 30%。对此，国内相关机构、中小企业开始意识到，无论是成长性、市场潜力还是对全球电商的影响力，我国的跨境电商服务将是很亮的看点，已处于全球领先位置。

（二）跨境交易平台日趋成熟

经过几年的创新和发展，我国跨境电商平台逐渐形成了比较成熟的集交易、支付、物流、服务甚至融资于一体的网络外销系统，形成了一个流畅简易的销售供应链，商品销往世界各地，物流、支付、退货、纠纷等烦琐问题也都逐渐得到解决。例如，我们不仅采用了维萨卡、万事达卡、Moneybookers、西部联盟等全球通用的付款方式，还使用 30 多种其他国家的不同在线支付工具，使买卖双方得以顺畅交易，极大降低了支付成本，增加了支付的安全性。这样完整系统的电商解决方案即使在发达国家都屈指可数，而在我国有了系统的解决方案，可以说我国在跨境电商领域已明显领先，该行业已成为世界上极具优势的行业。

（三）政府给予高度重视

我国跨境电商的快速发展离不开政府提供的利好政策。自 2013 年 8 月，我国商务部等部门和机构先后公布了《关于实施支持跨境电子商务零售出口有关政策的意见》等文件，明确规定要在商品通关、商品检验、税收、外汇买卖、货款支付和信用六个方面支持我国跨境电商的发展；我国财政部、国税总局也联合发布通知，明确跨境电商零售出口税收优惠等相关政策；国务院颁布了《关于支持外贸稳定增长的若干意见》，鼓励和支持中国企业在海外设立批发和展示中心、建立“海外仓”等国际营销网络；我国海关也将其纳入了监管系统。上述政策在已开展跨境贸易电子商务通关服务试点的上海、重庆、杭州、宁波等30个城市试行。

二、跨境电商平台介绍

据商务部2013年数据显示，我国跨境电商平台企业超过5 000家，境内通过各类平台开展跨境电子商务的企业已超过 20 万家。在众多国内国际跨境交易平台中，eBay、速卖通、亚马逊、敦煌网这四家的市场份额占到80%以上，同时新的一批跨境电商平台也在陆续搭建中。最近，“印尼中国商品网”、“丹麦中国商品网” 等精细化国家级的电子商务网站纷纷上线运行，想在跨境电子商务这个大市场中占有一席之地。除了传统 PC 端购物模式外，随着移动互联网的迅速发展，移动购物也开始向传统跨境电商平台发起挑战，正在逐步改变人们的生活方式和消费观念。

下面将对市场占有率和知名度较高的几个跨境电商平台进行分析。

（一）平台分析一：eBay

eBay是在线交易平台的全球领先者，利用其强大的平台优势和旗下全球市场占有第一的支付工具 Paypal 为全球商家提供网上零售服务。通过 eBay 的全球平台，中国卖家的支付、语言、政策、品牌、物流等问题得到了很好的解决。同时，eBay 在出口电商网络零售领域发挥自身优势，将产品销售到世界各国，直接面对亿万消费者。中国卖家可通过 eBay 推广自有品牌，提升世界地位认可度。eBay 也帮助买卖双方削减中间环节，创造价格优势，降低运营成本。

eBay对入驻其平台进行跨境电子商务交易的商家收取两项费用，一项是刊登费，即商家在 eBay 上刊登商品所收取的费用；另一项是成交费，即当交易成功时，会收取一定比例的佣金。

eBay 的优势：①品牌的国际影响力和全球市场覆盖率，健全的买家保障体系和 Paypal 支付的紧密合作；②在物流方面，eBay联合第三方合作伙伴中国邮政速递，为中国卖家提供便捷快速经济的国际 e 邮宝货运服务，并逐渐从美国、澳大利亚、德国等发达国家向俄罗斯等新兴市场延伸；③eBay推出卖家保护政策，通过大数据技术及买家质量评估，强化对卖家的支持和保护，助力卖家业务的快速发展。

（2）平台分析二：亚马逊

亚马逊以优质的仓储物流系统和售后服务体系闻名于世，除了自营业务外并对第三方卖家开放。根据卖家选择的服务不同，亚马逊采用不同的收费模式。卖家在亚马逊全球网站开店，亚马逊将收取平台月费和交易佣金，无交易则不收取交易佣金。选择亚马逊物流的卖家加收仓储和物流费用。自主配送的卖家选择的配送服务必须符合亚马逊对服务质量的相关要求。

亚马逊的优势：①品牌国际影响力和优质的买家服务体系，以及领先的国际物流仓储服务；②亚马逊在北美市场提供 FBA 服务，能实现 2 ~ 3 天到货，最快次日送货；在欧洲市场，可以帮助卖家实现欧洲五国（英国、法国、德国、意大利、西班牙）的统一仓储和物流服务，并可配送欧盟其他国家，方便卖家向亚马逊欧洲网站的顾客提供本地化客户服务以及快捷的送货服务；③亚马逊平台提供免费的站内推广服务，以及向消费者精准的商品推荐服务。

（三）平台分析三：速卖通

速卖通是阿里巴巴旗下面向全球市场打造的在线交易平台，被广大卖家称为国际版“淘宝”。速卖通自 2010 年 4 月上线以来，经过 4 年多的迅猛发展，目前已经覆盖 220 多个国家和地区的海外买家，每天海外买家的流量已经超过 5 000 万。速卖通采用对成功交易收取 5%手续费，不成功不收费，现正逐步向不同品类、不同支付方式、不同交易金额收取不同手续费比例的商业模式发展。目前速卖通是俄罗斯最受欢迎的跨境网购平台，交易额占俄罗斯跨境网购市场总值的 35%；紧随其后的是 eBay，所占的比例为 30%；亚马逊为 7.5%。

速卖通不仅拥有英文主站，还拥有俄语、葡语分站，并计划建立印尼分站，有向东南亚扩张的趋势。

速卖通的优势：①平台交易手续费率低，和其他竞争对手相比有明显的优势；②丰富的淘宝商品资源，其淘代销功能使卖家可非常方便地将淘宝商品一键卖向全球，且速卖通为卖家提供一站式商品翻译、上架、支付、物流等服务；③借助了阿里巴巴国际站的知名度，再加上各大洲相关联盟站。

任务实施

本次的任务是使用典型的进出口贸易网站进行网上洽谈及交易，为了完成这个任务，主要讲解以下要点：

（1）掌握 eBay 网站平台的交易流程；

（2）掌握亚马逊网站平台的交易流程；

（3）掌握速卖通网站平台的交易流程。

下面主要以跨境电子商务平台中的典型网站 eBay、亚马逊、速卖通的网上交易为例，说明跨境电子商务交易流程。

1．eBay 平台

（1）打开 http://www.ebay.cn/网址，进入 eBay 的主页面，该网站是全球最大的国际贸易电子商务平台，如图 5.41 所示。

（2）创建 eBay 交易账户。注册 eBay 账户时请如实填写注册资料；建议使用 hotmail、gmail、163 等国际通用的邮箱作为你的注册邮箱，以确保顺利接收来自 eBay 及海外买家的邮件。

（3）通过信用卡完成身份验证。为了确保交易安全，eBay 需要对你的账户进行身份验证，推荐使用信用卡方式完成验证；如果没有信用卡，也可以选择手机结合借记卡的方式来验证你的身份。

（4）确认注册邮箱完成注册。请前往你的注册邮箱查收 eBay 发送的确认邮件，激活 eBay 账户即可。

图 5.41 eBay 网站的主页面

（5）了解 eBay 诚信与安全政策。eBay 信用评价体系主要由信用评价（Feedback）、卖家服务评价（DSR）及交易纠纷（Disputes）三大方面组成。这些指标综合起来则代表了你在 eBay 的信誉，以及用户对你的满意程度。eBay 卖家的信誉在业务发展中起着至关重要的作用，eBay 通过买家的交易体验来衡量你的卖家表现。当买家对卖家留下中评或差评，或者评价时留下 1～2 分的 DSR 评级（四项评级中的任意一项），或者向卖家发起交易纠纷，都是不良买家体验（Bad Buy Experience，BBE）的表现。当你的 BBE 交易过多时，你的卖家表现就无法达到 eBay 最低卖家标准。

（6）刊登一件优质商品。成功刊登一件商品，是你开始 eBay 外贸的第一步，要真实准确地描述物品。eBay 全球拥有 40 个站点，面向海外 215 个国家的买家，在其中任一站点刊登都可让全球买家找到你的商品。目前，eBay 美国站、英国站、澳大利亚站都是交易量大且会员活跃的站点，也是大多数新卖家的首选站点。选择好你的刊登站点后，只需单击该 eBay 站点右上角的 sell 按钮，就可以开始刊登商品了。

（7）成功出售商品操作流程。顺利刊登完商品，接下来是静候顾客上门。与此同时，与你的潜在买家进行沟通，向买家提供全方位、专业性的服务，才能将商品成功售出并使买家满意，收获好评。

2．亚马逊平台

（1）打开 http://www.amazon.cn/网址，进入亚马逊的主页面，亚马逊公司（Amazon）是美国最大的网络电子商务公司之一，如图 5.42 所示。

图 5.42　亚马逊网站的主页面

（2）创建账户，提交资质材料，并通过资质审核。

在线填写公司信息，创建亚马逊卖家账户。注册过程中，需要提交电子版的营业执照副本复印件和国税税务登记证复印件。注册完成后，还需要在卖家平台系统中提供其他资质材料以完成审核。资质审核工作一般会在材料提交后的 5 个工作日内完成，会收到亚马逊的审核结果通知。

需要的开店资质如下。

企业资质：入驻亚马逊的卖家必须是在中国大陆注册的企业，且需要具备销售相应商品的资质。

能够开具发票：如果顾客需要发票，必须及时为顾客提供普通销售发票。

具备全国配送能力：亚马逊顾客遍布全国，会收到来自全国各地的订单，所以如果选择了自主配送模式，需要具备将商品配送至全国的能力。

（3）上传商品。

准备好商品信息和图片后，可以通过卖家平台逐一添加商品信息或通过模板批量上传。

因为我们已有淘宝天猫商城的做好的产品图片和模板，所以这里会省很大的精力，能够快速上手切入亚马逊平台。

（4）顾客浏览商品并下单。

商品信息上传完成，商品便成功上线，顾客能够浏览、搜索和购买商品。一旦有订单产生，就会收到亚马逊的邮件通知，同时，可以通过卖家平台查看订单信息。

（5）配送商品和发票。

订单产生后，请按照顾客要求的配送方式，及时配送商品。如果顾客需要发票，卖家平台的“管理订单”中会有提示，请及时向顾客邮寄符合国家税务规定的普通发票。

目前“我要开店”一共有两种合作模式：一种是使用“我要开店”服务，自主配送商品；另一种是使用“亚马逊物流”服务，即由亚马逊提供高标准的，包括仓储、拣货、包装、配送、收款、客服和退货在内的所有物流服务。

可以选择自主配送，也可以选择使用亚马逊物流服务，或者两种模式搭配使用，从而找出最符合业务需求的经营方案。

（6）结算货款。亚马逊每隔 14 天会进行一次结算。

3. 速卖通

打开 http://seller.aliexpress.com/网址，进入速卖通的主页面，如图 5.43 所示。速买通是全球最大的在线外贸交易平台，是阿里巴巴旗下唯一面向全球市场打造的在线交易平台，被广大卖家称为国际版“淘宝”。

图 5.43 速卖通的主页面

（2）有淘宝账号的情况下，可直接转速卖通平台。登录到淘宝后台，在栏目中找到“卖往海外”一栏就会跳转到速卖通注册开店的页面。

（3）没有淘宝账号的情况下，直接登录速卖通官网中会看到页面中的“免费开店”按钮。

（4）单击“免费开店”按钮，进入注册页面（注意：这个邮箱必须是不曾注册过淘宝的邮箱）。

（5）然后登录邮箱验证，验证成功就会进入填写账户信息的页面，详细的录入个人信息，这里需要一个英文名，不要只写名字，还要注意中英一致，同时要填写正确的手机号。

（6）填写手机上收到的验证码，单击“确定”按钮完成注册。

（7）这样注册账户就完成了，接下来是速卖通开店，首先要绑定支付宝账号，然后选择个人注册或企业注册。

（8）这里要进入认证的环节，需要严格地按要求上传个人资料或者企业资料。

（9）到这一步并没有结束，速卖通开店还要对你进行一次开店前的考试，这里是有要求的，你有必要考出一个好成绩，否则也是不能开店的。但是不用担心，你可以到 321 电商学院等网站上查找这些考试题目的标准答案，参考着考出一个好成绩。

（10）这时你的店铺算是注册开店了，可以上传产品，并且可以运营了。

技能训练

【技能训练 1】京东商城购物

1．实验目的

掌握电子商务的 B2C 模式的交易方式及操作流程，重点了解典型的 B2C 模式——京东商城的购物流程。

2．实验内容和步骤

（1）申请会员；

（2）浏览商品，形成订单；

（3）支付货款；

（4）网评商品。

3．实训报告要求

撰写实训报告。

【技能训练 2】企业信息发布

1．实训目的

通过阿里巴巴企业信息发布的操作过程，掌握电子商务 B2B 模式的交易方式及操作流程。

2．实训内容

（1）注册阿里巴巴会员。

（2）企业信息发布。

3．实训报告要求

撰写实训报告。

实训项目 6

网络市场调研

任务 19　收集整理网络商务信息

任务引入

李明想通过网络收集有用的网络商务信息，收集的步骤是怎么进行的呢？下面我们就要帮助李明来完成这个操作。

任务分析

互联网上提供了数量巨大的信息数据库。网络营销人员可以通过互联网获取大量有价值的数据和信息。下面的任务将指导大家如何利用网络查询各类商品供求信息，通过网络调查获得环境信息、消费者信息及同行竞争者信息。

相关知识

在商务活动中，信息通常指的是商业消息、情报、数据、密码、知识等。网络商务信息限定了商务信息传递的媒体和途径。只有通过计算机网络传递的商务信息，包括文字、数据、表格、图形、影像、声音及内容能够被人或计算机察知的符号系统，才属于网络商务信息的范畴。信息在网络空间的传递称为网络通信，在网络上停留时称为存储。

网络商务信息是指存储于网络并在网络上传播的与商务活动有关的各种信息的集合，是各种网上商务活动之间相互联系、相互作用的描述和反映，是对用户有用的网络信息，网络是其依附载体。

任务实施

本次的任务是收集整理网络商务信息，为了完成这个任务，主要掌握以下操作能力：

- 掌握收集网络商务信息的基本技巧；
- 掌握整理网络商务信息的基本技巧。

1. 使用搜索引擎收集网络商务信息

搜索引擎是指能及时发现所需要的调研对象内容的电子指针。在互联网上查找商务信息，既可以用综合类搜索引擎，也可以用各种专题搜索引擎，如商贸引擎。对不同的信息，既可以用中文搜索引擎，也可以用英文搜索引擎。

（1）使用英文搜索引擎收集商务信息。

1）Altavista（http://www.altavista.com/）。它是全球最知名的网上搜寻引擎公司之一，同时提供搜寻引擎后台技术支持等相关产品。其中，商业检索、产品检索、专题讨论组三个专题检索特别有用（见图6.1）。

图6.1　Altavista 搜索引擎

2）Excite（http://www.excite.com）。它是一个用户喜爱的搜索引擎。在Excite中查找商务信息，可以采用关键词检索；也可以通过分类目录检索，分类目录中与市场营销密切相关的有商业、投资、汽车、计算机等；它的专题检索栏目有黄页、人物、地图、股市行情等（见图6.2）。

图6.2　Excite 搜索引擎

（2）使用中文搜索引擎收集网络商务信息。目前在互联网上可选择的搜索引擎有许多，如百度、谷歌、搜狗、新浪、雅虎、搜狐等。

1）百度搜索引擎。它使用了高性能的"网络蜘蛛"程序自动地在互联网中搜索信息，可定制、高扩展性的调度算法使得搜索器能在极短的时间内收集最大数量的互联网信息。百度在中国各地和美国均设有服务器，搜索范围涵盖了中国大陆、香港地区、台湾地区、澳门地区、新加坡等华语地区以及北美、欧洲的部分站点。百度搜索引擎拥有目前世界上最大的中文信息库，总量达到6 000万页以上，并且还在以每天几十万页的速度快速增长

（见图 6.3）。

图 6.3　百度搜索引擎

2）谷歌搜索引擎。它是由两位斯坦福大学的博士 Larry Page 和 Sergey Brin 在 1998 年创立的，几年间发展为目前规模最大的搜索引擎。它目前每天需要处理 2 亿次搜索请求，数据库存有 30 亿个 Web 文件。它提供常规搜索和高级搜索两种功能，信息条目数量大，有多种语言（见图 6.4）。

图 6.4　谷歌搜索引擎

3）搜狗搜索引擎。它是搜狐公司的旗下子公司，于 2004 年 8 月 3 日推出，目的是增强搜狐网的搜索技能，主要经营搜狐公司的搜索业务。搜狗查询非常简洁方便，只需输入查询内容并敲一下回车键（Enter），或单击“搜狗搜索”按钮即可得到最相关的资料（见图 6.5）。

图 6.5　搜狗搜索引擎

4）新浪搜索引擎。新浪网搜索引擎是面向全球华人的网上资源查询系统，它收录了大量的中文网站地址，内容丰富，分类详细，是目前互联网上最大规模的中文搜索引擎之一（见图 6.6）。

图 6.6　新浪搜索引擎

2. 利用电子邮箱收集网络商务信息

调查表明，电子邮件是 Internet 上最常使用的工具，对企业管理人员而言，利用电子邮件搜集商务信息不失为一种好方法。

第 1 步：获得客户的电子邮件地址。

（1）查阅企业原有客户的通信文件或者数据库，以获得原有客户的电子邮件地址。

（2）企业网站上建立客户留言簿供访问者留言，在每个客户留言之前，要求他们必须先行注册成为本网站的会员，方能在本网站留言，在会员的注册页面中巧妙地获得客户的电子邮件地址（见图 6.7）。

（3）在网站上建立与产品或者服务内容相关联的讨论，以吸引客户参加并留下他们的电子邮件地址（见图 6.8）。

（4）通过专门的电子邮件地址服务商租用或者购买电子邮件地址。

（5）通过专用的电子邮件地址搜集软件，在特定的范围内搜集电子邮件地址。

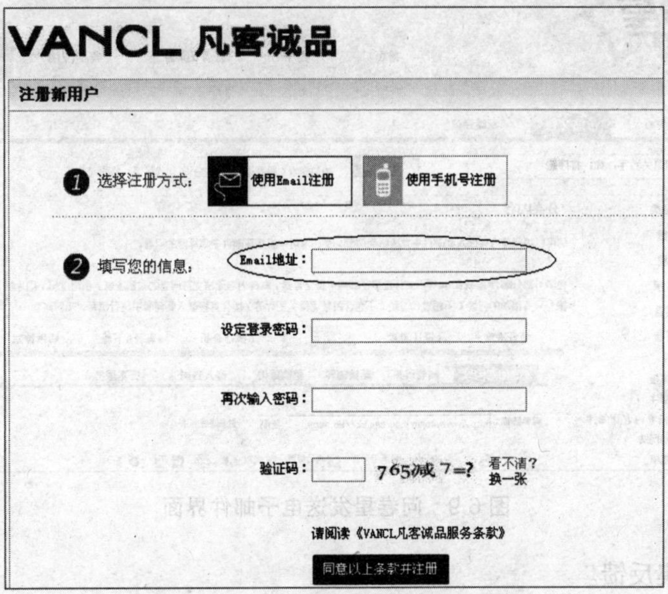

图 6.7　凡客诚品网站新用户注册页面

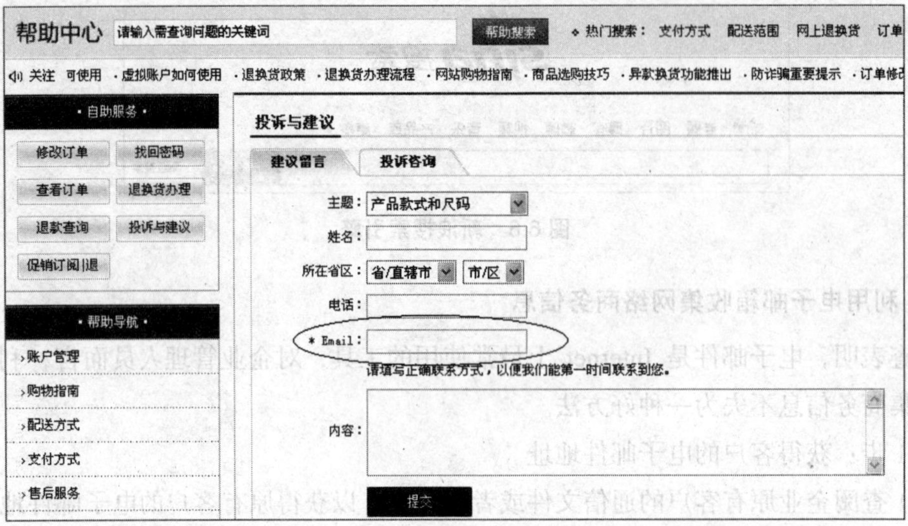

图 6.8 凡客诚品网站的客户留言板添加留言界面

第 2 步：制作网上调查问卷。

网上调查问卷可由多个问题组成，问题可包括需用户输入信息的填空问题、单项选择问题、多项选择问题，并可指定必答项和非必答项。问卷生成前后都可即时修改。问卷应清楚写明自己企业的通信地址和联系方式。

第 3 步：通过电子邮件向各客户发送调查问卷（见图 6.9）。

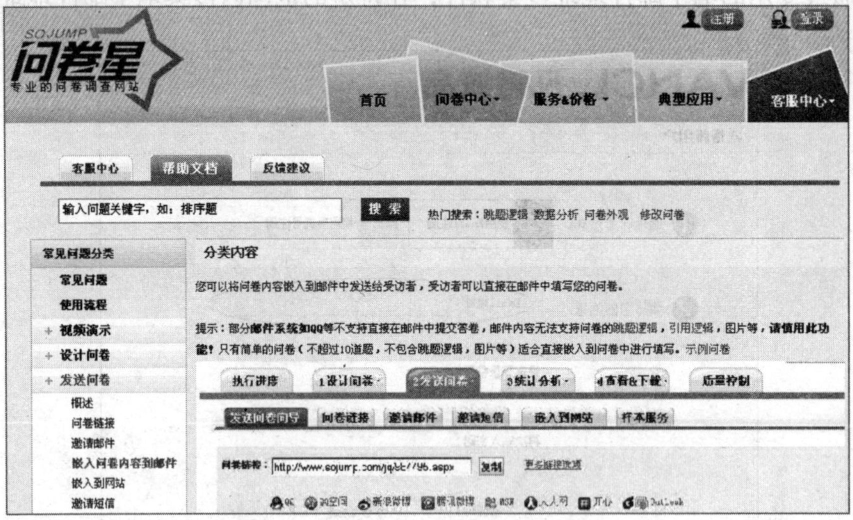

图 6.9 问卷星发送电子邮件界面

第 4 步：汇集反馈。

通过邮箱接收客户反馈信息，汇集反馈信件，并计算问卷返回比例，对调查问卷的相关信息进行整理汇总，以获得目标信息。

3. 利用网上商业资源站点查找商务信息

互联网上有大量的商业资源站点，集中了大量的商务信息，而且极大部分是供用户免费使用的。其中与网络市场调研有关的资源站点有很多，如商业门户网站、专业资源网站、专业调查网站、传统商业媒体转型的网站、电子商务网站、工商企业网站等，市场调研人员通过它们可获得许多有价值的商务信息

（1）利用商业门户网站收集商务信息。

1）环球资源（http://www.globalsources.com）。环球资源是一个 B2B 多渠道的国际贸易平台，也是大中华地区双边贸易的主要促进者。它提供的服务首先是基于买家的需求而设，买家只需说明感兴趣的产品类目，一旦供应商有相应信息上网，系统自动以电子邮件通知买家上网查看。其强大的搜索引擎分三大类：产品搜索、供应商搜索、全球搜索（见图 6.10）。

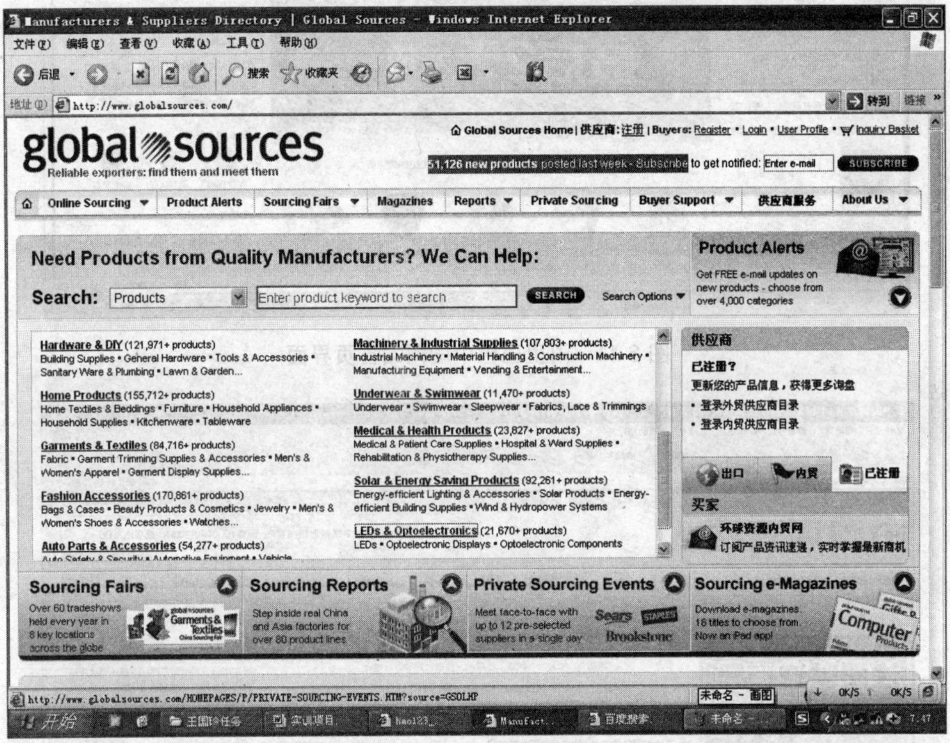

图 6.10 环球资源网站

2）阿里巴巴（http://china.alibaba.com/）。阿里巴巴是全球著名的 B2B 系列网站，旗下公司有：阿里巴巴 B2B、淘宝、天猫、支付宝、阿里软件、阿里妈妈、口碑网、阿里云、中国雅虎、一淘网、中国万网、聚划算、CNZZ、一达通。

阿里巴巴主要信息服务栏目包括：商业机会、产品展示、公司全库、行业资讯、价格行情、以商会友、商业服务等（见图 6.11）。

（2）利用专业调查网站收集商务信息。专业信息网站都是由政府或一些业务范围相近的企业或某些网络服务机构开办的，如中国调查网、中国商品交易市场、中国广告信息网、中国粮食贸易网等。通过这些专业调查网站和相关调查频道的资源分布，则可免费查阅各个行业、各种产品已完成的市场调查报告等相关信息（见图 6.12）。

图 6.11　阿里巴巴中国网站首页界面

图 6.12　中国调查网首页界面

任务 20　设计网络调研问卷

任务引入

李明想为汇源公司设计商业调查问卷，那么，如何进行设计与实施呢？操作步骤又是怎么进行的呢？下面我们就要帮助李明来完成这个操作。

任务分析

问卷调查是现代社会市场调查的一种十分重要的方法，而在问卷调查中，问卷设计又是其中的关键，问卷设计的好坏，将直接决定着能否获得准确、可靠的市场信息。

相关知识

1. 问卷设计概述

所谓问卷设计，是根据调查目的，将所需调查的问题具体化，使调查者能顺利地获取必要的信息资料，并便于统计分析。

由于问卷方式通常是靠被调查者通过问卷间接地向调查者提供资料的，因此作为调查者与被调查者之间中介物的调查问卷，其设计是否科学、合理将直接影响问卷的回收率，影响资料的真实性、实用性。因此，在市场调查中应对问卷设计给予足够的重视。

调查问卷按照不同的分类标准，可将调查问卷分成不同的类型。

（1）根据市场调查中使用问卷方法的不同，可将调查问卷分成自填式问卷和访问式问卷两大类。

（2）根据问卷发放方式的不同，可将调查问卷分为送发式问卷、邮寄式问卷、报刊式问卷、人员访问式问卷、电话访问式问卷和网上访问式问卷六种。其中前三种大致可以划归自填式问卷范畴，后三种则属于访问式问卷。

网上访问式问卷是在因特网上制作，并通过因特网来进行调查的问卷类型。此种问卷不受时间、空间限制，便于获得大量信息，特别是对于敏感性问题，相对而言更容易获得满意的答案。

2. 问卷设计的过程

（1）确定所需信息。确定所需信息是问卷设计的前提工作。调查者必须在问卷设计之前就把握所有达到研究目的和验证研究假设所需要的信息，并决定所有用于分析使用这些信息的方法，如频率分布、统计检验等，并按这些分析方法所要求的形式来收集资料，把握信息。

（2）确定问卷的类型。制约问卷选择的因素很多，而且研究课题不同，调查项目不同，主导制约因素也不一样。在确定问卷类型时，必须综合考虑以下制约因素：调研费用、时效性要求、被调查对象、调查内容。

（3）确定问题的内容。确定问题的内容似乎是一个比较简单的问题。然而事实上不然，这其中还涉及一个个体的差异性问题，也许你认为容易的问题而他认为困难的问题；你认为熟悉的问题而他认为生疏的问题。因此，确定问题的内容，最好与被调查者联系起来。分析一下被调查者群体，有时比盲目分析问题的内容效果要好。

（4）确定问题的类型。问题的类型归结起来分为四种：自由问答题、两项选择题、多项选择题和顺位式问答题。其中后三类均可以称为封闭式问题。

1）自由问答题。自由问答题，也称开放型问答题，只提问题，不给具体答案，要求被调查者根据自身实际情况自由作答。自由问答题主要限于探索性调查，在实际的调查问卷中，这种问题不多。自由问答题的主要优点是被调查者的观点不受限制，便于深入了解被调查者的建设性意见、态度、需求问题等。其主要缺点是难于编码和统计。自由问答题一般应用于以下几种场合：作为调查的介绍；某个问题的答案太多或根本无法预料时；由于研究需要，必须在研究报告中原文引用被调查者的原话。

2）两项选择题。两项选择题，也称是非题，是多项选择的一个特例，一般只设两个选项，如"是"与"否"、"有"与"没有"等。

两项选择题的特点是简单明了；缺点是所获信息量太小，两种极端的回答类型有时往往难以了解和分析被调查者群体中客观存在的不同态度层次。

3）多项选择题。多项选择题是从多个备选答案中择一或择几。这是各种调查问卷中采用最多的一种问题类型。

多项选择题的优点是便于回答，便于编码和统计；缺点主要是问题提供答案的排列次序可能引起偏见。

4）顺位式问答题。顺位式问答题，又称序列式问答题，是在多项选择的基础上，要求被调查者对询问的问题答案，按自己认为的重要程度和喜欢程度顺位排列。

在现实的调查问卷中，往往是几种类型的问题同时存在，单纯采用一种类型问题的问卷并不多见。

（5）确定问题的措辞。很多人可能不太重视问题的措辞，而把主要精力集中在问卷设计的其他方面，这样做的结果有可能降低问卷的质量。

下面是几条法则，不妨试试。

1）问题的陈述应尽量简洁。

2）避免提带有双重或多重含义的问题。

3）最好不用反义疑问句；避免否定句。

4）注意避免问题的从众效应和权威效应。

（6）确定问题的顺序。问卷中的问题应遵循一定的排列次序，问题的排列次序会影响被调查者的兴趣、情绪，进而影响其合作积极性。所以一份好的问卷应对问题的排列做出精心的设计。

（7）问卷的排版和布局。问卷的设计工作基本完成之后，便要着手问卷的排版和布局。问卷排版的布局总的要求是整齐、美观，便于阅读、作答和统计。

（8）问卷的测试。问卷的初稿设计工作完成之后，不要急于投入使用，特别是对于一些大规模的问卷调查，最好的办法是先组织问卷的测试，如果发现问题，再及时修改，测试通常选择20~100人，样本数不宜太多，也不要太少。如果第一次测试后有很大的改动，可以考虑是否有必要组织第二次测试。

（9）问卷的定稿。当问卷的测试工作完成，确定没有必要再进一步修改后，可以考虑定稿。问卷定稿后就可以交付打印，正式投入使用。

（10）问卷的评价。问卷的评价实际上是对问卷的设计质量进行一次总体性评估。对问卷进行评价的方法很多，包括专家评价、上级评价、被调查者评价和自我评价。

任务实施

1. 调查问卷的基本结构

问卷的基本结构一般包括四个部分，即卷首说明、调查内容、编码和结束语。其中调查内容是问卷的核心部分，是每一份问卷都必不可少的内容，而其他部分则根据设计者需要可取可舍。

1）卷首说明。卷首说明包括称呼、调查目的、填写者受益情况、主办单位和感谢语等。如涉及个人资料，应该有隐私保护说明。如下例所示。

尊敬的用户，您好！

我们是××学院的学生，我们正在做有关肉类熟食的市场调查，目的在于了解食品行业市场现状，更好地服务于人们的健康和保健，您的调查情况将成为我们宝贵的参考资料。答案没有对错之分，希望您能够如实完成，我们将对您的个人资料进行保密。衷心感谢您的参与与支持！

填写说明：您只需在您认同的选项上画“√”即可，没有提供选项的，请将您的答案写在提供的横线上。

2）调查内容。

调查内容是调查问卷的主体，主要包括根据调查目的所设计的调查问题与参考选择答案等，一般不超过20个问题。

问题的提出可以分为以下几种类型。

1）按问题的性质可划分为直接性问题、间接性问题和假设性问题。

如果你会购买保健品，你希望有何效果？

A．调节人体各种机能，改善睡眠，延年益寿

B．缓解疲劳，使消耗的体力迅速恢复

C．增强免疫力，抗病毒

D．提神醒脑，消除紧张情绪，提高学习效率

2）按问题要收集的资料性质可划分为事实性问题、行为性问题、动机性问题和态度性问题。

① 事实性问题。事实性问题的主要目的是为了获得有关被调查者的事实性资料。因此，问题的意思必须清楚，使被调查者容易理解和回答。

② 行为性问题。行为性问题的主要目的是为了获得有关被调查者的行为方面的信息资料。比如“您是否喜欢吃面包”，“您是否使用某牌牙膏”，“您是否经常浏览某网站”。

③ 动机性问题。动机性问题的主要目的是为了了解被调查者行为的原因或动机。比如，“您家为什么喜欢使用某牌牙膏”，“您家购买某牌热水器的原因是什么”，“您上网的主要目的是什么”等。

④ 态度性问题。态度性问题主要目的是为了了解被调查者对某一事物或某一问题的态度、评价、看法等。比如“您对某产品质量满意吗”，“您对这种销售方式有何看法”等。

（3）编码。编码一般应用于大规模的问卷调查中。因为在大规模问卷调查中，调查资料的统计汇总工作十分繁重，借助于编码技术和计算机，则可大大简化这一工作。

编码是将调查问卷中的调查项目及备选答案给予统一设计的代码。编码既可以在问卷设计的同时就设计好，也可以等调查工作完成以后再进行。前者称为预编码，后者称为后编码。在实际调查中，常采用预编码。

（4）结束语。结束语放在调查问卷的结尾部分，一方面对被调查者的积极合作表示感谢；另一方面还向被调查者征询对市场调查问卷设计的内容和对问卷调查的意见和想法。此外注明公司的标志性信息（如公司名称、网站、联系方式），这是宣传公司形象的好机会。例如：

感谢您的大力支持和配合！祝您身体健康！生活美满！工作顺利！

某公司信息（名称、联系方式、网站等）

某年某月某日

2．选择合适的方式发布网上市场调查问卷

（1）使用 E-mail 发布调查问卷。调查表明，只有不到 30%的网民每天上网浏览信息，但有 70%的网民每天都要使用电子邮箱，它不但费用低廉，而且使用方便快捷，最受用户的欢迎。目前，在网络市场调查使用最多的发布方法是通过 E-mail 的形式来发布调查问卷。

1）获得客户的电子邮件地址的方式。

① 直接查阅原有客户的邮件地址；

② 在网站上建立留言簿供访问者签名，留下他们的电子邮件地址；

③ 在网站上建立与产品或服务相关的讨论，以吸引客户参加并留下他们的电子邮件地址；

④ 通过专门的邮件地址服务商租用或购买电子邮件地址；

⑤ 通过专用的软件，在特定的范围内，如新闻组、在线服务、分类广告、邮件地址搜索引擎及 WWW 网站，收集电子邮件地址。

2）使用电子邮件发布调查问卷的主要技巧。

① 主动收集。主动收集方法就是想方设法让客户参与进来，如竞赛、评比、猜谜、网页特殊效果、优惠、售后服务、促销等。用这种力式来有意识地营造自己的网上客户群，不断地用 E-mail 来维系与他们的关系。

② 准确定位。发送电子邮件要注意受众对象。如果滥发的话，一来效果低，二来会被当做垃圾邮件，也许会产生相反的效果。

③ 发送周期。发送电子邮件也要根据内容，注意发送周期。如果发送的是相关新闻信息，当然周期不宜过长；如果是一般信息就不要过于频繁，否则可能订户刚开始很感兴趣，后来就变成一种负担了。信息的内容要有精品意识，即使发错了对象，别人也容易原谅并且接受这样的邮件。

④ 管理技巧。使用电子邮件收集信息，注意应以各种方式收集邮件地址，并要善于管理，这是有针对地发送邮件的前提。同时要建立自己的邮件列表，把收集的地址通通放进去，开展调查时直接向这个地址发送邮件就可以了。

（2）使用基于 Web 方式的网络市场调查方式。它的优点不仅在于能选择字体、色彩甚至还可插入图像来增强问卷的可读性，而且能使问卷调查“智能化”。这意味着可以根据被调查者对于上一调查问题的回答，智能化地设计问卷。

（3）选择将网络市场调查外包给专业的第三方公司。如果公司选择将网络市场调查外包给专业的第三方公司的话（这也是大多数公司的选择），将能够使公司获得专业化、智能化的及时数据跟踪与分析服务。大多数的商业调查公司只需要将向顾客调查的问题以模板或简单的文档文件提交给调查公司即可。问道网（www.askform.cn）是专业的问卷调查网、市场调查在线工具平台（见图 6.13）。

图 6.13　问道网

任务 21 撰写网络市场调研报告

任务引入

李明想为写一份关于旅游市场的调研报告？下面我们就要帮助李明来完成这个操作。

任务分析

调研报告是市场调研成果的集中体现，它是经过对信息资料的整理和分析，对所调研的问题做出的结论，并对实现调研目的提出建设性意见，供决策者参考，调查人员从互联网上收集到信息后，必须对这些消息进行整理和分析，利用计算机快速地进行分析。下面的任务将指导大家如何提交一份图文并茂的网络市场调研报告，以便决策者针对公司的情况及时地调整营销策略。

相关知识

调研报告的撰写是整个调研活动的最后一个阶段。报告不是数据和资料的简单堆砌，调查者不能把大量的数字和复杂的统计技术扔到管理人员面前，否则就失去了调研的价值，正确的做法是把与市场营销关键决策有关的主要调查结果写出来，并以调查报告正规格式书写。

1. 撰写网络市场调研报告的主要工作程序

（1）拟订调研报告大纲。撰写网络市场调研报告前，首先拟订调研报告大纲，包括报告的主要论点、论据、结论及报告的层次结构。请领导对于拟订的大纲进行审定或者讨论，修改通过后再进行初稿的撰写。

（2）撰写网络市场调研报告初稿。根据报告大纲由一人或数人分工进行初稿的撰写。参与的人数不宜过多。报告要努力做到准确、集中、深刻、新颖。准确，是指根据调研的目的，要如实反映客观事物的本质及其规律性，结论正确；集中，是指主题突出中心；深刻，是指报告能较深入地揭示事物的本质；新颖，是指报告要有新意。

（3）讨论修改报告。在完成网络市场调研报告初稿的基础上组织讨论和修改，再次审查报告是否符合调研要求、分析方法是否得当、数据是否准确、结论是否正确、结构是否合理。具体注意各部分的写作格式、文字数量、图表和数据是否协调，各部分内容和主题是否连贯，顺序安排是否得当，然后根据意见进行修改。重要报告要反复进行修改，最后通过审查得到批准后，再正式提交或发布。

（4）正式提交或公布网络市场调研报告。调研报告经过批准后，可以正式提交或发布。

2．撰写网络调研报告注意的问题

调研报告的撰写是整个调研活动的最后一个阶段。报告不是数据和资料的简单堆砌，调研人员不能把大量的数字和复杂的统计技术扔到管理人员面前，因为这样就失去了调研的价值。正确的做法是把与市场营销关键决策有关的主要调查结果报告出来，并以调查报告所应具备的正规结构写作。

（1）调研报告应该用清楚的、符合语法结构的语言表达。

（2）调研报告中的图表应该有标题，对计量单位应清楚地加以说明。如果采用了已公布的资料，应注明资料来源。

（3）正确运用图表，对于过长的表格，可在调研报告中给出它的简表，详细的数据列在附录中。

（4）调研报告应该在一个有逻辑的框架中陈述调研结果。尽管特定的调查有特定的标题，但在调研报告中应对特定标题给出一些具体的建议。若涉及宣传方面的问题，调研报告的内容和形式都应满足特定要求。

（5）调查报告的印刷式样和装订应符合规范。

任务实施

网络调研报告的格式一般由封面、标题、目录、概述、正文、结论与建议、附件等部分组成。

1．封面

封面包括调研报告题目、委托单位、承担单位、项目负责人、时间等主要信息。

2．标题

标题是网络调研报告的题目，一般有两种构成形式：一种是公文式标题，即由调查对象和内容、文种名称组成，如《关于 2010 年中国互联网络发展状况统计报告》。另一种是文章式标题，即用概括的语言形式直接交代调查的内容或主题，如《我国老年人生活现状及需求调查报告》。

3．目录

如果调研报告的内容、页数较多，为了方便读者阅读，应当使用目录或索引形式列出报告的主要章节和附录，并注明标题、有关章节号码及页码。一般来说，目录的篇幅不宜超过一页。

4．概述

概述又称导语，主要阐述报告的基本情况，它是按照调研课题的顺序将问题展开，并阐述对调查的原始资料进行选择、评价、做出结论、提出建议的原则等，其主要包括三方面内容。

第一，简要说明调查目的，即简要地说明调查的由来和委托调查的原因。

第二，简要介绍调查对象和调查内容，包括调查时间、地点、对象、范围、调查要点及所要解答的问题。

第三，简要介绍调查研究的方法。介绍调查研究的方法，有助于使人确信调查结果的可靠性，因此对所用方法要进行简短叙述，并说明选用方法的原因。例如，是用抽样调查法还是用典型调查法，是用实地调查法还是文案调查法。另外，在分析中使用的方法，如指数平滑分析、回归分析、聚类分析、相关分析法等方法都应作简要说明。如果部分内容很多，应有详细的工作技术报告加以说明补充，附在市场调查报告的最后部分的附件中。

5. 正文

正文是调研报告的核心，也是写作的重点和难点所在。它要完整、准确、具体地说明调查的基本情况，进行科学、合理的分析预测，在此基础上提出有针对性的对策和建议。具体包括以下三方面内容。

（1）基本情况介绍。它是全文的基础和主要内容，要用叙述和说明相结合的手法，将调查对象的历史和现实情况表述清楚。无论如何，都要力求做到准确和具体，富有条理性，以便为下文进行分析和提出建议提供坚实充分的依据。

（2）分析预测。报告的分析预测，即在对调查所获基本情况进行分析的基础上对市场发展趋势作出预测，它直接影响到有关部门和企业领导的决策行为，因而必须着力写好。要采用议论的手法，对调查所获得的资料进行分析，并进行科学的研究和推断，并据以形成符合事物发展变化规律的结论性意见。

（3）营销建议。这是报告的写作目的和宗旨的体现，要在上文调查情况和分析预测的基础上，提出具体的建议和措施，供决策者参考。要注意建议的针对性和可行性，能够切实解决问题。

6. 附件

附件是指调研报告正文包含不了或没有提及，但与正文有关且必须附加说明的部分。它是对正文报告的补充或更详尽的说明，包括数据汇总表及原始资料背景材料和必要的工作技术报告。例如，为调查选定样本的有关细节资料及调查期间所使用的文件副本等。

技能训练

【技能训练 1】

1．实验目的

掌握网上市场调研的一般方法，主要包括在线调查问卷设计和后台发布管理、调查数据分析等，重点掌握调查问卷问题及其选项设计的一般原则，深入理解“预期结果导向法”调查问卷设计的基本思想。

2．实验内容和步骤

（1）选择/确定在线调研主题；

（2）设计在线调查问卷；

（3）通过后台发布调查问卷；

（4）分析调查结果并完成调查报告。

3．实验报告要求

实验报告以书面形式提交，字数：2 000 字左右。

实验报告主要内容：在线问卷主要调查问题设计及预期结果的说明；后台发布在线调查问卷的一般方法及遇到的问题分析；调查结果分析及调查问卷设计中存在的问题分析；简要总结个人对于在线调查问卷设计及发布的心得体会。

【技能训练 2】在线调研问卷的发布

【实训目的】

练习在线调研问卷的发布。

【实训要求】

掌握在线调研问卷发布的途径和方式。

【实训内容】

当在线调研问卷制作完成以后，就可以发布到互联网上，此时一个最重要的问题是选择问题发布的场所。一般而言，在线调研问卷可以在以下几个地方发布，每种情况的选择要看具体情况而定。

1. 在本企业网站上的某些页面发布，不受空间限制，成本低，自由度较大，但要看网站流量如何。

2. 在其他知名的网站上发布，如门户网站和专业化的网上调研公司网站。空间限制多，成本高，但网站的流量大。

3．在一些知名的新闻组和 BBS 上发布。成本低，访问量小，但可能更有针对性。

【亲自动手】

1. 利用搜索引擎搜索网上现有的在线调研系统有哪些，然后选择其中的一个网站，就自己关心的问题制作一份网上调研问卷，过一段时间看有没有浏览者填写该问卷。

2．在某企业或个人网站上设计制作完成一份在线调研问卷，发布后观察反馈情况。

3．找一个知名的新闻组或 BBS 网站，进入某个讨论组，将自己早已准备好的调研问卷在该组中发布，看有何反响。

4．比较以上三种场合发布在线调研问卷的利弊，并做出系统评价，写一份评价报告。

实训项目 7

网络客户关系管理

任务 22　运用电子邮件进行客户关系管理

任务引入

随着互联网的发展，企业间的市场竞争尤为突出。海尔网上商城是建立和维护怎样的一种客户关系和提供怎样的服务才更好地吸引新客户，留住老客户呢？

任务分析

海尔网上商城注重网络客户管理与服务，它一方面通过提供更快速和周到的优质服务吸引和保持更多的客户，另一方面通过对业务流程的全面管理降低企业的成本。充分利用客户关系管理系统，收集、追踪和分析每个客户，充分了解他们的需求，并把客户想要的商品送到他们手中。同时通过电子邮件及时收阅和答复客户的各种问题，通过 FAQ 在网上建立客户常见问题解答。时刻以“客户为中心”的服务宗旨，提高客户满意度，改善客户关系，从而提高企业的竞争力。

相关知识

1. 客户关系管理的内涵

客户关系管理（Customer Relationship Management，CRM）是一个不断加强与客户交流，不断了解客户需求，并不断对产品及服务进行改进和提高，以满足客户需求的连续过程。其内涵是企业利用现代信息技术和互联网技术实现对客户的整合营销，是以客户为核心的企业营销的技术实现和管理实现。

客户关系管理的目的不仅在于要开发新客户，更为重要的是要维系老客户，提高客户的满意度与忠诚度，提升客户的价值和利润。它所蕴涵的资源和商机，将为企业提供一个崭新且广阔的提升利润空间。对于任何一个想从经营发展的泥泞中脱离出来或者想使自己的企业有更大发展的企业管理者来说，实现客户关系管理无疑是一项比较明智的选择。

（1）CRM 首先是一种理念。企业核心思想是将企业的最终客户、分销商与合作伙伴作为企业最重要的资源，通过对客户提供完善、周到的服务和对客户深入、细致的分析来满足客户的需求，保证实现客户的终生价值。

（2）CRM 是一种旨在改善企业与客户之间关系的新型管理机制。

1）CRM 实施于企业的市场营销、销售、服务与技术支持等与客户相关的领域。

2）通过向上述人员提供全面、个性化客户资料，使其协同建立和维护一对一关系，向客户提供更快捷、更周到的优质服务，提高客户满意度，从而增加营业额。

3）通过信息共享和优化商业流程有效降低经营成本，参与企业产品、服务研发设计，从而培养客户的忠诚度。

（3）CRM 是一种管理软件和技术。CRM 将最佳的商业实践与数据挖掘、数据仓库、一对一营销、销售自动化及其他信息技术紧密融合在一起，为企业的销售、客户服务和决策支持等领域提供一个业务自动化的解决方案。

2. 网络客户关系管理的优势

随着企业管理的现代化和现代信息技术的飞速发展，网络客户关系管理越来越呈现其优势。

（1）全面提升企业的核心竞争能力。进入新经济时代，以往代表企业竞争优势的企业规模、固定资产、销售渠道等已不再是企业在竞争中处于领先地位的决定因素。随着互联网的发展，新的竞争对手和新的市场机遇不断涌现，企业必须创造出新的结构以适应变化需求。企业通过 CRM 系统实现流程重组，从而提高企业核心的竞争能力，取得了跃升式进步。

（2）实现了实时服务。在电子商务时代，时间就是效率。现在的客户早已对传统商业模式以天为单位的回应速度不满意了，他们要求企业在几分钟甚至几秒内对他们的要求做出反馈。电子商务企业如果不能做到实时服务，就会在很大程度上削弱企业的竞争力。许多企业转向提供在线服务，就是为了把信息更快地提交到客户的手中。

（3）实现了跨越时空的服务。企业通过网站上的留言板、邮件列表、电子邮件、FAQ 及网络客服中心与客户进行实时与非实时的沟通，为客户提供咨询、答疑、指导、培训和解决方案等服务已成为时尚。

（4）简化了客户服务过程。互联网不仅改进了信息的提交方式，加快了信息的提交速度，而且还简化了企业的客户服务过程，使企业提交与处理客户服务的过程变得更加快捷。客户重视时间甚过一切，他们希望能以最方便的方式交易。所以，他们需要的不只是最好的网站服务，而是能让他们自行寻找所需信息、进行交易、查询订单处理进度等整合完善的互动渠道，还希望通过电话、传真、电子邮件或网站等不同方式实现互动。必要时，最好还希望有专人为他们服务。

（5）实现了个性化客户管理。利用网络工具，加强了企业同客户的交流，深化了对客户需求和偏好的认识，更快地获得了客户信息反馈，从而使企业向客户提供个性化服务有了渠道上的可能性。基于这一背景，建立以客户为中心、网络为载体、个性化服务为特色的新型电子商务模式就成为众多企业追求的目标。电子商务实现了需求与服务的电子匹配，它贯穿于企业服务的全过程，从设计、生产、销售、付款直到维修。借助多种电子手段为每个具体客户提供全面的个性化服务。

3. 电子邮件在客户管理中的作用

在网络时代，企业通过电子邮件，可以对网络客户提供双向互动的服务，而不是被动地等待客户要求服务。利用电子邮件进行主动的客户服务有以下三个方面的内容。

（1）利用电子邮件可与客户建立主动的服务关系。企业利用电子邮件，可实现主动地为客户提供服务，而不是被动地等待客户要求服务。

1）主动向客户提供企业的最新信息。企业的老客户需要了解企业的最新动态， 如企业新闻、产品促销和产品升级等。企业可将这些信息及时主动地以新闻信件的形式发送给需要这类信息的客户，以便客户熟知。

2）获得客户需求信息的反馈，将其整合到企业的设计研发、生产和销售等系统中。要了解客户的需求可以通过电子邮件直接向客户询问，在设计询问问题时，最好每次只设计一个具体的问题。这个问题要慎重考虑，使之直接作用于产品质量、服务等，同时问题应简洁明了，易于阅读，易于回答，只要用很短时间就能回答完毕。

（2）利用电子邮件传递商务单证。由于企业是利用互联网从事网上贸易活动，各种单证和票据都采用电子的形式进行网上传递的，从而达到商务单证交换的目的。一般情况下包括如下内容：

1）用户意见及产品需求调查问卷；

2）产品购买者信息反馈及维修或保修信息反馈表；

3）对某种产品需求的意向、特殊要求、数量和要求给出价格的商品报价申请表；

4）新产品的报价单、订货单及有奖销售问卷回执单等。

（3）利用电子邮件，还可进行其他访问的信息服务。利用电子邮件除了可以进行正常的通信联系，与客户建立主动的服务关系，传递商务单证以外，还可进行如下的访问信息服务。

1）用电子邮件邀游万维网。万维网是互联网络上最受欢迎、最为流行的信息检索服务程序。能把各种类型的信息（静止图像、文本、声音和影像）有机地集成起来，供用户阅读、查找。

2）用电子邮件做 Gopher 搜寻。Gopher 是一种整合式的信息查询服务系统，它可为使用者提供一个方便的操作界面。利用它可以用简单的选单方式来获得所需要的文件资料、生活信息、文件存取、News 信件查询等各类资料。

3）用电子邮件做文件传输服务。文件传输是一种实时的联机服务。它的任务是将文件从一台计算机传送到另一台计算机，它不受这两台计算机所处的位置、连接的方式及所采用的操作系统的约束。

4）使用电子邮件做文件查询索引服务。

任务实施　电子邮件在网络客户服务中的应用

1．客户电子邮件收阅与答复

（1）安排邮件通路。要实现确保每位客户的信件都能得到认真而及时答复的基本目标，首要的措施是安排好客户邮件的传送通路，以使客户邮件能够按照不同的类别有专人受理。正如很多企业服务热线的接线员所感受到的那样，客户期望他们的问题得到重视。无论是接线员直接为客户解决问题，或是提供公司有关负责人解决问题，客户都希望接线员热心地帮助他们。在客户电子邮件管理中，存在同样的情况，即如何有效地进行客户邮件的收阅、归类与转发等管理工作问题。

企业需要针对客户可能提出的各种问题，做好准备工作。准备工作可从企业内部着手，如走访那些负责客户热线的人员，与为客户提供销售服务的工程师交谈，还可利用建立起FAQ 过程中所积累的经验，分析并列出客户可能提出的各种问题及解决方案。对于客户可能提出的各种各样的问题，可按两个层次分类管理。

第一层次是把客户电子邮件所提出的问题，按部门分类。

① 销售部门：关于价格、供货、产品信息、库存情况等。

② 客户服务部门：如产品建议、产品故障、退货、送货及其他服务政策等。

③ 公共关系部门：如记者、分析家、赞助商、社区新闻、投资者关系等。

④ 人力资源部门：如个人简历、面试请求等。

⑤ 财务部门：如应付账款、应收账款、财务报表等。

第二层次是为每类客户电子邮件分派专人仔细阅读，同时还必须对这些信件按紧急程度划分优先级，如划分为以下 5 种。

① 给公司提出宝贵意见的电子邮件，需要对客户表示感谢。

② 普通紧急程度电子邮件，需要按顺序排队，并且应在 24 小时内给予答复。

③ 特殊问题电子邮件，需要专门的部门予以解决。

④ 重要问题的电子邮件。

⑤ 紧急情况的电子邮件。

（2）给客户提供方便服务。一种方法是把所有的电子邮件发送到一个地址情况下，企业应派专人进行分类和转发。另一种方法是在网页中设置不同类别的反馈区，提供企业各部门的邮件地址，由客户根据自己的情况发送到相应部门。这样做可以提高信件的收阅率和答复率。

（3）尊重客户来信。客户获得的重要信息越多，获得信息的途径越方便、迅速，他们就会越满意。因此，即使一封来信中满是牢骚或信中所说太离奇，但是这对于客户而言却是十分重要的。同样应该花时间仔细考虑，认真答复。其实，有时你认为给了客户一个好的答复，但未必是客户所期望的答复。如果的确是坏消息，就应该尽快通知客户，并提供临时性方案，以免造成客户的损失。如果告诉客户解决问题的期限，必须要履行承诺，不能拖延。

（4）采用自动应答器，实现自动答复。为了提高回复客户电子邮件的速度，可以采用计算机自动应答器，实现对客户电子邮件的自动答复。

2. 利用电子邮件主动为客户服务

（1）采用 E-mail 新闻，主动为客户服务。

① 告诉消费者他们喜欢的行业新闻、促销活动及其他更好地使用产品等方面的信息

② 对于来自其他消费者的使用产品的经验、体会及如何节省时间和费用的小窍门也受欢迎。

③ 在未收到客户的订阅前，不要发送任何邮件给他们。

④ 在获得客户允许后，要在每封信件中告诉退订方法。

（2）鼓励与客户对话，主动为客户服务。

（3）避免垃圾邮件。

任务 23 运用 FAQ 进行客户关系管理

任务引入

网上客户服务的重要内容之一是为客户提供有关企业产品与服务等各方面的信息，面对众多企业提供的信息及客户可能需要的信息，企业最好的办法是什么？

任务分析

在网络营销中，FAQ 作为一种常用的在线客户服务手段，在网页页面中主要为客户提供有关产品、公司情况等常见问题的现成答案。客户 80%的一般问题可以通过 FAQ 系统回答，这样既方便了客户也减轻了网站工作人员的压力，节省了大量的客户服务成本，并且增加了客户的满意度。研究表明，如果客户咨询服务 E-mail 超过 24 小时得不到回复，会让绝大多数客户感到失望和不满。也就是说，24 小时是大多数客户期望的心理界限。因此，一名好的客户服务人员，应该重视 FAQ 的设计。

相关知识

1. FAQ 的概述

FAQ 的中文意思就是“经常问到的问题”，或者更通俗地叫做“常见问题解答”。在很

多网站上都可以看到 FAQ，列出了一些客户常见的问题，是一种在线帮助形式。在利用一些网站的功能或者服务时往往会遇到一些看似很简单，但不经过说明可能很难搞清楚的问题，有时甚至会因为这些细节问题的影响而失去客户，而在很多情况下，这些问题只需经过简单的解释就可以解决，这就是 FAQ 的价值。现在 FAQ 已成为企业网站一个必不可少的组成部分，无论是提供服务还是销售产品，企业都会对客户的问题提供详细的解答。例如，国内一些知名网络零售网站的 FAQ 体系设计比较完善，一般针对客户在购物流程、商品选择、购物车、支付、配送、售后服务等方面分别给出一些常见问题解答。

2．FAQ 的内容

以当当网上购物商城的 FAQ 为例介绍（http://www.dangdang.com）。

一个完整的购物网站的 FAQ 都会将购物流程、支付方式、配送方式、售后服务等罗列出来，如图 7.1 所示。

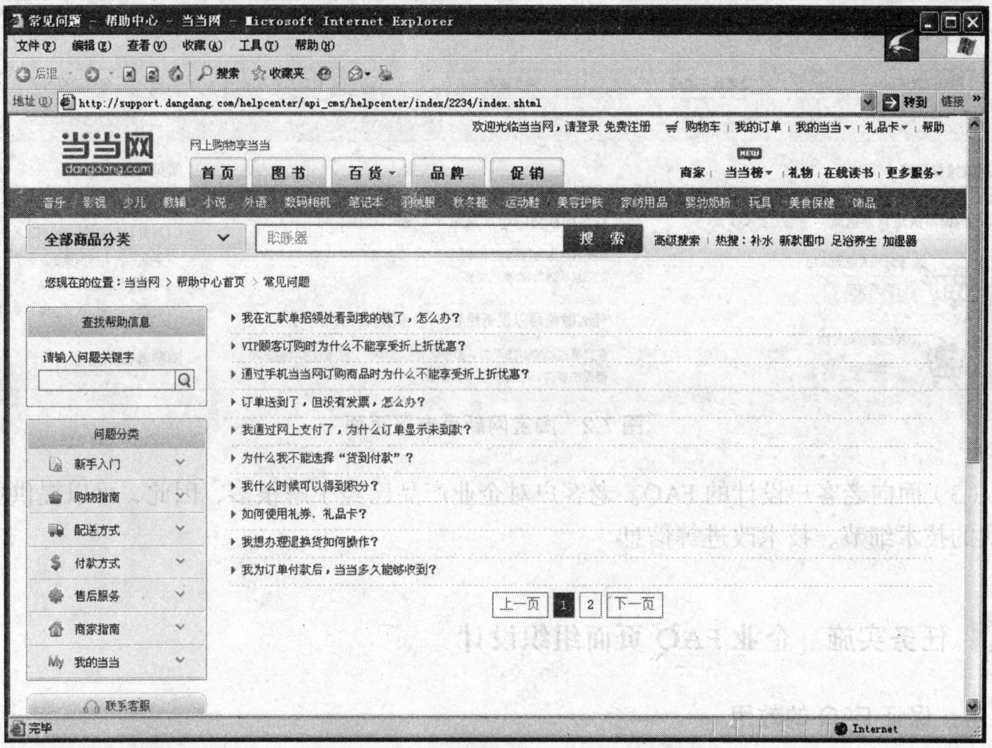

图 7.1　当当网上购物商城的 FAQ 页面

当当网自 1999 年 11 月开通，目前是全球最大的中文网上图书音像商城，面向全世界中文读者提供近 30 多万种中文图书和音像商品，每天为成千上万名消费者提供方便、快捷的服务，给网上购物者带来极大的方便和实惠。当当网的经营宗旨是以世界上最全的中文图书让所有中文读者获得启迪，得到教育，享受娱乐！目前全球已有 600 万名读者在当当网上选购过自己喜爱的商品。

网上购物商城的 FAQ，是新用户的一个引导。在 FAQ 中，将网上商城的购物流程、支付方式、配送方式、售后服务等信息罗列出来。除此之外，还能将客户提出的一些新问题即时地回复给客户，并将有共性的放在 FAQ 中。

（1）针对潜在客户设计的 FAQ。对企业的产品和服务感兴趣的来访者，是企业的潜在客户，必须对他们想要了解的问题事先就要有所设计，并发布在 FAQ 中，激发他们的购买需求。

（2）针对新客户设计的 FAQ。新客户对产品和服务的关心程度比潜在客户高，但与老客户比他们关心的问题却不是很深入，因此针对他们设计的 FAQ 尽可能地包括一些有关新产品的使用、维护说明及注意事项等方面的问题（见图 7.2）。

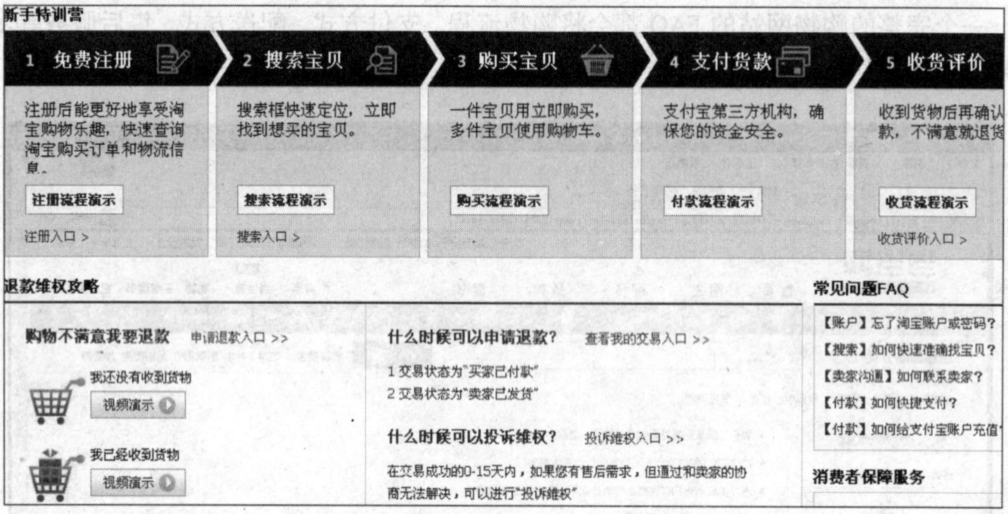

图 7.2 淘宝网新手专区页面

（3）面向老客户设计的 FAQ。老客户对企业产品已经了解很多，因此，可以提供更深层次的技术细节、技术改进等信息。

任务实施 企业 FAQ 页面组织设计

1. 保证 FAQ 的效用

FAQ 是客户常见的问题，设计的问题和解答的问题都必须是客户经常遇到和提问的。应该保证一定的信息量、覆盖面。问题的回答也应尽可能地提供足够的信息，满足客户实际性的需要。为保证 FAQ 的有效性，企业需要做到以下几点（见图 7.3）。

（1）要经常更新问题，回答客户提出的一些热门问题。

（2）问题应短小精悍，便于阅读，切忌在一个提问中解决多个疑问。

（3）对于提问频率高的常见问题，不宜使用很长的文本文件。

（4）产品或服务有变化时，问题也应该及时更新。

图 7.3　1 号店 FAQ 界面

2. 使 FAQ 简单易寻

在网站的主页上应设有一个突出的按钮指向 FAQ，进而在每页的工具栏中都设有该按钮。FAQ 也应能够连接到网站的其他文件。同时，在网站的产品和服务信息区域应该设立指向 FAQ 的反向连接，这样，顾客就可以在阅读产品信息时回到 FAQ 页面，发现与之相关的其他方面的问题。

在解决 FAQ 易用性上应从以下几个方面入手：

（1）提供搜索功能，让客户通过输入关键词迅速查找到问题和答案。

（2）问题较多时，可以采用分层目录式的结构来组织问题的解答！但目录层次不能太多，一般不要超过 4 层。

（3）设置热点问题列表，将最常提问的问题排在最前面，其他问题可按一定规律排列，问题较多时可按字典顺序排列。

（4）对于一些复杂的问题，可对答案中的关键词再设置超链接，便于了解一个问题的同时还可以方便地找到相关专题的问题。

3. 选择合理的 FAQ 格式

FAQ 在某种程度上代表着企业的形象，因为这是企业服务客户态度的很好体现，所以选择合理的 FAQ 格式也很重要。常用的方法是按主题将问题进行分类，每类问题都有其对应的区域，对于问题较多的主题应设置一个“更多”菜单项，链接到此主题的问题列表页面。分类的方法有以下几种。

（1）按业务流程分类。如淘宝网的 FAQ 问题分类包括：如何成为淘宝用户、成为会员后如何买卖、如何设置和保护账号信息、举报投诉与退款、淘宝辅助软件及增值服务、淘宝规则，如图 7.4 所示。

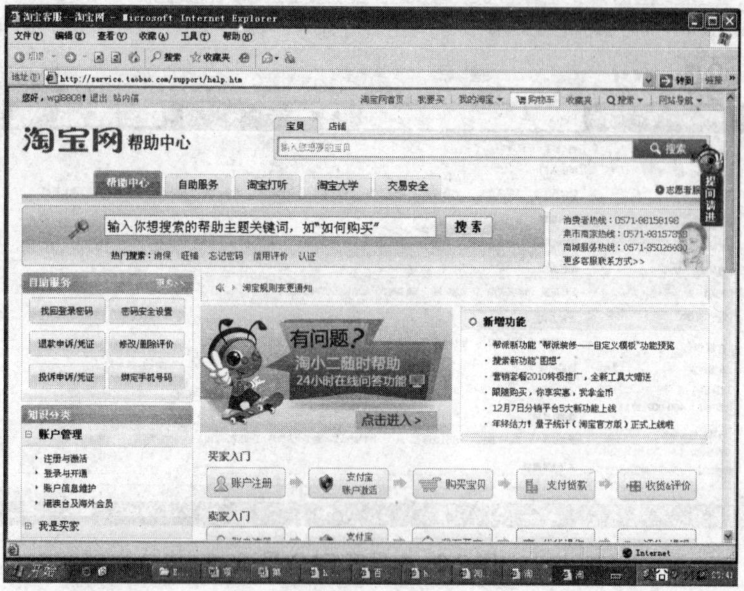

图 7.4 淘宝网的 FAQ 界面

（2）按产品或服务的关键词分类。如京东商城的 FAQ 问题分类包括：购物流程、购物指南、配送方式、支付方式、售后服务、特殊服务等，如图 7.5 所示。

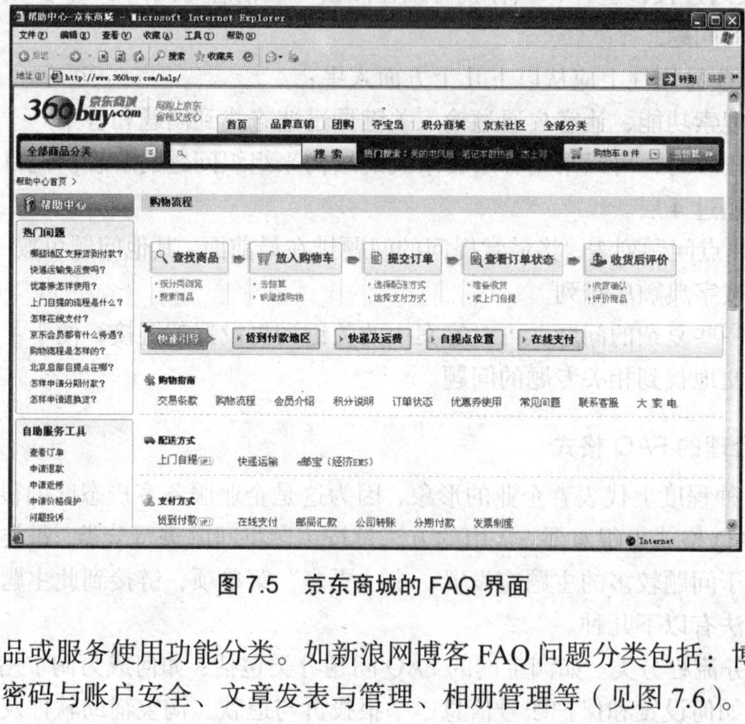

图 7.5 京东商城的 FAQ 界面

（3）按产品或服务使用功能分类。如新浪网博客 FAQ 问题分类包括：博客新版介绍、开通与登录、密码与账户安全、文章发表与管理、相册管理等（见图 7.6）。

（4）按照问题的特点来分类。如 Baidu 竞价排名的 FAQ 问题分类包括：常见问题、最热门问题、经典问题等。

4．信息披露要适度

FAQ 为客户提供了企业有关的重要信息。但是，企业不必把所有产品、服务及企业的经营情况公开出去，这样做虽然表现了企业对客户的真诚，但对客户却没有太大的好处。而且，这给了竞争对手窥探企业核心技术的机会，对企业不利。所以，信息披露要适度，这个“度”应以对客户产生价值又不让竞争对手了解企业的内部事情为准。所以企业 FAQ 的设计，只有做到恰到好处，才能使企业和客户双赢。

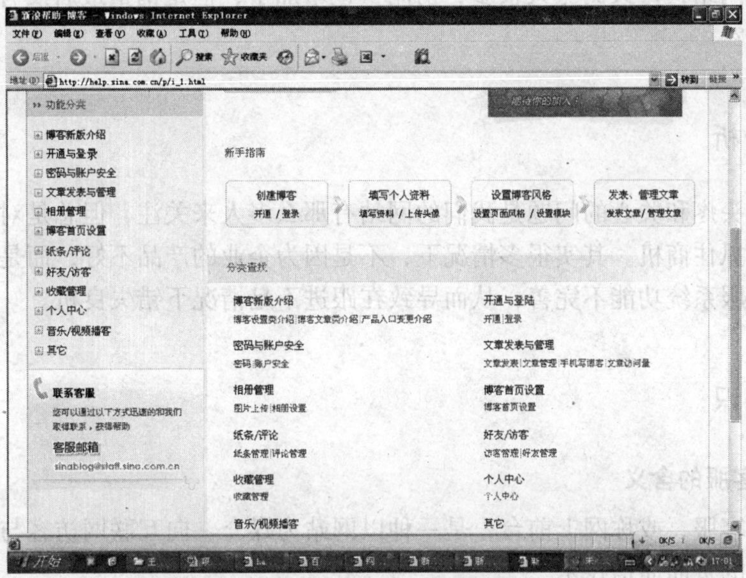

图 7.6　新浪网博客 FAQ 界面

5．客户 FAQ 的搜索设计

顾客搜索所花的时间可以分为两个层面：第一层面是搜索工作实际所花的时间；第二层面则是顾客的心理时间，这一时间层面更加重要。有时即使有了 FAQ 的帮助，一些顾客还是不能解决问题，这时就需要一些搜索工具。

设计 FAQ 搜索时需考虑以下两点。

（1）搜索功能应适应网站的需求。对小网站来说，使用简单的搜索方案即可。特别小的网站则设计一个较好的目录表就能解决问题；较小的网站则只需一份较为详细的索引；较大一些的网站可以匹配一套根据字符直接匹配调用文件回取系统帮助搜索。如果网站很大，就需要功能较强的搜索引擎。

（2）从顾客角度设计搜索工具。顾客使用搜索引擎，最关心的是如何迅速地找到自己所要的正确信息，可采用一些有效的方法，让顾客在不使用复杂搜索器的情况下，就能迅速找到所需的准确的信息，这就要求企业在设计 FAQ 时，应从顾客的角度出发考虑问题，从顾客角度设计合适的搜索引擎。一要了解顾客的提问方式；二要设计分步搜索方式；三要把握 FAQ 信息量的适度问题。

任务 24 在线客服系统的应用

任务引入

很多企业都在不断地做网站，不停地宣传自己的产品来提高知名度，但是根据市场调查，客户进入网站，每天浏览人很多，访问量也增加了，但是销量最后没有多大的提升。问题出在哪里？

任务分析

很多企业头疼和关心的问题是我们的网站有那么多人来关注，但总是对销量起不到良性作用，无法抓住商机。其实很多情况下，不是因为企业的产品不好，而是在沟通方面不健全，在线客服系统功能不完善，从而导致在跟进不足情况下错失良机。

相关知识

1. 在线客服的含义

网站在线客服，或称网上前台，是一种以网站为媒介、向互联网访客与网站内部员工提供即时沟通的页面通信技术。

2. 在线客服的作用

（1）增加营销渠道。改变传统电话、邮件、QQ 等客户营销方式，为企业打造主动式营销方式。

（2）增加销售机会。通过在线为顾客分析和解决复杂的问题来增强顾客的忠诚度，进一步提高销售机会和销售量。

（3）降低运营成本。每名在线客服人员可通过无限增加即时的在线服务人数，降低了传统客户服务中通过电话交流所产生的成本。

（4）巩固客户关系。通过与网民在线人性化的交互作用并且以顾客的地址来判断，会发现回头客逐渐增多。

（5）无缝沟通。不用安装任何软件或插件，客户只需轻轻一点，就能够与客服人员进行即时交流，大大降低客户的沟通门槛，提高成交概率。提供了访客来访时间和地理位置的统计信息，企业可以根据这些数据调整销售人力安排、销售区域策略等，为进行市场决策提供了有力的依据。

（6）知识储备。客服可以轻松地通过知识库进行学习；当面对访客的提问时，也可以通过知识库调阅相关资料，快速解答访客问题。

（7）精准营销。客服人员可以从系统中清楚地知道客户正在访问什么，感兴趣的是什么，并做好充足的准备。

（8）快捷回复。将常用的对话内容和网站地址进行分类整理，轻松地对不同的访客快速应答，体现专业，节省效率。

（9）实时监管。管理人员能够实时地对客服人员的工作进行监控，并查看访客对客服的满意度评价。这是比较常见的一些功能，如免费电话功能等。

3. 网站商务通的含义

网站商务通是一款国内领先的企业级的网站实时在线客服系统，网站访客只需单击网页中的对话图标或链接，无须安装或者下载任何软件，就能直接和网站客服人员进行即时交流。为企业发掘更多的潜在客户，捕捉转瞬即逝的商机，降低运行成本，提高工作效率，获得用户的咨询与反馈信息，提升客户满意度，是企业进行在线咨询、在线营销、在线客服的有力工具。

网站商务通可以帮助网站开展在线销售、实时客服、流量统计和网站管理等工作，变流量为销量，变访客为顾客，帮助企业选择更佳的推广方式，做到投入收益最大化。网站商务通提供强大的报表功能，为优化网站、优化推广策略、加强客服管理和销售策略改进等方面提供了重要依据。

4. 呼叫中心的含义

呼叫中心，也称客户服务中心。在实施客户关系管理中，现代企业多以呼叫中心的形式建立与客户交往的窗口。呼叫中心是客户关系管理中的一个核心组成部分，也是客户关系管理中的信息支持平台。它充分利用了通信网络和计算机网络的多种功能集成，构建一个完整的综合服务系统，能方便、有效地为客户提供多种服务，如 24 小时不间断服务、多种交流方式等。

呼叫中心能事先了解客户信息并安排合适的业务到访问客户表，将客户的各种信息存入业务数据仓库以便共享等；也能够随时为客户排忧解难，同时还可将销售、服务、市场和交货情况等信息及每个顾客的交易集合在一起，为各部门的人员提供实时的信息。它还能提供客户投诉记录、解决情况及产品和服务的质量情况等。

案例　呼叫中心在中国家电业中的应用

家电行业是中国市场化程度最高的行业之一，它在市场经济的冶炼中逐渐成熟，并逐步走向国际市场。在经历了以降价、技术创新为主要手段拼抢市场份额的家电战之后，竞争形式逐渐升级。国内家电企业更多地将目光转向了客户服务，国内有 2/3 的企业开通了客户服务热线，客户服务的提升不仅仅需要在企业观念上的转变，还需要运用现代技术手段未完成。实践证明，最有效的手段是呼叫中心。在国内，联想、海尔、TCL 与美的等大型企业已经成功运用呼叫中心，为客户服务，从而提高了品牌价值，呼叫中心在家电行业的出现是家电企业提升客户服务水平的标志。

5．即时通信的含义

即时通信已经成为最流行的网络通信方式。它集成了电子邮件、博客、音乐、电视、游戏和搜索等多种功能，既可以实现在线聊天、文件传送，还可以进行视频传送，实现可视交谈。即时通信不再是一个单纯的聊天工具，它已经发展成集交流、资讯、娱乐、搜索、电子商务、办公协作和企业客户服务等于一体的综合化信息平台。现在国内的即时通信工具有 UcSTAR、E 话通、QQ、UC、商务通、网易泡泡、盛大圈圈、淘宝旺旺等。

任务实施

1．网站商务通在线客服系统的应用

网站商务通在线客服，又称网站呼叫中心，提供实时销售、客户服务。实现网络呼叫中心平台，立即应答，即时对话交流。网站商务通在线客服是网站实现在线客户服务的最佳系统解决方案，使网络营销、企业即时通信、在线支持、技术服务变得人性化，为公司节省成本，提高客户满意度。网站商务通在线客服作为企业网站商务应用解决方案，提高销售额，降低客户支持的成本，增强客户的信心。实时监测网站的访问动态，访问统计分析报表。

网站商务通在线客服系统如图 7.7 所示。

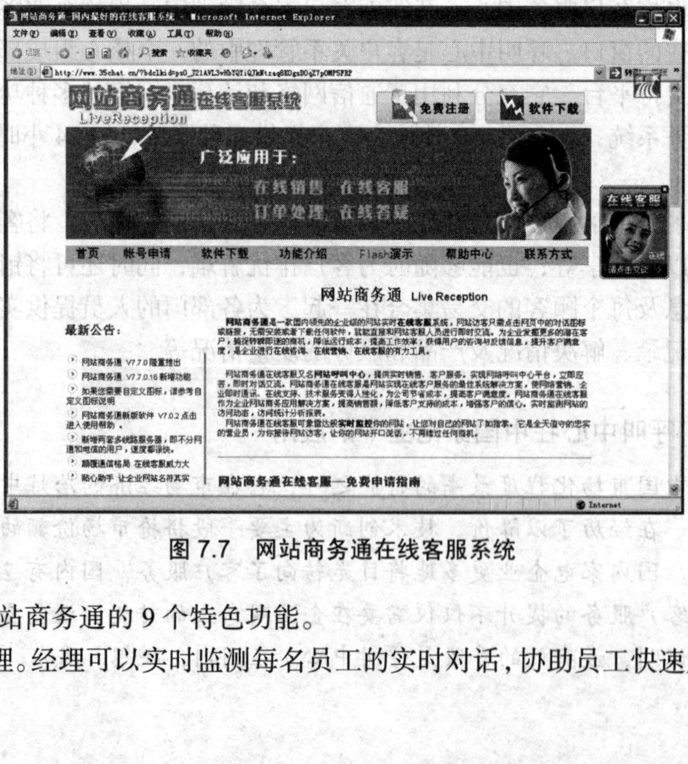

图 7.7 网站商务通在线客服系统

下面介绍网站商务通的 9 个特色功能。

（1）实时管理。经理可以实时监测每名员工的实时对话，协助员工快速成长（见图 7.8）。

（2）呼叫中心。呼叫中心也就是可以实现按部门或服务项目将对话分组功能，可以实现在同一个对话窗口中访客可以任意呼叫想与之对话的部门（见图 7.9）。

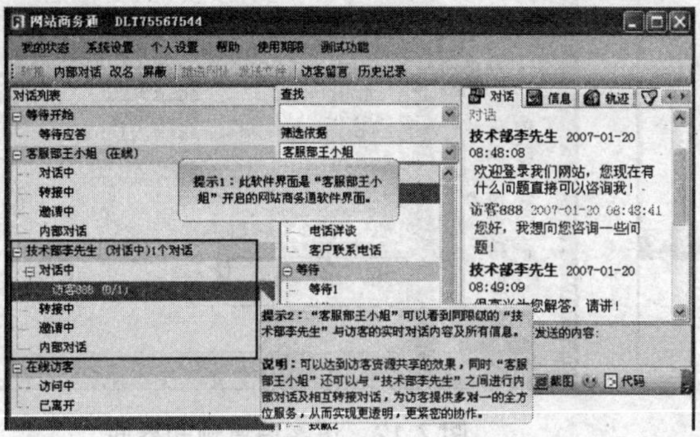

图 7.8　实现“实时管理”操作界面

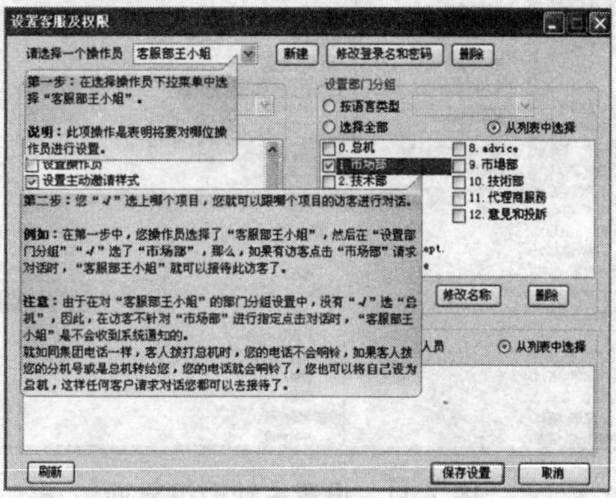

图 7.9　以“客服部王小姐”为例，进行设置操作界面

（3）数据挖掘。强大的数据资源是网站商务通软件的一大特色，网站商务通软件会对每位访问网站的访客做一个详细的数据备份，从它自身的一系列资料到对话及其在网站上所做的任何操作情况都在数据库中做备案，并且可以随时在“历史记录”中查询及导出报表（见图 7.10）。

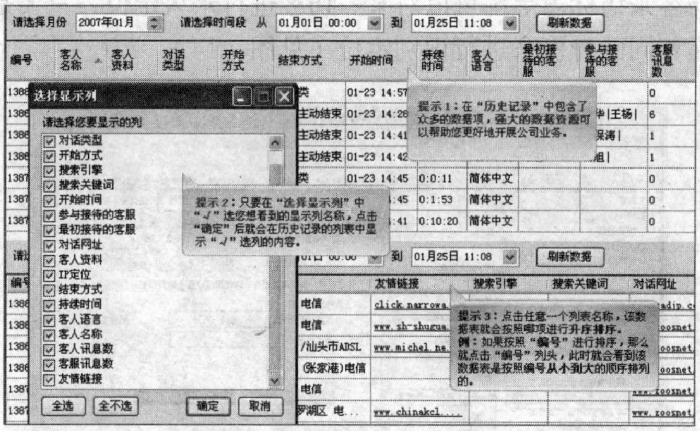

图 7.10　数据列表资源界面

（4）主动邀请。可以有效地使主动邀请功能更具人性化，更易于打破访客的心理防线，它可以对访客的语言、看到的邀请语及邀请界面进行有针对性的设置，使访客能够在第一时间接受服务（见图 7.11）。

（5）访客消息预知功能。这是指访客在对话窗口中输入并未发送的内容可以在网站商务通客服端软件中预先看到，以便于提早对访客想说的话进行判断处理（见图 7.12）。

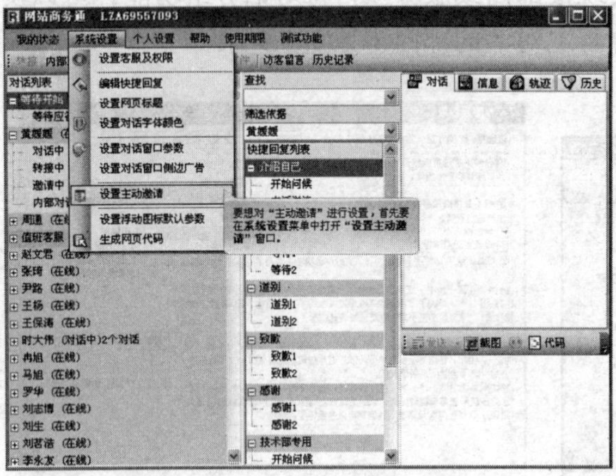

图 7.11 设置主动邀请界面

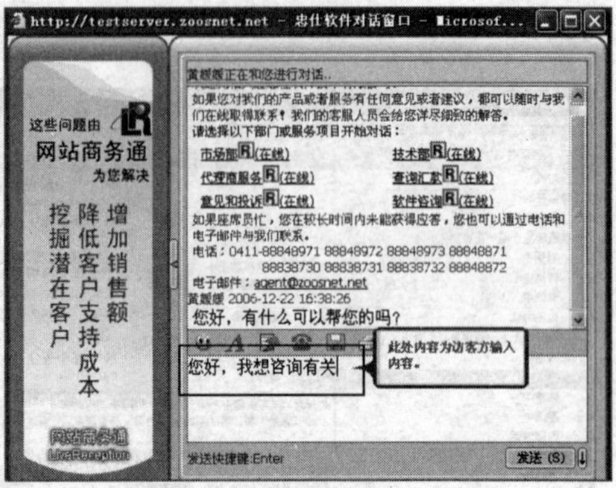

图 7.12 访客消息预知界面

（6）联系人管理功能。这是相当于一种客户管理软件，拥有客户管理软件的基本功能。可以标注客户的昵称、电话、QQ、MSN、地址、单位、重要级别、业务类型、所属客服等等相关信息。选中一个联系人，在右侧的标签栏中“联系人管理”标签。在此标签中可以对选中的访客进行各项操作（见图 7.13）。

（7）永久识别功能。可以通过几个方面来体现，如访客名称的永久识别、历史记录的永久保存，以及访客来访标志等都可以对某一访客进行永久定位，只要是在同一电脑上的操作，都被认为是相同的身份来进行识别定位（见图 7.14）。

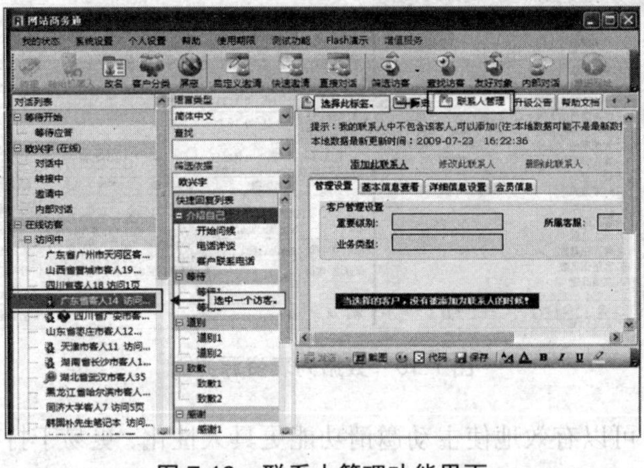

图 7.13 联系人管理功能界面

（8）轨迹跟踪。能帮助客服了解客人更多的意向，也能帮助网站优化网站流程；还可通过简单的设置，以更友好的名称来标示访客的访问轨迹（见图 7.15）。

（9）个性化。提供 13 套模板，并可自定义图标、开场白、广告设置、邀请界面、问候等，全面展示企业形象（见图 7.16）。

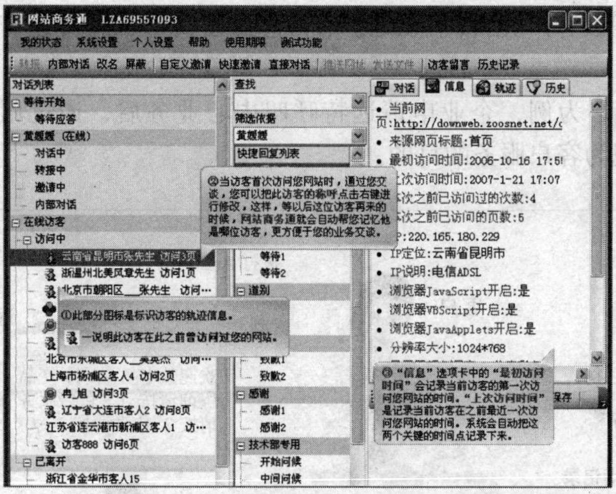

图 7.14　访客访问，对访客进行识别界面

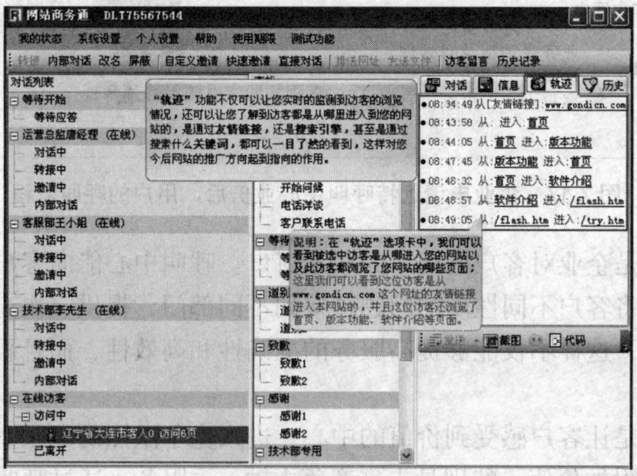

图 7.15　轨迹跟踪的说明及功能界面

图 7.16　个性化设置界面

2．呼叫中心在线客服系统的应用

呼叫中心是企业面向客户的接触平台，它通过电话、电子邮件、网站等各种手段，将客户介入企业。它是企业对客户的统一接触点，能让客户感受到企业的价值。它有助于企

业收集市场信息、积累客户资料；可以维护客户忠诚度，扩大销售；还有助于企业实施 CRM 过程中的流程再造。

以远特呼叫中心为例，企业申请远特呼叫中心业务后，通过用户的呼叫流程（见图 7.17），从而实现为客户服务的目的。

图 7.17 企业申请远特呼叫中心业务后，用户的呼叫流程

（1）呼叫中心是企业对客户的统一的联系窗口。呼叫中心能向客户提供一个明确而且统一的对话窗口，将客户不同性质的问题转接到不同部门，提供一次充足的服务，解决客户寻求帮助的困扰，这样不仅能够提高服务的准确性和高效性，而且赢得了客户的满意和忠诚。

（2）呼叫中心是让客户感受到价值的中心。进入竞争激烈的电子商务时代，企业应更专注于创造客户的附加价值，特别是未来竞争主轴——服务。通过呼叫中心，企业能在产品之外向客户提供更多的附加价值，如个人化咨询服务、24 小时不间断电话服务，这些附加价值有助于协助客户在最需要的时候解决问题，提升客户满意度。

（3）呼叫中心是企业收集市场信息和客户资料的信息中心。呼叫中心是客户关系管理信息的主要来源，呼叫中心为客户提供与企业沟通的多种渠道。有了呼叫中心，企业与市场更接近；通过呼叫中心，企业可以更敏锐地感受市场的实时变化。

1）收集客户的抱怨与建议，作为改善产品及服务品质的重要依据，呼叫中心应定期地将客户的需求及抱怨，整理集中后提供给后台的单位，作为以后进一步改善的参照。

2）呼叫中心可以用来搜集客户的基本资料、偏好与关心的议题，建立客户资料数据库，作为分析市场消费倾向的依据。

3）企业的营销活动，往往可以先通过呼叫中心、网站上参观人潮、客户来信渠道来了解市场动向，提早协调后台活动单位来调整活动规模。例如，当客户响应比预期更热烈，企业就应该及时考虑能否处理过多的订单或活动，提早准备。

（4）呼叫中心能更好地维护客户忠诚度，并进一步扩大销售基础，使“成本中心”转变为“利润中心”

IBM 公司北美地区资深营销专家罗伯特·拉班指出：对 IBM 公司来说，客户满意率每波动 1 个百分点，就意味未来 5 年的销售额增减 5 亿美元。

美国策略谋划所的研究结果：① 高水平的客户满意的公司收益平均以每年 12%的速度增长；② 导向型公司利润以每年 10%的速度增长；③ 汽车行业总公司由于重视和开展用户满意工程，2002 年销量增长 37%；④ 本田 2002 年全国客户满意指数调查名列第一位，当月汽车销量翻一番。

客户的忠诚度往往和售后服务成某种正相关关系，而呼叫中心在快速处理客户的抱怨，协助解决困扰客户的问题，并让客户感受贴心服务这些方面承担着重要的责任。另外，还可以通过向特定的客户推荐特定的产品，满足客户的特定需要，增加销售额。一般，忠诚的客户会更多购买，或愿意购买价格高昂的产品，而面对面的交易成本却更低。而且，忠诚的客户在无形中充当了企业的宣传大使，向其亲朋好友推荐企业的产品或服务。所有这些，都将有助于把呼叫中心由“成本中心”转变成“利润中心”。

由此可见，呼叫中心通过减少向用户提供所需信息的查询与响应的时间，服务在质量方面得到了提高；减少了每次呼叫电话占用的时间，相应地增加了每天处理的电话数，服务在数量方面得到了提高；无须增加服务人员，提高了服务的等级，同时还提高了业务代表的利用率；用户的请求可以立即得到响应，而且不必重复他们提出的问题，增强用户对企业的满意度，不仅能增加企业的收入，更重要的是与客户建立起稳定、良好的关系。

3. 即时通信在线客服系统的应用

即时通信软件除了可以实时交谈和互传信息，不少还集成了数据交换、语音聊天、网络会议、电子邮件的功能。下面以大家比较熟悉的腾讯 QQ 为例。

（1）文字聊天。聊天功能是 IM 软件最基本，也是最重要的功能，基本上每种 IM 软件在这个功能上的操作都差不多：如果用户想与联系人进行聊天，可以双击 IM 中联系人的头像，在弹出的对话框中敲入文字信息发送即可。当然还有一些 IM 工具有自己的独特的文字聊天特点，QQ 就可以给不在线的朋友发送信息，对方下次上线的时候可以收到，MSN 不具备这样的功能。

（2）语音聊天。QQ 和 MSN 都提供了实时语音聊天，通过后双方不仅可以用文字聊天，还可以直接讲话。此外 QQ 还有传送语音功能，利用此功能可以传送语音信息。首先用鼠标左键单击在线好友的头像，选择“传递语音”命令，然后就会弹出一个对话框，录音以后就可以发送了（见图 7.18）。

（3）传送文件。IM 软件能点对点地传输文件，有时候利用此功能要比使用 E-mail 方便许多，当然此项功能必须在对方在线时才能使用。在 QQ 的好友头像上单击右键，选择“传送文件”，选定要传送的文件，单击发送，等待对方接受请求。此外，ICQ 的文件传送功能还支持类似断点续传的功能，不必担心文件传送过程中发生突然中断的情况（见图 7.19）。

图 7.18　QQ 语音聊天功能

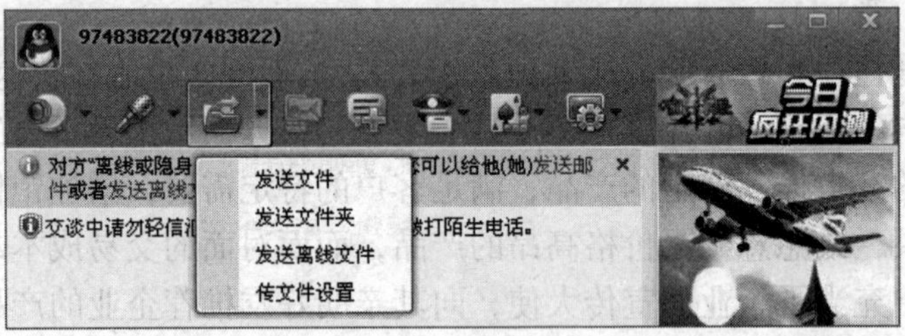

图 7.19　QQ 传送文件功能

（4）拨打电话。在 MSN Messenger 中提供了 PC-PHONE 的拨打电话功能，可以在 MSN Messenger 软件主窗口中，单击操作窗口“我想”下面的“拨打电话”或者用鼠标右键单击要呼叫的人的名字，单击“拨打电话”，就可以开启拨叫电话功能。但在进行电话呼叫之前必须注册语音服务提供商。

（5）远程协助。远程协助可以将电脑的控制权分享给对方以便对寻求协助者提供帮助，通过它，对方可以很容易地控制寻求协助者的桌面。它的功能主要体现在应用程序共享、远程协助、白板共享、寻求远程协助等方面。由于这一功能非常强大，在寻求协助的过程中系统会多次提醒并给出选择，请用户在使用这一功能时多加小心，确认对方是否可靠（见图 7.20）。

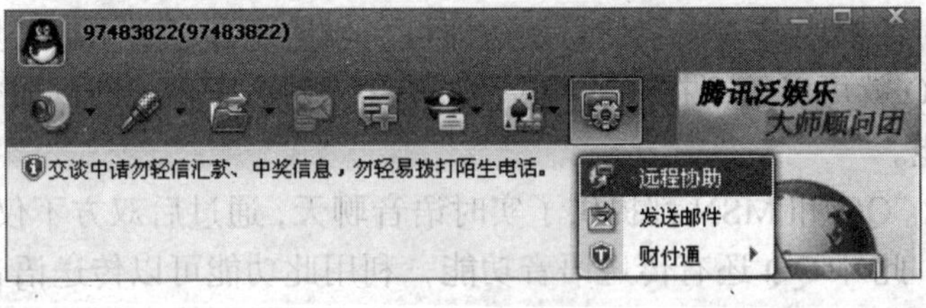

图 7.20　QQ 远程协助功能

（6）视频聊天。如果你的网速够快，又有摄像头的话，完全可以用 IM 软件来代替 Netmeeting 了，在聊天的同时，不仅可以通话，还可以看到对方的图像、表情，倍感亲切，给你带来一份全新的感受。MSN 对视频聊天功能支持不错，设置和使用也非常简单，右击好友中“开始视频对话”就完成操作，非常方便。这里有必要提一下国内刚刚被 263 收购的 E 话通，其在这个功能上也有不错的造诣（见图 7.21）。

图 7.21　QQ 视频聊天功能

（7）邮件辅助。IM 和 E-mail 是我们在网上最常用的两种工具，如今不少 IM 软件将两者作了完美的结合。在 QQ 中你可以直接给自己的好友发邮件，而无须再输入 E-mail 地址；此外对于自己的信箱 QQ 还有检查新邮件功能，在“系统参数”中设置你自己的 E-mail，填好 POP3 地址，你可以选择定时检查时间，QQ 就会自动检查有否新邮件到达。对于 MSN Messenger 来说它的邮件功能就更强大了，使用 MSN Messenger 必须有一个邮件账号，每次当你的 MSN Messenger 登录成功时，在右下角自动弹出一个窗口，里面写有该 E-mail 账户内的信件状况，在使用过程中如果你的邮箱中有了新邮件，马上会冒出一个提示窗。在邮件功能上 QQ 邮件还不如 MSN 提供的 Hotmail 邮件功能强大。

（8）发送短信。目前 IM 与各种移动终端设备的结合也越来越多。使用 QQ 向手机发送短信需要手机开通移动 QQ 服务，单击对方头像图标，在打开的快捷菜单中选择“发送短信”命令，在打开的对话框中输入信息，然后单击发送即可完成，这时对方的手机就可以收到一个消息。MSN 在境外提供此功能，目前由于运营商的原因，中国国内还不提供此功能。

（9）浏览咨询。有的朋友上网只是使用 QQ 聊天，其实用 QQ 也可以很方便地看到每日最新的新闻。单击 QQ 面板中的“资讯通”按钮：“新闻”、“IT 科技”、“证券”、“体育”、“娱乐”……共十二大类新闻信息。你愿意看哪方面的新闻，就单击相应的图标，则出现“资讯通”界面，自动提取出当日新闻标题。通过这些标题，你可以快速地选择出自己感兴趣的新闻，单击就可以调用浏览器读取了。这样的功能有比 MSN 的外挂软件 MSN SHELL 等，也具备新闻之类的功能（见图 7.22）。

图 7.22　QQ 资讯通

（10）档案管理。你用 IM 久了，就会发现上面的好友越来越多，和好友的对话也越来越长，时常想把自己的重要聊天资料备份或者整理一下自己的好友列表。这时你可以用 QQ

档案管理中的消息管理器把所有聊天记录，包括手机短信保存成为一个 BAK 或 TXT 文件，下次用“导入”功能把聊天记录导入到 QQ。好友管理和消息管理使用相同的界面，可以相互切换，在好友管理界面中可以对好友进行排序、查看资料、转移好友等，在这里管理好友比较方便，比在 QQ 面板中拖动要方便许多。你可以根据昵称、号码、年龄、性别、最后聊天时间对好友进行排序，十分方便。对于 MSN Messenger 来说如果想实现聊天记录的保存和好友档案的整理还需要借助第三方的软件来实现。

除了以上几种常用的客户关系管理工具之外，还有网络社区、论坛等工具应用于客户关系管理，为企业规划、设计和实施奠定了坚实的基础。

技能训练

【技能训练 1】企业客户服务分析

1．实验目的

（1）了解企业网站在线客户服务的常用手段；

（2）分析在线顾客服务的应用状况和主要问题。

2．实验内容和步骤

（1）从备选企业网站中任意选择一个，登录其网站进行浏览，加深对其提供的产品或服务及企业基本情况的了解；

（2）观察该企业网站提供的客户服务方式，从其类型、内容的质量、回复咨询的时间等指标来分析其客户服务手段是否完善；

（3）了解该企业网站提供的服务内容，结合该企业产品或服务分析所提供的服务内容能否满足客户需要；

（4）对该企业网站在线客户服务进行总体评价，并提出自己的意见。写出实验报告。

【技能训练 2】利用 Outlook 与客户沟通

【实训目的】

通过实训熟练掌握 Outlook 2003 中文版软件的启动与退出、设置电子邮件账户、设置接收与发送邮件的相关选项及添加联系人、起草、发送和接收邮件、设置和取消提醒事项及自动回复等操作的方法和技巧。利用这些操作和技巧，可以有效地实现对各邮件账户的统一管理，以进一步提高工作效率。

【实训内容】

利用 Microsoft Office Outlook 2003 的基本功能，实现与客户间的电子邮件交换，建立起与客户间的沟通平台。

【实训步骤】

1．启动 Outlook 2003 中文版软件（见图 7.23）。

2．设置电子邮件账户。

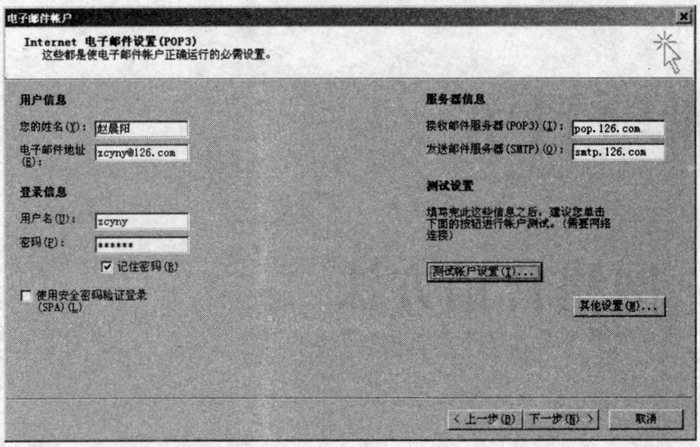

图 7.23　启动 Outlook 2003 中文版软件

3．设置接收与发送邮件的相关选项，以便有效地控制垃圾邮件和病毒。

4．在 Outlook 中添加联系人（见图 7.24）。

姓名	地址	联系电话	电子邮件
陈晓斌	天津市第五制药厂办公室	13875697201	cxb@tjdwzy.com.cn
宋书亮	北京市鹏程房地产开发有限公司市场部	13313295201	ssl@pcdc.com.cn
张　程	天津市统计局数据交换中心	13547289756	zc@tjtj.gov.cn
李源洪	唐山市第六陶瓷厂财务部	13467432524	lyh@tsdltc.com.cn
郑　祥	包头市无线电二厂信息中心	13013587659	zx@btwxec.com.cn
赵旭明	北京宏祥电器经销有限公司结算部	15930487323	zxm@bjhxdq.com.cn
刘海静	沈阳市新东方购物广场市场联络部	13745423432	lhj@syxdf.com.cn
吴广鑫	大连市新兴服装有限责任公司产品研发部	13567685759	wfx@dlxxfz.com.cn
杜方洁	石家庄市天浩电子广场采购中心	13833216761	dfj@sjzthdz.com.cn
任天宇	太原市新晟地毯有限公司产品部	13014355558	rty@tyxcdt.com.cn

图 7.24　在 Outlook 中添加联系人

5．利用 Outlook 起草新邮件。

6．设置邮件的跟踪选项。

7．利用 Outlook 发送和接收邮件。

8．利用 Outlook 阅读邮件。

9．设置邮件自动回复功能。

10．为邮件添加提醒事项。

11．后期处理及提醒标志的取消。

思考与练习：

在本实训的基础上，完成如下练习。其中要重点练习 Outlook 2003 中文版软件提供的设置电子邮件账户、设置接收与发送邮件的相关选项、起草、发送和接收邮件、设置和取消提醒事项及自动回复等操作。

—— 实训项目 8

网络营销方法

任务 25 网络广告的发布

任务引入

李明是一家公司广告部的工作人员，公司要通过网络广告形式宣传企业的产品，那么，李明怎样才能完成领导交给的工作任务呢？下面我们帮助李明完成这个任务。

任务分析

网络广告具有得天独厚的优势，是实施现代营销媒体战略的重要部分。Internet 是一个全新的广告媒体，速度快、效果好，是中小企业扩展壮大的很好途径，对于广泛开展国际业务的公司更是如此。广告主通过 Internet 发布企业的广告，企业可以根据自身的需求，从中选择一种或几种方式。

相关知识

1. 网络广告的概念

网络广告就是在网络上做的广告，主要是通过利用网站上的广告横幅、文本链接、多媒体等方法，在互联网上刊登或发布广告，通过网络传递到互联网用户的一种高科技广告运作方式。与传统的四大传播媒体（报纸、杂志、电视、广播）广告及近来备受垂青的户外广告相比，网络广告具有得天独厚的优势，是实施现代营销媒体战略的重要部分。

2. 网络广告的形式

（1）网幅广告（Banner、Button、通栏、竖边、巨幅等）。网幅广告是以 GIF、JPG、Flash 等格式建立的图像文件，定位在网页中大多用来表现广告内容，同时还可使用 Java

等语言使其产生交互性，用 Shockwave 等插件工具增强表现力。我们可以把网幅广告分为三类：静态、动态和交互式（见图 8.1）。

图 8.1　网幅广告

（2）文本链接广告。文本链接广告是以一排文字作为一个广告，单击可以进入相应的广告页面。这是一种对浏览者干扰最少但较有效果的网络广告形式。有时候，最简单的广告形式的效果却是最好的（见图 8.2）。

图 8.2　文本链接广告

（3）电子邮件广告。电子邮件广告具有针对性强（除非肆意滥发）、费用低廉的特点，且广告内容不受限制。特别是针对性强的特点，它可以针对具体某个人发送特定的广告，但首先需要收集接收者的电子邮件地址，收集方法包括自己收集电子邮件地址、购买没有分类或分过类的电子邮件地址。在收集了一定的电子邮件地址后，按照被推广对象的推广内容有针对性地建立邮件列表，有规律地发送相关新闻、产品信息等，以加深受众对被推广对象的印象，扩大被推广对象的影响力（见图 8.3）。

（4）按钮广告。按钮广告也称为图标广告，其脱胎于旗帜式广告，尺寸小于旗帜式广告。每个按钮的表现内容比较灵活（见图 8.4）。

（5）赞助式广告。赞助式广告是网络广告形式的一种，有三种形式：内容赞助、节目赞助与节日赞助。广告主可对自己感兴趣的网站内容或节目进行赞助，或在特别时期（如世界杯）赞助网站的推广活动（见图 8.5）。

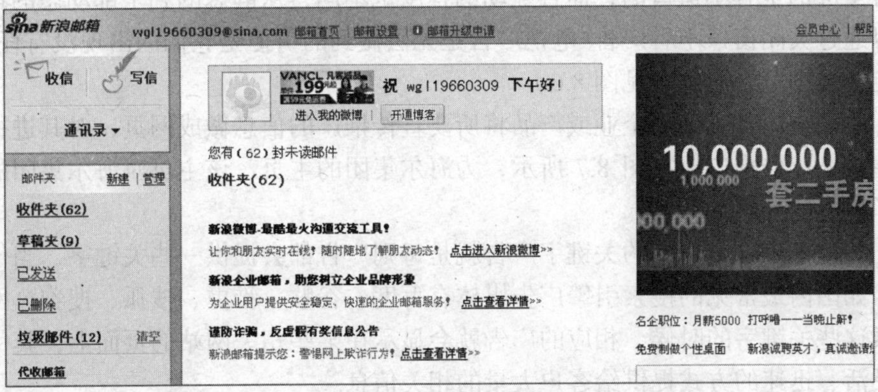

图 8.3　电子邮件广告

图 8.4　按钮广告

图 8.5　赞助式广告

（6）与内容相结合的广告。广告与内容的结合可以说是赞助式广告的一种，从表面上看起来它们更像网页上的内容而并非广告。在传统的印刷媒体上，这类广告都会有明显的标示，指出这是广告，而在网页上通常没有清楚的界限。

（7）插播式广告（弹出式广告）。访客在请求登录网页时强制插入一个广告页面或弹出广告窗口。它们类似电视广告，都是打断正常节目的播放，强迫观看。插播式广告有各种尺寸，有全屏的也有小窗口的，而且互动的程度也不同，从静态的到全部动态的都有。浏览者可以通过关闭窗口不看广告（电视广告是无法做到的），但是它们的出现没有任何征兆，而且肯定会被浏览者看到（见图 8.6）。

（8）主页型广告。许多企业或产品将所要宣传推广的信息做成网页，对其进行详细介绍，即主页型广告推广。如图 8.7 所示，为海尔集团的主页，该主页对海尔集团的各方面业务做了详尽的介绍。

（9）关键字广告。所谓的关键字广告就是每则广告都会提供一些关键字，当你使用搜索引擎（如国内最常见的搜索引擎广告媒体有百度、谷歌、雅虎、搜狐、搜狗、网易有道等）搜索这些关键字的时候，相应的广告就会显示在某些相关网站的页面上，其优点是以快捷、灵活、迅速的方式提供给客户大量的相关信息。

图 8.6　插播式广告

图 8.7　主页型广告

关键字广告是一种文字链接型网络广告，通过对文字进行超级链接，让感兴趣的网民单击进入公司网站、网页或公司其他相关网页，实现广告目的。链接的关键字既可以是关键词，也可以是语句。

除此之外，还有图片广告推广、浮动式广告推广、视频广告推广、新闻组广告推广、屏保广告推广等形式，因教材篇幅有限，不再一一介绍。

任务实施

1. 网络广告的发布途径

网络广告的发布途径有很多，企业应根据自身的需要，从中选择一种或几种形式以取得最佳效益。

（1）利用企业的网站发布广告。利用自己网站发布广告是最常用的发布网络广告的方式之一。对于大多数企业来说，是一种必然的趋势（见图 8.8）。

（2）利用著名网站发布广告。这也是目前常用的网络广告发布方式。互联网上的网站成千上万，为达到尽可能好的效果，应当选择合适的网站来投放自己的广告，下面两条可作为选择投放广告网站的基本原则。

1）选择访问率高的网站。互联网上有许多访问流量较大的网站，它们一般都是些搜索引擎或较有影响的ICP，如搜狐网站等（见图8.9）。

2）选择有明确受众定位的网站。互联网上还有许多专业性的网站，其特点是访问人数较少、覆盖面也较窄，但访问这些网站的网民可能正是广告的有效受众（见图8.10）。

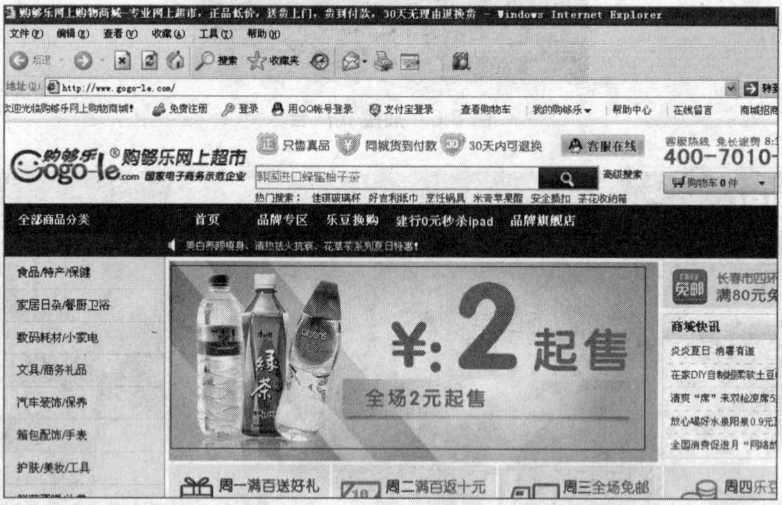

图8.8 购够乐网上商城

图8.9 搜狐网站首页界面

（3）在搜索引擎上发布关键词广告。关键词广告，也可称为搜索引擎广告、付费搜索引擎关键词广告等。关键词广告让付费公司有权根据用户在搜索引擎上输入查询关键词，在查询结果中刊登自己的广告。现在主要的搜索引擎，不论是百度、谷歌、雅虎、美国在线，还是微软的 MSN，都对外出售关键词，因此关键词广告是最有影响力的付费搜索引擎的营销方法之一（见图 8.11）。

图 8.10　专业的分类广告服务网站

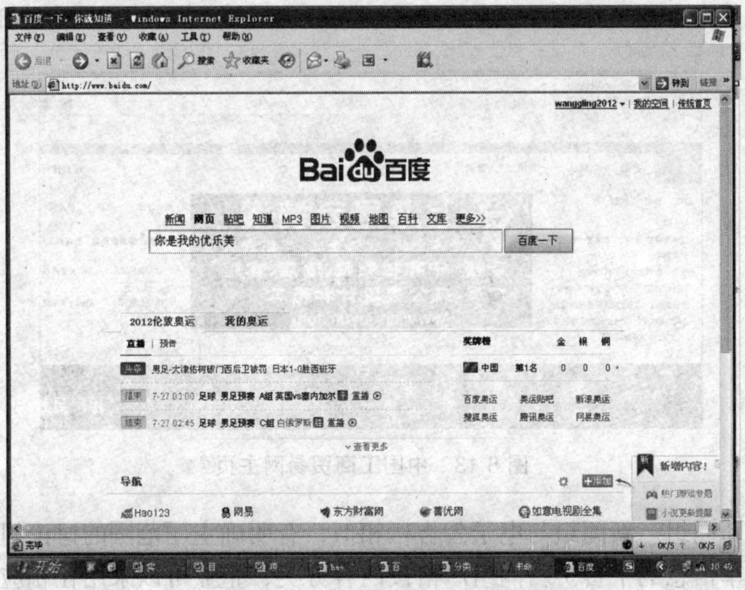

图 8.11　百度关键词广告

（4）在服务商网站的黄页上做广告。在雅虎等专门提供检索服务的网络服务商站点上，查询是按照类别划分站点的，站点的排布形式如同电话黄页一般。这些网站会在网页上为企业留有发布广告的位置，企业可以在此发布相关的广告（见图 8.12）。

图 8.12 中国化工网-化工综合服务商

（5）加入企业名录链接自己广告。一些政府机构或行业协会网站会将一些企业的信息吸收进其网站主页中。例如，由国家发展和改革委员会主管、中国信息协会担任指导单位的中国工商贸易网站主页中就有“企业网站特别推荐”栏目，栏目以滚动名录的方式展示企业的名称，单击企业名称后可以直接链接到企业的网站主页上（见图 8.13）。

图 8.13 中国工商贸易网主页

（6）利用新闻组。新闻组与电子公告栏相似，有明确主题范围的讨论组是一种很好的讨论交流和分享信息的平台。新闻组严格按内容分类，企业可以采用在相应类别新闻组发起关于产品讨论话题的方式进行广告宣传。这种方式广告形式隐藏，不易造成反感，传播效果好（见图 8.14）。

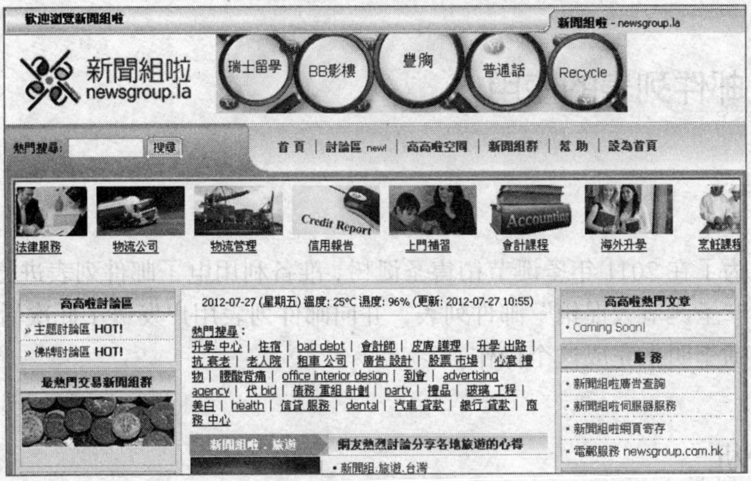

图 8.14　香港新闻组

（7）利用虚拟社区。任何用户只要遵循一定的礼仪都可以成为网上虚拟社区的成员，并可以在上面发表自己的观点和见解，因此，可以在虚拟社区发表与公司产品相关的评论和建议，起到良好的免费宣传作用。但要注意，应该严格遵守相关的网络礼仪。

（8）利用电子邮件或邮件列表。企业可以像传统营销中发送邮寄广告一样以 E-mail 的方式向网上用户发送产品或服务的信息。邮件列表是在向用户提供有价值信息的同时附带一定的产品或服务的信息。虽然两者在操作策略上略有不同，但是没有本质的区别。在利用电子邮件发送广告时应注意：要事先得到用户的许可，如利用注册会员的方式；在发送的 E-mail 邮件广告时应明确发件人的地址，允许用户拒绝接收邮件（见图 8.15）。

图 8.15　利用电子邮件向用户发送广告

企业通过互联网发布广告的方法还有赞助式广告、电子杂志、电子公告板等，随着网络新技术的不断开发，会有更新的发布形式供企业选择，企业应根据整体经营战略、企业文化和广告需求，正确选择广告发布形式。

任务 26　邮件列表的使用

任务引入

李明要在为了在 2011 年圣诞节销售圣诞树，准备利用电子邮件列表进行推广，为此通过 QQ 创建了“圣诞节大促销”邮件列表，并向邮件列表用户发送了此次活动的信息。下面我们就要帮助李明来完成这个操作。

任务分析

邮件列表是 Internet 中非常有用的工具之一，是一种通过电子邮件进行专题信息交流的网络服务。它一般是按照专题组织的，目的是为从事同样工作或有共同志趣的人提供信息，开展讨论，相互交流或寻求帮助。大家根据自己的兴趣和需要加入不同主题的邮件列表，每个列表由专人进行管理，所有成员都可以看到发给这个列表的所有信件。

相关知识

1. 邮件列表

邮件列表是 Internet 上的一种重要工具，用于各种群体之间的信息交流和信息发布。邮件列表是由域管理员创建和管理的，可以作为其他邮箱用户邮件收件人地址的本域内邮件地址的分组的集合。

邮件列表有两种基本形式：公告型的邮件列表。通常由一名管理员向小组中的所有成员发送信息。讨论型的邮件列表。所有的小组成员都可以向组内的其他成员发送信息。

2. 邮件列表类型

（1）公开类型：任何人都可以在列表里发表信件，如公开的讨论组、论坛组。

（2）封闭类型：只有邮件列表里的成员才能发表信件，如同学通信、技术讨论等。

（3）管制类型：只有经过邮件列表管理者批准的信件才能发表，如产品信息发布、电子杂志、电子报纸等。

任务实施

1. 邮件列表的使用

（1）邮件列表的注册。首先登录到希网网络 http://www.cn99.com，如图 8.16 所示。

要新建邮件列表，必须拥有一个网上申请的邮箱，然后单击“新用户注册”先注册会员，如图 8.17 所示。

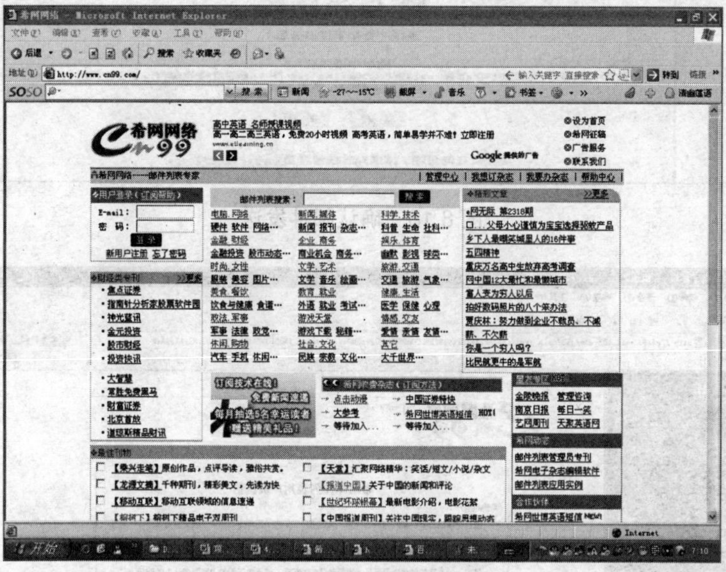

图 8.16　登录希网网络

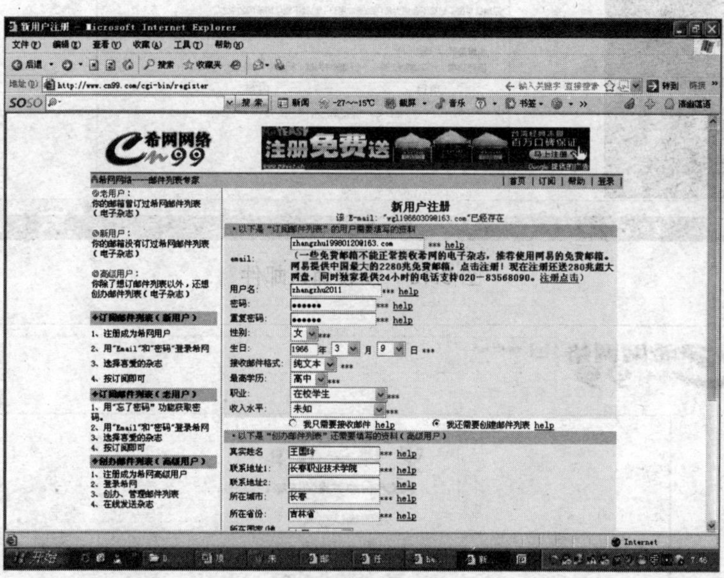

图 8.17　注册会员

会员注册表格填写完成后，会给你发送确认邮件，如图 8.18 所示。稍后可以到自己的邮箱中接收确认邮件，如图 8.19 所示。在确认邮件中单击“确认”按钮，然后系统会自动打开一个新的页面，提示注册完成，如图 8.20 所示。

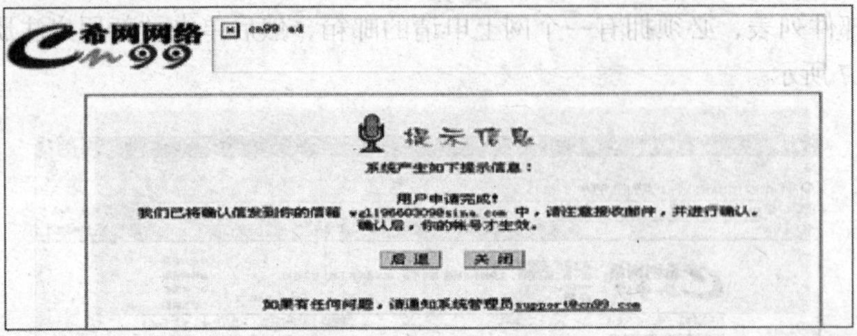

图 8.18 确认邮件发送

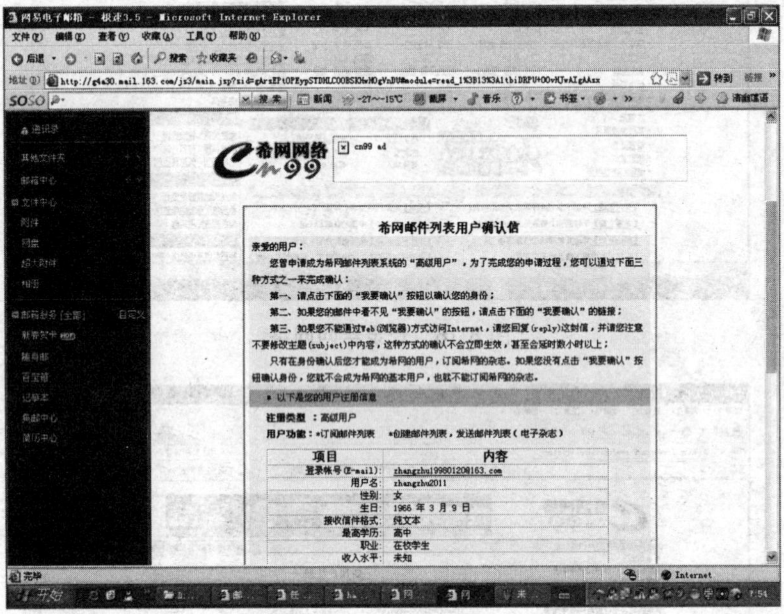

图 8.19 接收确认邮件

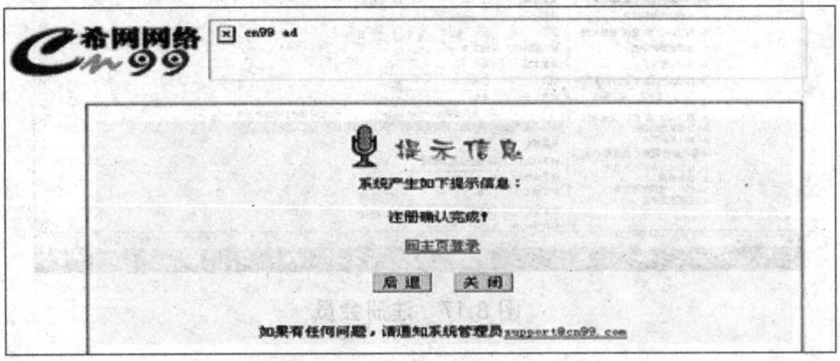

图 8.20 注册确认完成

（2）创建邮件列表。注册完成后，现在你就变成邮件列表的版主了，下面对邮件列表进行管理，首先用邮箱地址登录到希网网络，如图 8.21 所示。

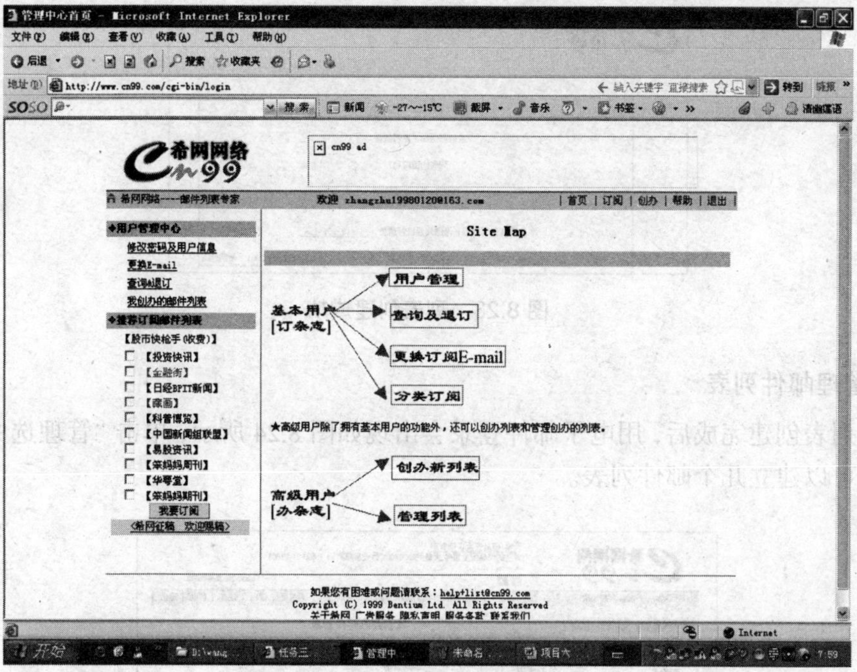

图 8.21　登录希网网络

（3）开始创建邮件列表，单击“我创办的邮件列表”，如图 8.22 所示，填写创建的邮件列表的基本设置（见图 8.23），邮件列表建立完成后，会出现如图 8.24 所示的提示。

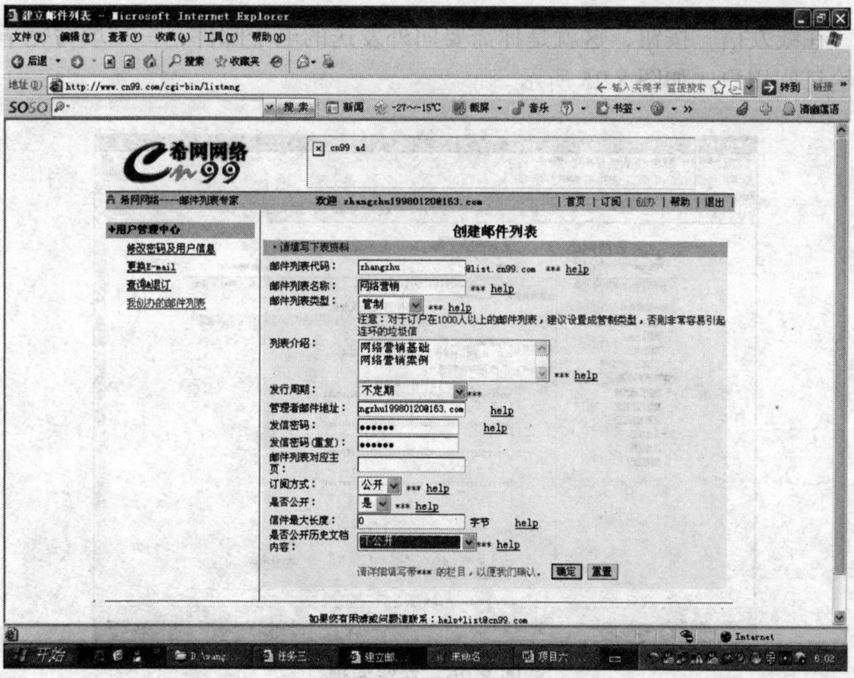

图 8.22　创建邮件列表

图 8.23 列表创建成功

2. 管理邮件列表

邮件列表创建完成后，用电子邮件登录会出现如图 8.24 所示，单击“管理选中的列表”按钮，也可以建立几个邮件列表。

图 8.24 创建的邮件列表目录

单击“在线发信”按钮，这就是你需要向外发送的电子邮件，一旦填写完毕，系统会自动发送给订阅用户，如图 8.25 所示。

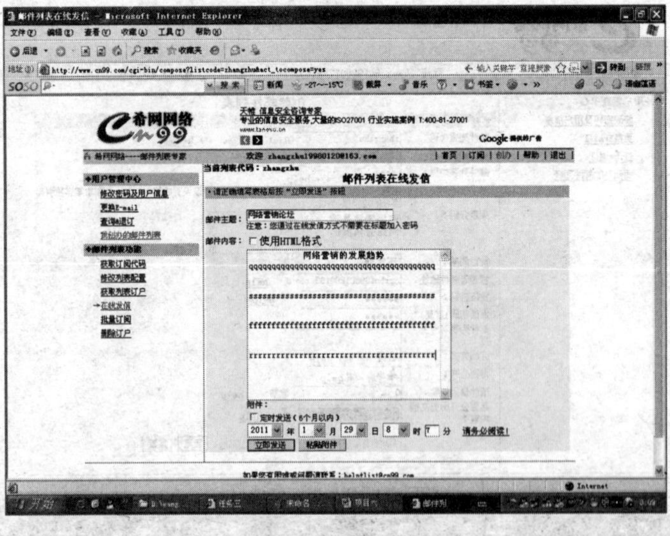

图 8.25 在线发信

如图 8.26 所示，单击“获取列表订户”，系统会自动将订阅你邮件列表的所有用户的邮件地址发到你的邮箱，让你掌握一手客户信息。

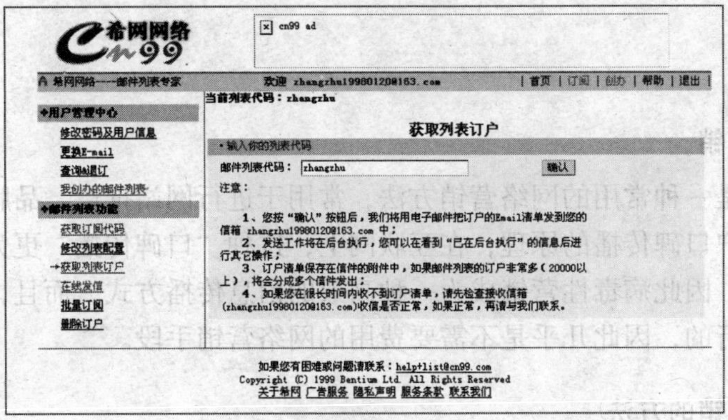

图 8.26　获取列表订户

如图 8.27 所示，单击“批量添加门户”按钮，输入你想推荐订阅你邮件列表的用户的 E-mail 地址，系统会自动向这些用户发送推荐信。

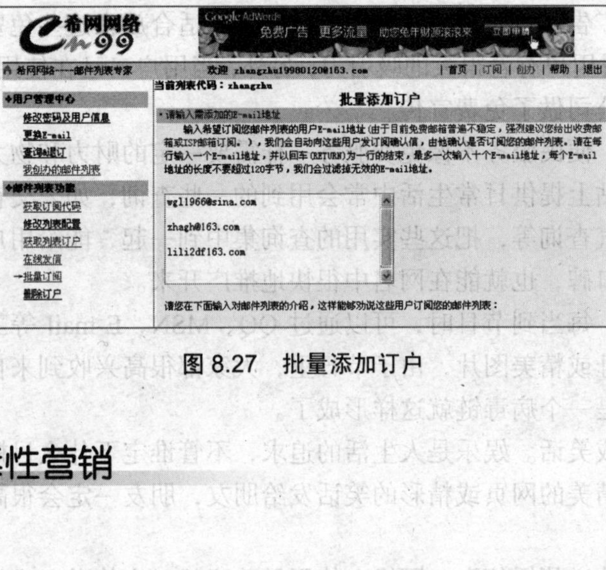

图 8.27　批量添加订户

任务 27　病毒性营销

任务引入

李明要在相关网站利用病毒性营销进行商业信息传递。下面我们就要帮助李明来完成这个操作。

任务分析

病毒性营销并非真的以传播病毒的方式开展营销，而是通过用户之间的主动传播，让信息像病毒一样迅速地传播和扩散，利用快速复制的方式传向数以千计、数以百万计的受众，从而达到推广的目的。

相关知识

1. 病毒性营销

病毒性营销是一种常用的网络营销方法，常用于进行网站推广、品牌推广等。病毒性营销利用的是用户口碑传播的原理，在互联网上，这种“口碑传播”更为方便，可以像病毒一样迅速蔓延，因此病毒性营销成为一种高效的信息传播方式，而且，由于这种传播是用户之间自发进行的，因此几乎是不需要费用的网络营销手段。

2. 病毒性营销的方法

病毒性营销的概念在网络上已经很普遍，大家研究的都是如何做好一个吸引人的内容，希望别人去扩散传播，这种营销实际上是很难的。

（1）免费服务。一些大型的网站或公司会提供免费的二级域名、免费空间、免费程序接口、免费计数器等资源，这些资源中可以直接或间接地加入公司的连接或者其他产品的介绍，也还可以是广告。特别是现在推出的窄告，很适合放在这些免费资源中。由于这些服务都是免费的，对用户有着很大的吸引力，另外，当用户自己在使用并对外宣传的时候，也为提供该服务的公司做了免费宣传。

（2）便民服务。便民服务不像免费服务一样需要一定的财力和物力，比较适合小公司或个人网站。在网站上提供日常生活中常会用到的一些查询，如公交查询、电话查询、手机归属地查询、天气查询等，把这些实用的查询集中到一起，能给用户提供极大的便利，会得到用户很好的口碑，也就能在网名中很快地推广开来。

（3）节日祝福。每当到节日时，可以通过 QQ、MSN、E-mail 等工具向朋友发送一些祝福，并有网页地址或精美图片，由于节日里，大家都很高兴收到来自朋友的祝福也喜欢发祝福给朋友，于是一个病毒链就这样形成了。

（4）精美网页或笑话。娱乐是人生活的追求，不管谁定下什么目标，但最终是为了生活、娱乐，做一个精美的网页或精彩的笑话发给朋友，朋友一定会很高兴而且会很快地发送给他的好朋友。

（5）通过口头传递传播信息。网络上使用最普遍的口头传递方式是告诉一个朋友或推荐给你的朋友等。很多网站在网络广告、新闻信息、电子邮件后面使用类似的语句。对这种方法，各种网站的使用率是不一样的。对于一些娱乐网站，“告诉一个朋友”的使用率可能会高些。但对于大型网站，这类语言的使用率主要取决于所推荐内容的类型和用户群的特点。这种病毒式营销启动成本低并能快速执行，其效果还可以通过引入竞赛和幸运抽奖来增强效果。

（6）利用人际关系网络传播信息。社会学家指出，人际关系网络是由家庭成员、朋友或同事构成的，我们每个人都生活在人际关系网络中，几乎没有人是生活在人际关系网络之外的。根据社会地位的不同，一个人的人际关系网络中可能有几十人、几百人甚至数千人。互联网的网民同样也在发展虚拟社会中的人际关系网络，他们收集电子邮件地址，建立邮件列表与众人沟通，通过洽谈室结交新的朋友。网络营销人员需要充分认识实体社会和虚拟社会中这些人际关系网络的重要作用，通过病毒式营销把自己的信息置于人们的各种关系网络之中，从而迅速地把促销信息扩散出去。

（7）通过“事件策划”营造传播话题。策划运作一个大范围或局部轰动的事件，促使人们热议，或借用本有热点话题演变成二次传播成为变种事件，其特征在于迎合时代人心理需求，如好奇、欲望、需要、贪念、贫乏等。

任务实施

病毒性营销一直是网络营销人员津津乐道的话题。病毒性营销的价值是巨大的，一个好的病毒性营销计划远远胜过投放大量广告所获得的效果，病毒性营销并不是随便可以做好的，有些看起来很好的创意，或者很有吸引力的服务，最终并不一定能获得预期的效果，如何才能取得病毒性营销的成功呢?

1. 病毒性营销方案的规划和设计

病毒只在易于传染的情况下才会传播，在互联网中“免费”一直是最能打动消费者的词语。所以在网络中设计病毒性营销计划，首先要考虑的是提供有价值的免费数字产品和服务来引起消费者的注意，也就是说“病毒”必须独特，使网民对它没有免疫力或免疫力较低。

“病毒”的设计如果感觉不是特别酷，也就不能很好地吸引人们的眼球，也就不具备流行性。像可口可乐“酷儿”以及韩国的“流氓兔”之所以能快速走红，就是因为它们具有这些潜质。

在设计过程中设计人员需要考虑的问题主要有：在网络上什么样的免费产品或服务能吸引网民的注意?什么样的免费产品和服务信息比较容易在网上传播?信息传播与企业的真正营销目的如何巧妙地结合起来?也就是说，进行病毒营销时方案应具备独创性、新颖性、巧妙性。

2. 病毒性营销需要独特的创意

病毒性营销方案要精心设计（无论是提供某项服务，还是提供某种信息）。最有效的病毒性营销往往是独创的。独创性的计划最有价值，跟风型的计划有些也可以获得一定效果，但要做相应的创新才更吸引人。同样一件事情，同样的表达方式，第一个是创意，第二个是跟风，第三个做同样事情的则可以说是无聊了，甚至会遭人反感，因此病毒性营销之所以吸引人之处就在于其创新性。在方案设计时，一个特别需要注意的问题是，如何将信息传播与营销目的结合起来?如果仅仅是为用户带来了娱乐价值（如一些个人兴趣类的创意）

或者实用功能、优惠服务而没有达到营销的目的，这样的病毒性营销计划对企业的价值就不大了；反之，如果广告气息太重，可能会引起用户反感而影响信息的传播。

3．信息源和信息传播渠道的设计

虽然病毒性营销信息是用户自行传播的，但是这些信息源和信息传递渠道需要进行精心的设计，如要发布一个节日祝福的 Flash，首先要对这个 Flash 进行精心策划和设计，使其看起来更加吸引人，并且让人们更愿意自愿传播。仅仅做到这一步还是不够的，还需要考虑这种信息的传递渠道，是在某个网站下载（相应地在信息传播方式上主要是让更多的用户传递网址信息），还是用户之间直接传递文件（通过电子邮件、IM 等），或者这两种形式的结合，这就需要对信息源进行相应的配置。

4．原始信息的发布和推广

最终的大范围信息传播是从比较小的范围内开始的，如果希望病毒性营销方法可以很快传播，那么对于原始信息的发布也需要经过认真筹划，原始信息应该发布在用户容易发现且用户乐于传递这些信息的地方（如活跃的网络社区），如果必要，还可以在较大的范围内去主动传播这些信息，等到自愿参与传播的用户数量比较大之后，才让其自然传播。

5．对病毒性营销的效果也需要进行跟踪和管理

当病毒性营销规划设计实现并开始施实行之后（包含信息传递的情势、信息源、信息渠道、原始信息发布），关于病毒性营销的最终后果在实践上是无法控制的，但并不是说就无须进行这种营销后果的跟踪和治理。实践上，关于病毒性营销的后果剖析是十分重要的，不只能够及时控制营销信息流传所带来的反映（如关于网站走访量的增加），也能够从中发明这项病毒性营销规划能够存在的问题，以及能够改良思绪，将这些经历积攒为下一次病毒性营销规划供参考。

任务 28　搜索引擎营销

任务引入

李明想利用搜索引擎实现企业营销目标，那么，搜索引擎营销是如何来实现的呢？下面我们来帮助他。

任务分析

搜索引擎是网站建设中针对用户使用网站的便利性所提供的必要功能，同时也是研究网站用户行为的一个有效工具。新竞争力认为，高效的站内检索可以让用户快速、准确地

找到目标信息，从而更有效地促进产品/服务的销售，而且通过对网站访问者搜索行为的深度分析，对于进一步制定更为有效的网络营销策略具有重要价值。

相关知识

搜索引擎营销就是根据用户使用搜索引擎的方式，利用用户检索信息的机会尽可能地将营销信息传递给目标用户。

搜索引擎营销得以实现的基本过程是：企业将信息发布在网站上成为以网页形式存在的信息源；搜索引擎将网站 / 网页信息收录到索引数据库；用户利用关键词进行检索；检索结果中罗列相关的索引信息及其链接 URL；根据用户对检索结果的判断选择有兴趣的信息并单击 URL 进入信息源所在网页。这样便完成了企业从发布信息到用户获取信息的整个过程，这个过程也说明了搜索引擎营销的基本原理。

搜索引擎营销主要实现方法包括：竞价排名（如百度竞价），分类目录登录（开放目录，www.dmoz.org），搜索引擎登录，付费搜索引擎广告，关键词广告，TMTW 来电付费广告，搜索引擎优化（搜索引擎自然排名），地址栏搜索，网站链接策略等。

利用搜索引擎工具可以实现四个层次的营销目标：被搜索引擎收录；在搜索结果中排名靠前；增加用户的单击（点进）率；将浏览者转化为顾客。

任务实施

1. 利用搜索引擎网络营销

搜索引擎推广的形式很多，并且更新速度快，但推广方式的核心却是相对恒定的。

（1）在主要搜索引擎进行登录。这种形式的主要操作方法是：在主要搜索引擎上找到网站登录的链接，将网站或相关网页信息进行提交，搜索机器人（Robot）将自动索引所提交的网页。这些主要的搜索引擎向其他搜索引擎和门户网站提供搜索内容。通常来说，若针对的是海外推广，应主要使用谷歌、雅虎，或是其他国家本土相关搜索引擎；若针对的是国内推广，则应主要使用百度。如图 8.28 和图 8.29 即谷歌、百度的网站收录页面。

图 8.28　谷歌网站收录页面

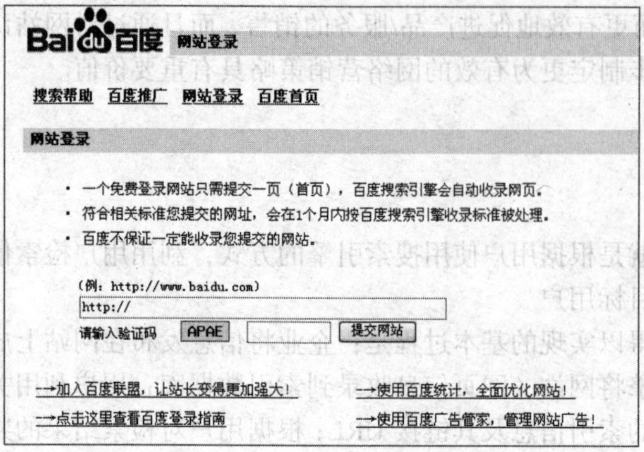

图 8.29 百度网站收录页面

（2）提高在搜索引擎中的排名。在主要搜索引擎中排名领先是搜索引擎推广中最重要的策略，也是搜索引擎优化的结果，提高被推广对象在主要搜索引擎中排名的方法如下。

1）利用关键词。对关键词优化，可以利用热门关键词，并且掌握好被推广网页的关键词密度（一个页面中，关键词占该页面帖的文字的比例），通常关键词密度为 1%～7%最合适；自己的网页尽量与热门关键词关联：还可以利用添加网页标题（Title）、添加描述性 META 标签、在网页粗体文字中添加关键词、在正文第一段添加关键词、为重要关键词制作专门的页面等方法提高被推广对象在搜索引擎中的排名。

2）优化域名。这包括对域名的选择和命名。例如，为域名选择单独的入口地址，尽量在域名中加入易搜索的关键词。

3）为网站（推广对象）创建好的内容。有了好的内容，才有可持续发展的基础。另外，搜索引擎主要理解文本，所以应尽量创建文本形式的内容。

4）使网站（推广对象）方便阅读。对网页设计的优化，这个方便阅读并非指受众对网页的感观阅读，而是指搜索引擎对网页的阅读。例如，每个页面的标题应该是唯一的，并且确保能够正确描述所指定网页的内容；再如，在制作网页的过程中，使用动态的 Flash 或其他 Js 脚本都有可能发生错误，所以应尽量保持 HTML 的简洁性，使每个页面都能够做到稳定、快速地被读取。

5）对网站（推广对象）进行宣传。这包括对链接策略的优化，可使用与其他网站交换链接、在搜索引擎上做广告等许多宣传方式去推广网站，使网站排名在搜索引擎中逐渐提高。

（3）收费排名（竞价排名）。随着搜索引擎推广策略的发展，主要搜索引擎采用收费排名和提交网站的方法获得迅速的发展。

所谓收费排名，通常称作竞价排名，是指通过选定并购买搜索引擎网站关键词，并以其价位来确定网站在搜索引擎某关键词搜索结果页面上的推广位置。这里以百度为例，其他搜索引擎类似，主要有以下问题需要解决。

1）步骤 1：注册百度推广账号。

① 单击百度首页下端的加入百度推广（见图 8.30）。

② 进入百度推广后，单击顶部导航条中的在线申请（见图 8.31）。

③ 填写注册信息（见图 8.32）。

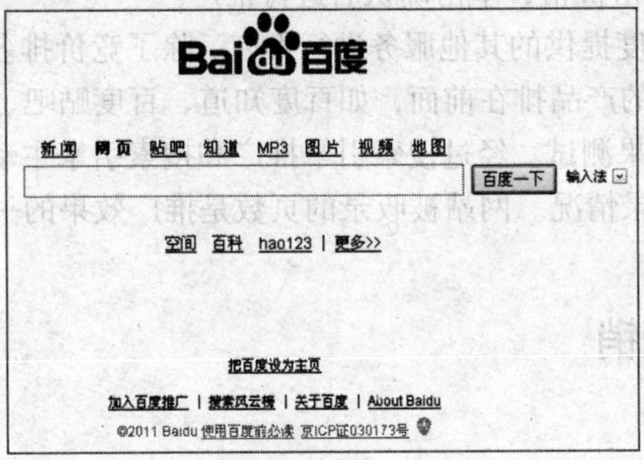

图 8.30　百度首页

图 8.31　百度在线申请

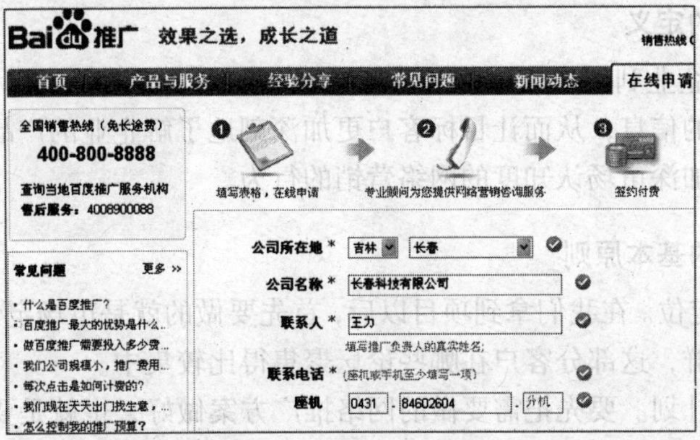

图 8.32　填写注册信息

④ 确认注册信息。

2）步骤 2：选择合适的关键词。① 选择合适的关键词，可以选择工具栏目中关键词推荐工具帮助选择；② 在给出的推荐结果中选择适合的关键词。

3）步骤 3：撰写推广信息。

4）步骤 4：设定单击价格，单击确认后进行推广。

5）步骤 5：利用百度提供的其他服务进行推广。除了竞价排名外，百度在对搜索结果进行排名时，会把自己的产品排在前面，如百度知道、百度贴吧、百度空间等。

6）步骤 6：推广效果测试。经过搜索引擎推广和搜索引擎主动收录，我们可以测试某个搜索引擎对网站的收录情况。网站被收录的页数是推广效果的一个指标。

任务 29 BBS 营销

任务引入

网络的普及推动了网络营销的发展，作为网络营销重要方式之一的论坛营销也正被越来越多的企业所采用。企业为什么会青睐论坛营销呢?

任务分析

BBS 营销可以成为支持整个网站推广的主要渠道，尤其是在网站刚开始的时候，是个很好的推广方法。无论哪种推广方式和行为，最终的目的都是让潜在的用户群体能够浏览并停留在论坛上，成为论坛的用户之一。

相关知识

1. BBS 营销的定义

BBS 营销就是企业利用论坛这种网络交流的平台，通过文字、图片、视频等方式发布企业的产品和服务的信息，从而让目标客户更加深刻地了解企业的产品和服务，最终达到宣传企业的品牌、加深市场认知度的网络营销的行为。

2. BBS 营销的基本原则

（1）明确产品定位。在我们拿到项目以后，首先要做的就是市场定位，我们的产品（服务）的是哪一类人群，这部分客户在哪些论坛聚集得比较集中。

（2）制订工作计划。要先把需要做的网络推广方案做好，也就是要通过哪些方式进行营销，这样就有了一个基本的目标和工作步骤。

（3）注册登录账号。每个论坛要注册 5 个左右的不同 ID，如果有以前的 ID 也可以用以前的 ID。注册 ID 的时候最好不要那些没有任何意义的数字或者英文字母。每个 ID 都要上传不一样的头像和签名，其中主 ID 最好特殊设计一下。

（4）创作发帖内容。根据制订的计划，要开始制作发帖需要的内容，如果为了迎合网友的需求，可以进行实地考察，拍照和摄像，然后进行最后的文字整合工作。

任务实施

1. BBS 营销的操作流程

（1）首先要有在全国各大知名专业性网站的注册账号（马甲）。根据企业不同产品注册相关论坛账号，有利于产品的推广营销。

（2）每个论坛要不少于 10 个马甲，这是保证前期炒作的条件。不同产品、不同营销事件，需求的马甲数量不定；如知名品牌进行论坛营销无须过多马甲，即可产生效应；而普通企业在论坛推广产品时，则需要多一些马甲配合。

（3）要在各大型论坛有专门的人员管理账号、发布帖子、回帖等。很多论坛都有专人负责论坛推广，经常发帖，回帖是为了融入论坛核心，而积累更多的威望，在进行论坛营销时，会有很多资源辅助开展。

（4）策划的题目要新颖，也就是有创意，从而吸引读者。营销主题比较重要，也是开展论坛营销的关键；策划主题如果比较好，无须费力即可达到预期的效果。

（5）策划的题目要有一定的吸引眼球性，即标题要有一定的号召性、吸引读者。标题是敲门砖，标题要有一定的含义或歧义，让读者产生疑惑而进一步想得到答案。

（6）策划的内容一定要具有一定的水准，网友看了之后觉得有话要说才行。论坛营销现阶段已经很热，网友也深知论坛营销的目的。

（7）要积极参加回复、鼓励其他网友回复，也可以用自己的马甲回复。网友的参与是论坛营销的关键环节，如果策划成功，网友的参与度会大大提升。

（8）要正确地引导网友回帖，不要让事件朝相反方向发展。具体情况具体分析，有时在论坛产生争论也未必是件坏事，通过论坛途径演变成大范围病毒式营销，知名度会有很大提升。

（9）要仔细监测其带来的效果，同时注意改进。这点相当于一个细致的数据分析和用户群体分析；通过一次营销，会总结出很多问题，下次策划时可以借鉴；不同领域用户群体习惯不同，方式、方法并不通用。

（10）要及时和论坛管理员沟通，熟悉各大论坛的管理员和版主有助于论坛营销的开展。经常发帖、回帖会与管理员、版主有很好的沟通机会，有资源辅助，论坛营销会开展得更顺利。

2. BBS 注册、发帖（以动网论坛为例）

（1）打开动网论坛首页（http://bbs.cndw.com/）单击注册（见图 8.33）。

（2）填写注册信息并提交（见图 8.34）。

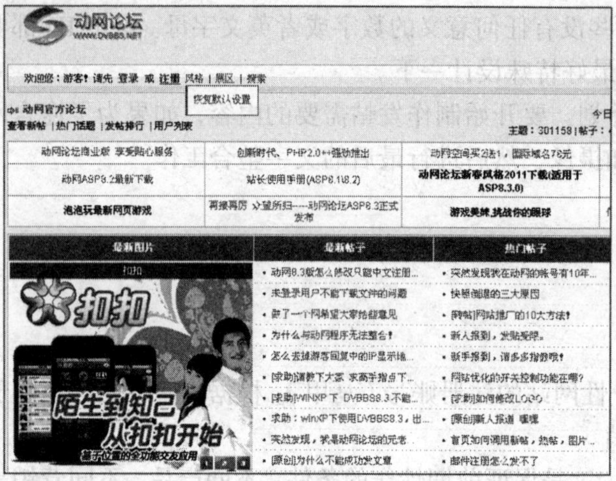

图 8.33 动网论坛首页

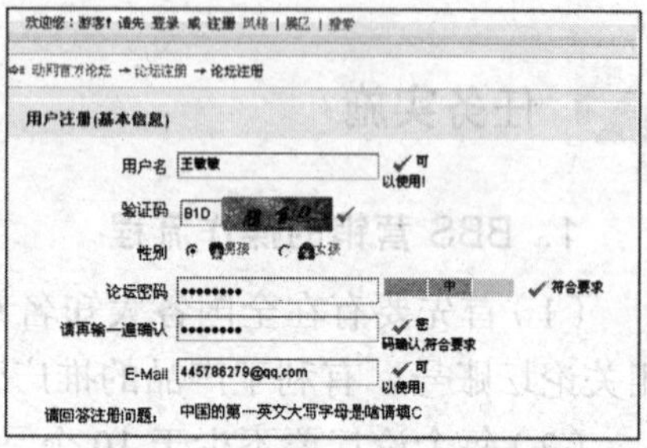

图 8.34 注册用户基本信息

（3）进入发帖模块，发表话题并提交（见图 8.35）。

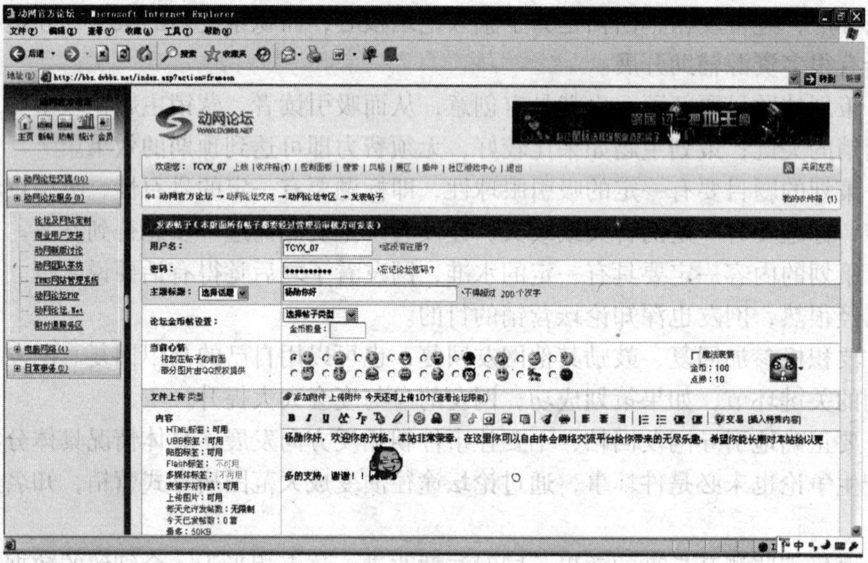

图 8.35 发表话题界面

任务 30 微信营销

任务引入

目前手机是通信的主要工具，网络的普及推动了网络营销的发展，作为网络营销重要方式之一的微信营销也正在被越来越多的企业所采用。企业为什么会青睐微信营销呢？

任务分析

微信营销是网络经济时代企业或个人营销模式的一种，是伴随着微信的火热而兴起的一种网络营销方式。微信不存在距离的限制，用户注册微信后，可与周围同样注册的“朋友”形成一种联系，订阅自己所需的信息，商家通过提供用户需要的信息来推广自己的产品，从而实现点对点的营销。微信营销主要体现为以安卓系统、苹果系统的手机或平板电脑中的移动客户端进行的区域定位营销，商家通过微信公众平台，结合微信会员管理系统展示商家微官网、微会员、微推送、微支付、微活动，已经形成一种主流的线上线下微信互动营销方式。

相关知识

1. BBS 营销的定义

BBS 营销就是企业利用论坛这种网络交流平台，通过文字、图片、视频等方式发布企业的产品和服务信息，从而让目标客户更加深刻地了解企业的产品和服务，最终达到宣传企业品牌、加深市场认知度的网络营销行为。

2. BBS 营销的基本原则

（1）明确产品定位。在拿到项目以后，首先要做的就是市场定位，选择我们产品（服务）的是哪一类人群，这部分客户在哪些论坛聚集得比较集中。

（2）制订工作计划。要先把需要做的网络推广方案做好，也就是要通过哪些方式进行营销，这样就有了一个基本的目标和工作步骤。

（3）注册登录账号。每个论坛要注册 5 个左右的不同 ID，如果有以前的 ID 也可以用以前的 ID。注册 ID 时最好不要那些没有任何意义的数字或英文字母。每个 ID 都要上传不一样的头像和签名，其中主 ID 最好特殊设计一下。

（4）创作发帖内容。根据制订的计划，开始制作发帖需要的内容，如果为了迎合网友的需求，可以进行实地考察、拍照和摄像，然后进行最后的文字整合工作。

任务实施

1. BBS 营销的操作流程

（1）首先要有在全国各大知名专业性网站的注册账号（马甲）。根据企业不同产品注册相关论坛账号，有利于产品的推广营销。

（2）每个论坛要不少于 10 个马甲，这是保证前期炒作的条件。不同产品、不同营销事件，需求的马甲数量不定；如知名品牌进行论坛营销无须过多马甲，即可产生效应；而普通企业在论坛推广产品时，则需要多一些马甲配合。

（3）要在各大型论坛有专门的人员管理账号、发布帖子、回帖等。很多论坛都有专人负责论坛推广，经常发帖，回帖是为了融入论坛核心，而积累更多的威望，在进行论坛营销时，会有很多资源辅助开展。

（4）策划的题目要新颖，也就是有创意，从而吸引读者。营销主题比较重要，也是开展论坛营销的关键；策划主题如果比较好，无须费力即可达到预期的效果。

（5）策划的题目要有一定的吸引力，即标题要有一定的号召性、吸引读者。标题是敲门砖，标题要有一定的含义或歧义，让读者产生疑惑而进一步想得到答案。

（6）策划的内容要具有一定的水准，网友看了之后觉得有话要说才行。论坛营销现阶段已经很热，网友也深知论坛营销的目的。

（7）要积极参加回复并鼓励其他网友回复，也可以用自己的马甲回复。网友的参与是论坛营销的关键环节，如果策划成功，网友的参与度会大大提升。

（8）要正确地引导网友回帖，不要让事件朝相反的方向发展。具体情况具体分析，有时在论坛中产生争论也未必是件坏事，通过论坛途径演变成大范围病毒式营销，知名度会有很大提升。

（9）要仔细监测其带来的效果，同时注意改进。这点相当于一个细致的数据分析和用户群体分析；通过一次营销，会总结出很多问题，下次策划时可以借鉴；不同领域用户群体习惯不同，方式、方法并不通用。

（10）要及时和论坛管理员沟通，熟悉各大论坛的管理员和版主有助于论坛营销的开展。经常发帖、回帖会与管理员、版主有很好的沟通机会，有资源辅助，论坛营销会开展得更顺利。

2. BBS 注册、发帖（以动网论坛为例）

（1）打开动网论坛首页（http://bbs.cndw.com/），并单击注册按钮，如图 8.36 所示。

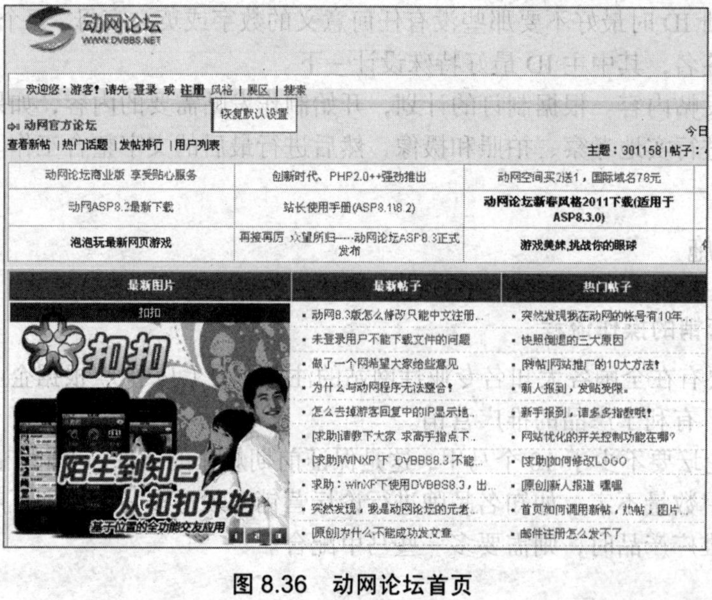

图 8.36　动网论坛首页

（2）填写注册信息并提交，如图 8.37 所示。

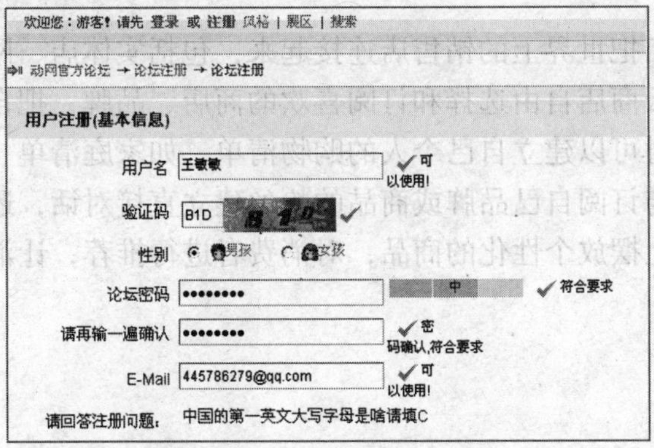

图 8.37 注册用户基本信息

（3）进入发帖模块，发表话题并提交，如图 8.38 所示。

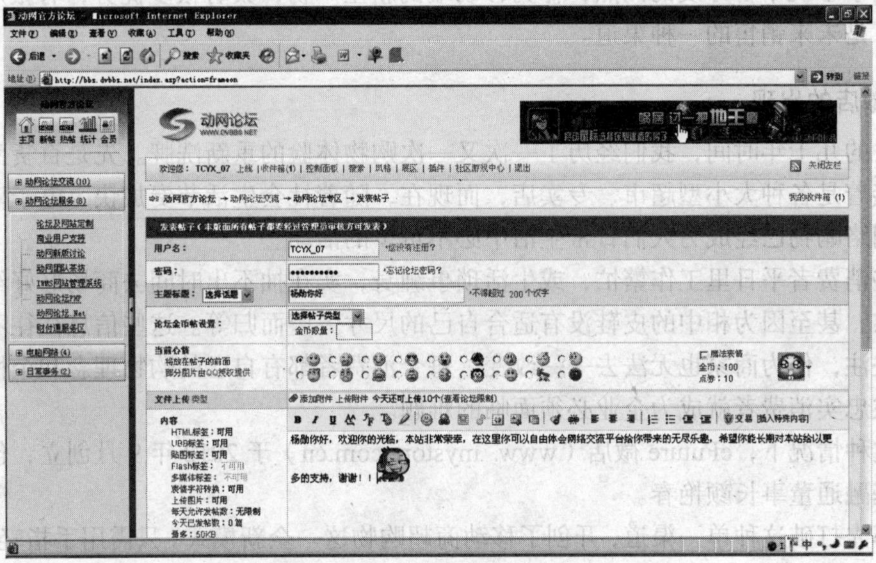

图 8.38 发表话题界面

任务 31 微店营销

任务引入

随着互联网络的发展，微店已成为人们沟通的平台，这也是开展营销的一个平台，那么，什么是微店营销，如何进行微店营销呢？下面就来了解这部分内容。

任务分析

微店即通过云商店把世界上的销售店连接起来，包括实体店、网店、移动商店、社交商店，消费者可以在云商店自由选择和订阅喜欢的商店、品牌，把自己喜欢的品牌放到自己的私人货架上；同时可以建立自己个人的购物清单，如家庭清单、太太清单。负责该品牌商的店员可以直接与订阅自己品牌或商品的粉丝建立直接对话，还可以定期地在自己粉丝们微店的私人货架上摆放个性化的商品，对消费者进行推荐，让消费者在很短的时间内完成一次购物。

相关知识

随着整个互联网经济的快速发展，以网络为传播平台的营销行业如雨后春笋般迅速壮大，其整体服务水平也呈现阶梯式的增长，并诞生了以网络技术为基础的精准营销模式。微店是基于手机平台开发的网点，作为移动端的新型产物，具有很多优势，有很广阔的发展空间，是未来销售的一种渠道。

1. 微店的出现

过去的几十年时间，我们经历了一次又一次购物体验的重新洗牌。先是百货商场的出现，紧接着是各种大小型超市、专卖店，而现在，随着社会生活节奏加快，电子商务日趋发达，网络购物已经成为人们日常生活中必不可少的活动。

一些消费者平日里工作繁忙，或生活琐事缠身，实在抽不出时间去商场好好给自己买一件新衣，甚至因为相中的皮鞋没有适合自己的尺寸失望而归等。这些信息往往不能得到很好的关注，作为商家也无法去一一改变，每个消费者都有自己的购物理念和个性风格，如何留住忠实消费者就成为企业必须面临的难题。

在这种情况下，eFuture 微店（www. mystore.com.cn）于 2012 年 9 月创立，创始人为北京富基融通董事长颜艳春。

它率先打破这种单一渠道，开创了移动商超购物这一全新模式。只需用手指轻轻一点，消费者就可以随时随地关注商品动态，商家更可以在第一时间与顾客进行贴心的沟通，了解他们的需求。

微店是有体温的个人商店，产品家族包括微店及微店员。其中，微店是针对消费者的购物软件。消费者使用微店可以查看附近百货商场或超市最新上架商品、商品促销信息、广告等。也可以申请绑定该商场、超市的电子会员卡，会员卡积分可以随时查看，十分便捷，不用担心会员卡遗失等问题。另外，还开设有优惠券功能，消费者在微店上可以及时收取各大商场、超市的优惠打折信息。购物闲暇之余还能根据个人喜好用微店自定义一个专属于自己的个性化私人商店。微店员则是针对零售商店员的后台软件，商户店员使用它可以发布商品的优惠信息和促销信息；给自己的商品贴上经营标签，让消费者更加快速、便捷地发现商品和促销信息。使用店员端还能直接给消费者发送消息，能更方便、更准确地将促销信息发送到消费者手上，实现一对一的精准营销。

有了微店，消费者就可以在忙碌了一周后，在家轻松选购自己喜欢的商品。有了微店，店员就可以第一时间通知消费者店里现在有了适合她的皮鞋。有了微店，老顾客发现自己的电子优惠券一栏里总是有许多老会员独享优惠券。有了微店，逢年过节时，消费者会惊喜地发现，自己常去的那家商店早早给他们准备好了节日礼品。微店的横空出世，预示着全渠道零售时代已经到来。

2．微店的特点

（1）微店是基于手机平台开发的网点，作为移动端的新型产物，任何人通过手机号码即可开通自己的店铺，开通微店完全免费，降低了开店的门槛和复杂手续。微店支持信用卡、储蓄卡、支付宝等多种方式付款，且无须开通网银，快捷又方便，是未来销售的一种渠道。微店上的商品信息可以直接转发到微信、QQ 上，让大家能够更直观地看到所销售的产品，让更多的人关注。它强调的是粉丝经济，通过不断增多粉丝数量来扩大产品的销售规模。

（2）微店管理简单易用，可以一键同步淘宝商品，随时随地地对商品进行分类、下架等功能管理商品，还可以随意置顶商品，让用户快速浏览到主推商品。

（3）用户可以直接在微店搜索栏搜索商品，让用户快速找到你的微店，同时也可以利用自动回复功能，这样用户就能快速收到答复，不会为此流失没有耐心等待的用户。还可以用自己独特的方式与用户进行有趣的互动，这样用户在聊天的时候不会感觉枯燥乏味。

（4）微店页面设置也是自定义的，可以选择自己心仪的装饰来装扮微店，给用户留下深刻的印象。要以店铺设计来衬托商品，从而让用户聚焦在商品上，从此提高购买概率。

（5）利用微店的数据统计可以实时关注到增减粉丝的数据，以及每天有多少单击率，从而可以推理分析大部分用户的爱好，可以帮助微店提高销售量。

（6）微店能带来更多的流量，它能让商品展示在最热门的互联网平台上，可以更快地进行网络推广，扩散传播，而且微店也能展示在微店官方公众号上，通过官方推荐，更多的用户可以直接进入店铺。

3．微店的发展前景

今天的消费者不是在一个渠道里面购物，他们是全渠道（Omni-channel）购物者。他们可能到网店去买东西（如天猫、淘宝、亚马逊），同时他们也会到实体店去买东西。面对当下发展前景复杂的市场环境，以及应接不暇的新技术和理念的冲击，传统销售商们如何制定全渠道战略使其成功落地并有效地创造更新的消费价值，这是当下所有销售商关注的焦点问题。

微店的问世，以尽量低的代价使实体销售企业具备了全渠道的服务性能，它就像一部装载全渠道精准制导的武器，可以全天候地释放消费者无限量的消费潜能，尊重消费者并满足他们随时随地的购物需求。

“逛超市，优惠券、钱包都可以不带，甚至根本无须到超市，只需在手机上下载一个微店 APP，在任何地点可以完成采购。”这样愉悦的购物体验已被越来越多的消费者所青睐。微店的出现让众多中小企业也具备将这种愉悦购物体验带进顾客消费生活的能力。APP 实现随时手机购物。在进入微店时，顾客只需要扫一下微店的二维码，即可轻松下载微店的 APP，而通过 APP 顾客可以享受随时随地全程购物的乐趣。相信这种新的购物方式会很快在越来越多的企业中得到推广。

在微店 APP 上，顾客不仅可以浏览门店销售的各类商品，还可以在第一时间了解门店的促销商品信息，对于感兴趣但暂时不想购买的商品，顾客还可以将商品“收藏”起来，微店系统也会自动根据顾客平时的购买习惯和喜好信息适时推荐顾客感兴趣的商品、新品信息，让顾客随时随地能购买心仪的商品。

微店还可以通过社交的力量把家人和闺蜜都连接起来，通过购物社交建立新的影响力，而不是销售商硬推给他们。《连线》杂志统计显示，72%的购物决定受消费者家人或好友的影响。不管是在实体店还是网店，如果有一个朋友给你推荐，购买决心有 50%；如果有两个朋友、三个朋友也同时给你推荐，购买决心就有 80%。通过购物社交，真正了解消费者的需求。通过他们的社交关系，真正地去提高零售的竞争力。

作为全球第一个连接消费者和销售商的社交购物平台，微店使人们的畅想落地，成为一种可能。未来，微店将成为全世界消费者的移动购物星球，它是有体温的、个性化的、有色彩有性格的私人商店，它将赋予更多传统企业互联网基因，帮助消费者找到他们喜欢的商品，帮助他们聚合感情、分享生活，使消费成为人们的一种生活方式。

任务实施

微信一对一的互动交流方式具有良好的互动性，精准推送信息的同时更能形成一种朋友关系。基于微信的种种优势，借助微信平台开展客户服务营销也成为继微博之后的又一新兴营销渠道。

微博的天然特性更适合品牌传播，作为一个自媒体平台，微博的传播广度和速度惊人，但是传播深度及互动深度不及微信。

1. 点对点精准营销

微信拥有庞大的用户群，借助移动终端、天然的社交和位置定位等优势，每个信息都是可以推送的，能够让每个个体都有机会接收到这个信息，继而帮助商家实现点对点精准化营销。

2. 形式灵活多样漂流瓶

用户可以发布语音或文字，然后投入“大海”中，如果有其他用户“捞”到则可以展开对话，如招商银行的“爱心漂流瓶”用户互动活动就是个典型案例。

位置签名：商家可以利用“用户签名档”这个免费的广告位为自己做宣传，附近的微信用户就能看到商家的信息，如“饿的神”、“K5 便利店”等就采用了微信签名档的营销方式。

二维码：用户可以通过扫描识别二维码身份来添加朋友、关注企业账号；企业则可以设定自己品牌的二维码，用折扣和优惠来吸引用户关注，开拓 O2O 的营销模式。

开放平台：通过微信开放平台，应用开发者可以接入第三方应用，还可以将应用的 LOGO 放入微信附件栏，使用户可以方便地在会话中调用第三方应用进行内容选择与分享。例如，“美丽说”的用户可以将自己在“美丽说”中的内容分享到微信中，可以使一件美丽说的商品得到不断的传播，进而实现口碑营销。

公众平台：在微信公众平台上，每个人都可以用一个 QQ 号码打造自己的微信公众账号，并在微信平台上实现和特定群体的文字、图片、语音的全方位沟通和互动。

3．强关系的机遇

微信的点对点产品形态注定了其能够通过互动的形式将普通关系发展成强关系，从而产生更大的价值。通过互动的形式与用户建立联系，互动就是聊天，可以解答疑惑、可以讲故事甚至可以“卖萌”，用一切形式让企业与消费者形成朋友关系，你不会相信陌生人，但是会信任你的“朋友”。

技能训练

【技能训练 1】网络广告营销

1．实验目的

（1）了解网络广告类型。

（2）了解网络广告计价方式。

（3）了解网络广告交换联盟。

2．实验报告要求

实验习题以“学号、姓名”命名，注明题号依次作答。发送至所在班级的作业检查邮箱。

3．思考与讨论

（1）目前常用的网络广告计价方法有哪几种？各有何优缺点？

（2）假设宝洁公司将在新浪上为飘柔做一个为期一年的网络广告，目的是提升品牌形象，夺取其他洗发水的市场份额。其要求只有在网络用户单击图标进入宝洁公司网站后才付广告费，请问它应该采取哪种计价方式？

（3）网络广告中，做广告的（乙方）是广告主，帮广告主打广告的站点（甲方）是网站主。据调查显示，29%的（乙方）广告主并非直接寻找（甲方）网站主，而是通过黑马联盟等第三方的广告代理联盟发布广告。

【技能训练 2】邮件列表营销

1．实验目的

了解许可 E-mail 营销的实际过程，正确认识许可 E-mail 营销的思想和方法，重点了解邮件列表营销的实现方法。

2．实验内容和步骤

通过创建一个邮件列表营销活动的完整流程，包括邮件订阅方法、订阅用户管理、邮件发送过程等。主要步骤如下。

（1）会员申请。登录希网网站 http://www.cn99.com，注册会员。

（2）创建邮件列表。注册完成后，现在你就变成邮件列表的版主了，下面对邮件列表进行管理，首先用邮箱地址登录到希网网络。

（3）管理邮件列表。实现以下功能。

“在线发信”：给你邮箱通讯录里的所有联络人发信。

“获取列表订户”：系统会自动将订阅你邮件列表的所有用户的邮件地址发到你的信箱，让你掌握一手客户信息。

“批量订阅”：输入你想推荐订阅你邮件列表的用户的 E-mail 地址，系统会自动向这些用户发送推荐信。

（4）订阅及退订邮件列表。查找订阅任一邮件列表。

（5）邮件列表推广。

3．思考与讨论

（1）邮件列表有什么实用价值？

（2）邮件列表与垃圾邮件有什么区别？

（3）微信营销的优势有哪些？

实训项目 9

个人网上创业

任务 32 网上开店的准备

任务引入

李明想在天猫商城（淘宝）注册一个店铺，那么，如何进行申请、运营和进行客户管理呢？操作步骤又是怎么进行的呢？下面我们就要帮助李明来了解这一流程。

任务分析

想在天猫商城（淘宝）注册一个店铺，首先须到银行办一张银行储蓄卡，再开通网上银行服务；登录支付宝官网，注册新用户，按提示填写本人相关真实资料，注册完成；登录淘宝官网，注册新用户，按提示填写本人相关真实资料，注册完成；不仅可以在网上购物了，还可以在淘宝通过开店考试，免费开店。

相关知识

1. 网上店铺的概念

网上店铺（简称网店）就是在互联网上开的店铺，是电子商务的一种形式，是人们在网上浏览的同时进行商品实际购买，并且能通过各种支付手段进行货币支付，从而完成交易全过程的网站。目前网店大多数都是使用淘宝、易趣及百度有啊等第三方平台。

2. 网上开店的经营方式

如果你正在考虑网上开店，应该根据个人的实际情况，选择一种适合自己的经营方式。网上开店的经营方式主要有以下三种。

（1）网上开店与网下开店相结合的经营方式。此种网店因为有网下店铺的支持，在商品的价位、销售的技巧方面都更高一筹，也容易取得消费者的认可与信任。

（2）全职经营网店。经营者将全部的精力都投入网站的经营上，将网上开店作为自己的全部工作，将网店的收入作为个人收入的主要来源。

（3）兼职经营网店。经营者将经营网店作为自己的副业，如现在许多在校学生利用课余时间经营网店。也有一些职场人员利用工作的便利开设网店，增加收入来源。

3．网上开店的基本条件

虽然在网上开店，不要很好的地段、很多的配置，省去了装修费，但并不意味着你在硬件上不需要投资。

（1）硬件基本条件

1）设备：连入互联网的计算机 1 台、手机 1 部、数码相机 1 台。这些东西均可在网上买到，也可以根据自己的经济状况买新的或二手的。既然网上开店，很多东西都是要有图片的，图样更能吸引顾客，所以购买数码相机的投资是少不了的。

2）证件：本人的身份证，一张跟身份证配套开户的银行卡，并且开通网上银行。

3）资金：一般启动资金（购买以上设备之外）为 100 ~ 2 000 元。

（2）软件基本条件。要想在网上淘宝与开店，除了满足硬件方面的要求外，熟练地使用相关软件进行电子商务活动也是非常必要的。熟练地掌握一些基本的上网操作是在网上开店的基础。用户要熟练掌握电子邮箱及聊天软件（如腾讯 QQ、MSN、阿里旺旺等）的应用，以便通过这些方式与买家及时沟通。掌握一些常用的办公软件，如 Word、Excel 等。这些是处理一些货品资料、合同及其他客服资料的基础。掌握一些常用的图像处理软件，如 Photoshop、Fireworks 等。在拍摄货品照片后，通过这些软件对照片进行美化处理，以获得更好的宣传效果。

4．网上开店的市场分析及定位

淘宝网上有许多店铺，卖各种商品的都有；如果要开店，首先需要考虑店铺的定位，制定开店的策略。

（1）产品定位。网店产品的选择，首先要考虑网上目标消费群体，通过分析淘宝网上的网购用户来确定目标消费群体。网上购物的两大主流是学生和白领，网店的目标消费群体也就可以确定为这两类人。其次要考虑产品自身的特点，体积较小，方便运输；具备独特性或时尚性；价格较合理；通过网站了解就可以激起浏览者的购买欲；网下没有，只有网上才能买到。这样的产品才具有一定的优势。

（2）店铺定位。在了解网店适合销售的产品后，需要对自己店铺进行定位。在众多适合的商品中，究竟我们自己适合销售哪些商品呢？

店铺的定位需要我们改变思维模式：挖掘自己——喜欢什么、擅长什么；创造定位——让店铺自己讲故事；改变产品——增添特色附加值。

店铺定位可以从以下几个方面入手。

1）做特色——爱情主题、送礼主题和特定人群等，做此类店铺，可以选择别人做得较少的东西，做好、做精。

2）做稀缺——利用当地货源外地难以买到的优势，如西藏的首饰、新疆的葡萄干等。

3）做整合——家居大卖场、IT 大卖场和化妆品大卖场。

4）做平价——根据自己掌握的低价货源优势来选择商品，利用价格优势来打造自己的市场。

5．货源的选择

淘宝新卖家都有这样的体会：开店容易，货源难求。寻找优质的货源，一般通过以下两条途径：一是在互联网上寻找，二是网下（传统市场）寻找。

（1）网上寻找货源。

1）利用阿里巴巴中文站、环球资源网、慧聪网等电子商务平台寻找货源。如阿里巴巴（www.1688.com）是汇集了众多商品供应商的大型平台，在此平台上，我们能找到大量的供应商及其信息（见图 9.1）。

2）做电子商务网站的代理商。现在有很多的电子商务网站为了开拓市场，采取会员制营销手段，以招收代理会员销售本企业的产品，如凡客诚品（见图 9.2）、玛萨玛索、麦包包等电子商务网站都有招收代理商的业务。对于网店创业者来说，以上知名网站的产品值得信赖。

图 9.1　阿里巴巴国内站

图 9.2 凡客诚品招收代理页面

3）在淘宝分销平台寻找。和传统中间商概念基本相同，淘宝分销平台有代销商和批发商（见图 9.3）。一般供货商将商品的品牌授予代销商，代销商有解释商品品牌信息的权力。供货商给出的价格都低于市场价格，为销售其商品创造了盈利空间，而且代销的商品价格可由代理商自定，或代理商与供货商协定。网络批发商优越于传统批发商，因为其分销平台的批发都是在网络交易的过程中实现的，快速的现代物流节省了大量的运输成本，其优势是以往不可替代的。

图 9.3 淘宝分销平台

（2）网下寻找货源。网店之所以有利润空间，成本较低是关键。掌握了物美价廉的货源，网店就有了成功的基础。

1）批发商品。

一是生产厂家批发。如果交易过程中需要大批量的某种商品，可以直接与生产厂家联系，这样既能保证产品的质量，价格又有相对优势。

二是大型批发市场购买。如浙江义乌小商品城、辽宁沈阳五爱小商品批发市场等（全国大约有 50 个大型、有名气的专业批发市场），各地方也有一些批发市场，都可以在其中找到自己网店货源。

2）买入品牌积压商品。

一是有些品牌商的库存很多，可以较低廉的价格把这些库存包下来。

二是关注市场变化，充分利用商品促销找到价格低廉的商品。

将上面较低价格购进商品，再转手在网上卖掉，地域或时空差价就能获得较高的利润。

3）外贸商品或国外商品。

一是在外贸订单中的剩余产品（尾货），款式常常是第二年或现在最流行的，而价格比商场低很多，很受欢迎。虽数量不多（大多一种只有 1 ~ 3 件），但也能解决一部分货源。

二是国外的世界一线品牌在换季或节日前夕打折处理，如果请在国外的亲戚或朋友弄到这些商品，在网上销售可有 10% ~ 40%的利润空间。

任务 33　个人网上创业

任务引入

李明想要开一家网上商店，俗话说“女怕嫁错郎，男怕选错行”，作为网上开店创业的朋友，选择什么样的平台，选好平台又如何去操作是关键。下面我们帮助李明去完成这个任务。

任务分析

淘宝网上的店铺成千上万，很多新开的卖家都在问怎么推广？首先给新开办的网店想个好名字。在网络中起什么店名能最大吸引买家光临，或给买家留下最深刻的印象呢？

相关知识

目前免费网上开店的主要平台有以下几种。

1．易趣网

易趣网是中国最早提供网上开店服务的购物网站之一，注册网上商店不收费，但是需要支付商品的底价设置费、物品登录费、交易服务费及广告增值服务费。

2．淘宝网

淘宝网是国内领先的个人交易（C2C）网上平台，2003 年 5 月 10 日由全球最佳 B2B 电子商务公司阿里巴巴公司投资 4.5 亿元创办，致力于成就全球最大的个人交易网站。

3．拍拍网

拍拍网是自 2004 年年初新浪和雅虎两大互联网品牌成立的合资公司——北京新雅在线信息技术有限公司所建立的功能全面的全新优质网上买卖社区，将为中国中小企业及个人用户提供顺畅的交易平台及多种交易模式。

拍拍网目前提供免费的网上开店服务。

4．百度有啊

百度有啊是百度旗下的购物网站。百度是中国市场份额最大的搜索引擎。如果百度有啊能够整合百度现有资源，相信未来会有更好、更快的发展。

总结：以上四个网上开店平台是目前中国主要的开店平台，它们都是只要通过简单的身份认证就能开通自己的网上店铺。

淘宝的流量是目前最大的、销量也是最好的，但淘宝目前的店铺量也是最大的，竞争也是最激烈的。如果是新开的店铺，没有信誉是很难做好销售的。当然，如果你的产品有足够的价格优势，这些都可以不考虑。

任务实施

以淘宝网上开店为例，介绍其流程。

1．用户注册

登录 http://www.taobao.com 单击页面右上方的“免费注册”（见图 9.4）。

第一步，填写账户信息。在打开的页面中，填写账户信息（见图 9.5），单击“同意以下服务条款并注册”按钮。

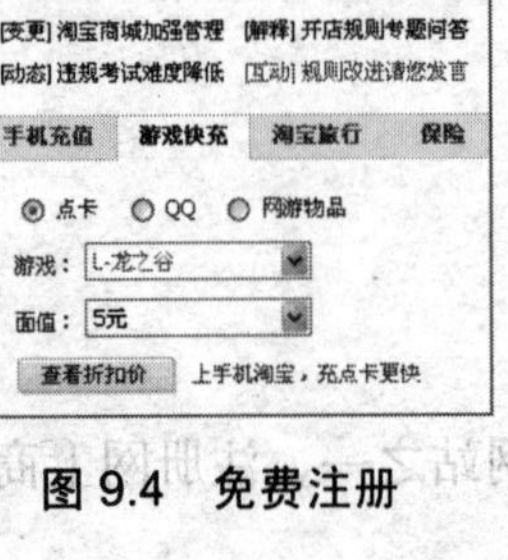

图 9.4　免费注册

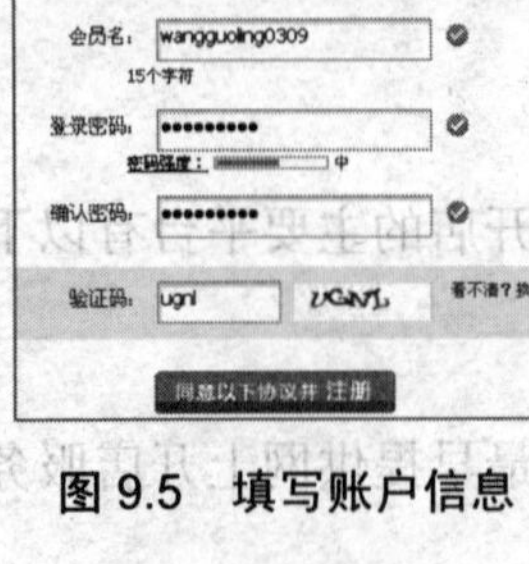

图 9.5　填写账户信息

第二步，验证账户信息。在弹出的验证页面（见图 9.6），可以使用手机验证和邮箱验证，我们选择使用手机验证，输入手机号码，单击提交。验证码会发送到手机里，然后输入验证码（见图 9.7），单击验证。

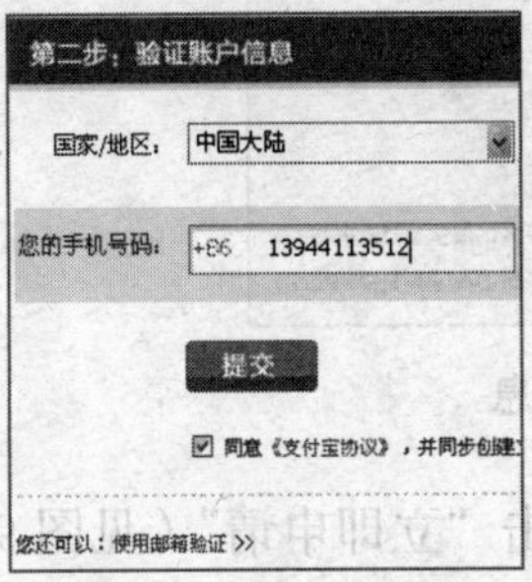

图 9.6　验证账户信息

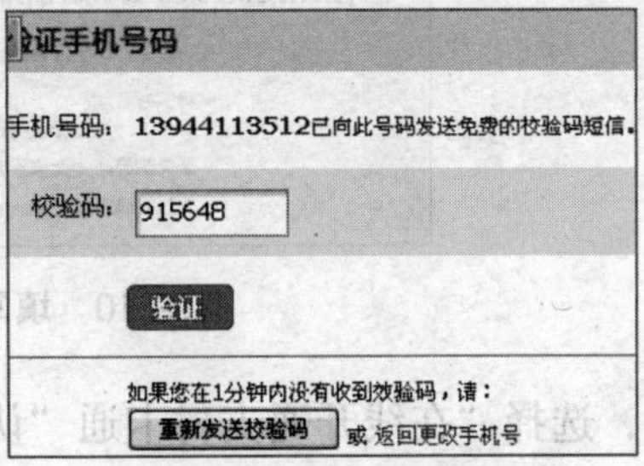

图 9.7　验证手机号码

第三步，注册成功，获得淘宝账户和支付宝账户（见图 9.8）。

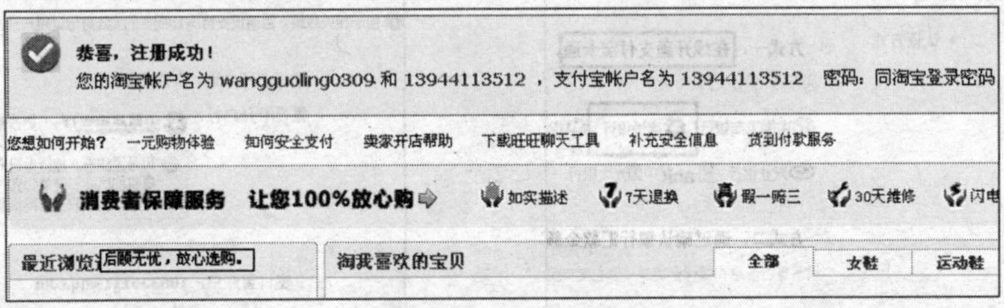

图 9.8　注册成功

2．身份认证

淘宝网规定只有通过实名认证之后，才能出售宝贝，开店铺。所以在注册用户之后，还要进行相应的认证（包括个人实名认证和支付宝认证两个过程）。具体的操作步骤如下。

第一步，登录淘宝网，单击页面上方“我的淘宝”。在打开的页面中，单击“卖宝贝请先实名认证”（见图 9.9）。

图 9.9　实名认证

第二步，在打开的页面中，填写支付宝补全相应信息，最后单击“确定”按钮（见图 9.10）。

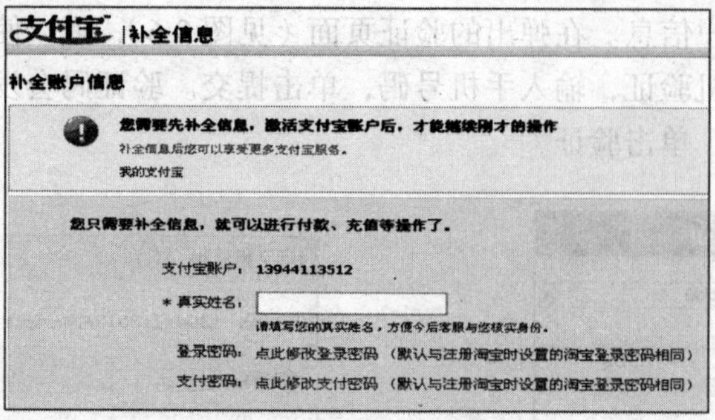

图 9.10 填写支付宝账户信息

第三步，选择“在线开通支付卡通“认证方式，单击“立即申请”（见图 9.11），按照提示填写相关信息（见图 9.12）。

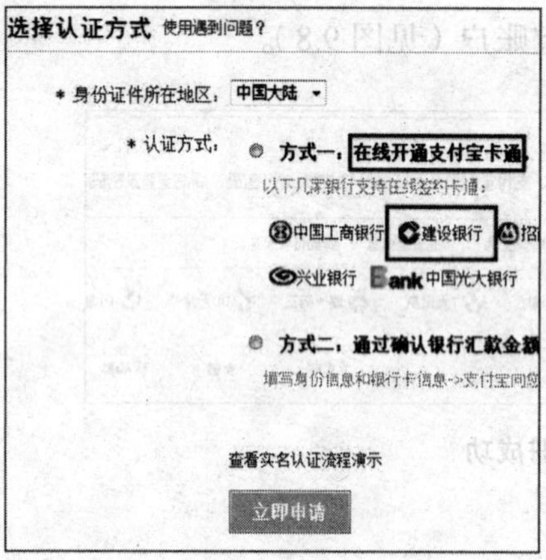

图 9.11 选择认证方式

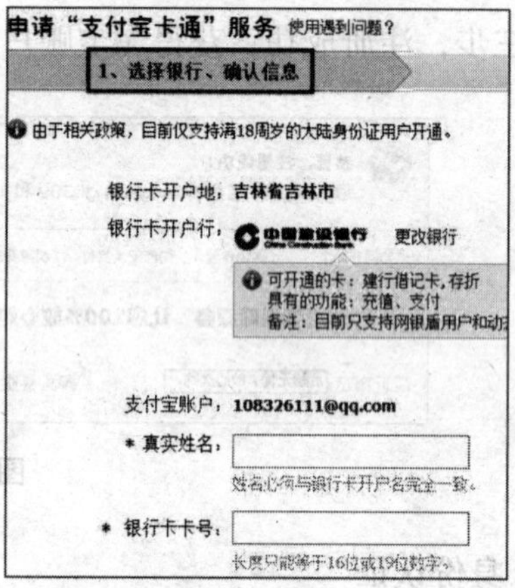

图 9.12 申请“支付宝卡通”

第四步，登录网上银行，通过支付宝卡通授权，完成实名认证（见图 9.13）。

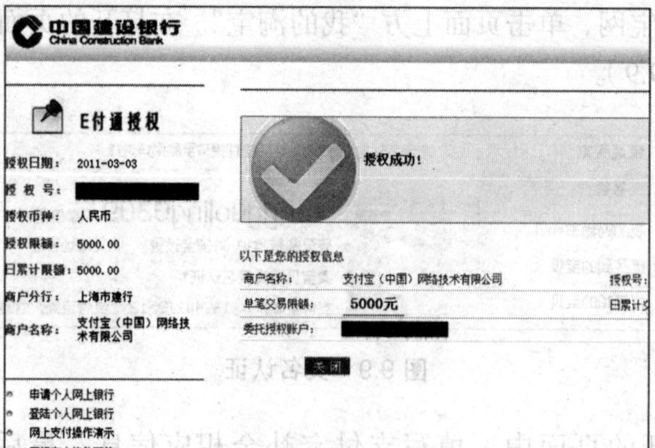

图 9.13 授权成功

3. 我要开店

第一步，登录你的淘宝网会员名，并单击卖家中心（见图 9.14），进行支付宝实名认证。

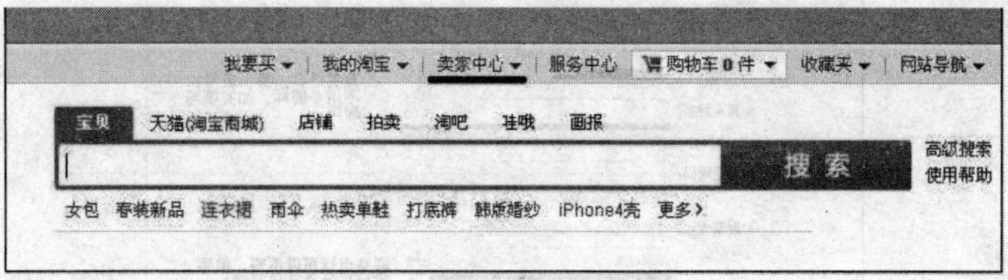

图 9.14　登录淘宝网

单击卖家中心后，出现图 9.15 的界面。

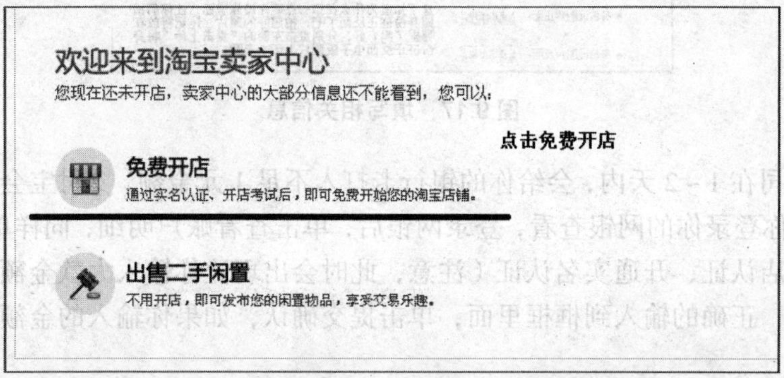

图 9.15　免费开店

单击免费开店后，出现图 9.16 的界面。

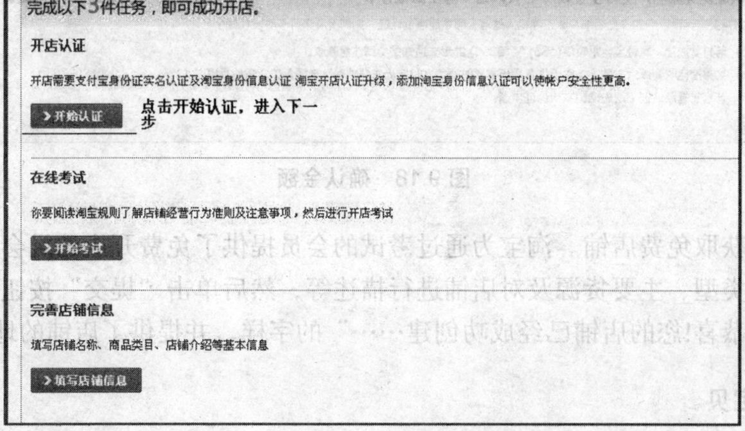

图 9.16　开始认证

单击开始认证后，再单击“立即申请”，按照要求填写个人信息、银行卡信息等（见图 9.17），单击确认信息并提交。

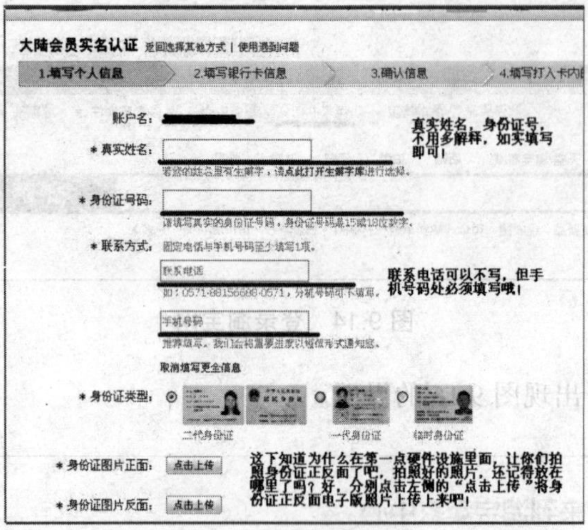

图 9.17　填写相关信息

支付宝公司在 1～2 天内，会给你的银行卡打入不足 1 元金额，支付宝会给你手机发短信通知你，让你登录你的网银查看，登录网银后，单击查看账户明细，同样单击卖家中心、免费开店、开店认证、开通实名认证（注意，此时会出现让你输入大款金额，将支付宝给你的打款金额，正确的输入到框框里面，单击提交确认，如果你输入的金额正确，网银认证就通过。

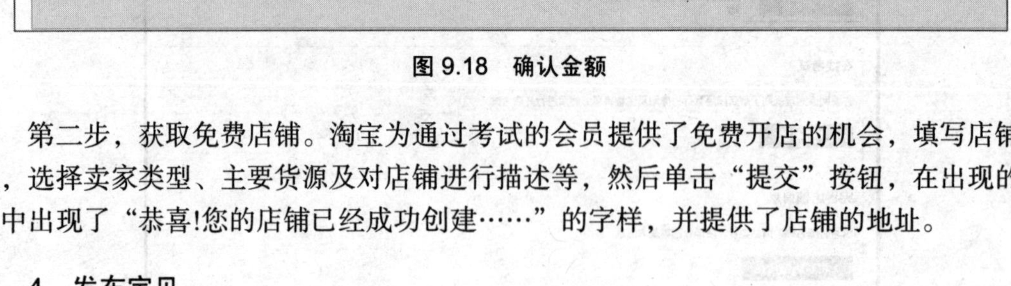

图 9.18　确认金额

第二步，获取免费店铺。淘宝为通过考试的会员提供了免费开店的机会，填写店铺信息，选择卖家类型、主要货源及对店铺进行描述等，然后单击“提交”按钮，在出现的页面中出现了“恭喜!您的店铺已经成功创建……”的字样，并提供了店铺的地址。

4．发布宝贝

要在淘宝开店铺，除了要符合认证的会员条件之外，还需要发布你要出售的宝贝。于是，在整理好商品资料、图片后，要开始发布第一个宝贝。

第一步，登录淘宝网，在页面上方单击“我要卖”。在打开的页面中，可以选择“一口价”或“拍卖”两种发布方式，这里选择单击“一口价”。

第二步，选择类别，根据自己的商品选择合适的类别。比如，选择了女鞋的宝贝详情。单击“好了，去发布宝贝”按钮继续下一步。

第三步，填写宝贝的基本信息，然后单击发布（见图 9.19）。

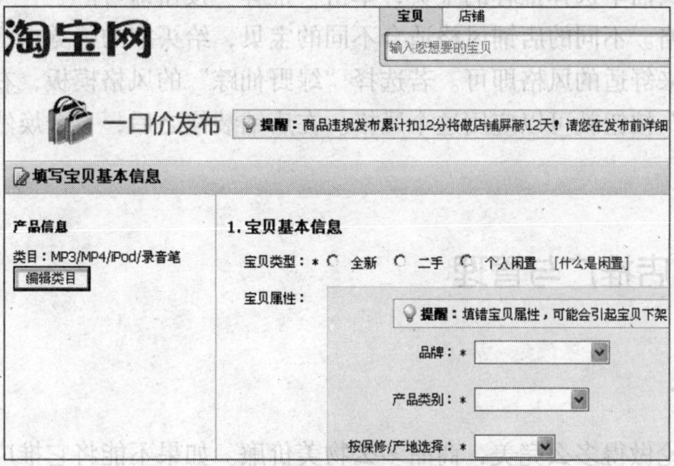

图 9.19 填写宝贝的基本信息

在免费开店之后，卖家可以获得一个属于自己的空间。和传统店铺一样，为了能正常营业、吸引顾客，需第三方市场交易服务平台对店铺进行相应的“装修”，主要包括店标设计、宝贝分类、推荐宝贝、店铺风格等。

（1）基本设置。登录淘宝，打开“我的淘宝——我是卖家——管理我的店铺”。在左侧“店铺管理”中单击“店铺基本设置”，在打开的页面中可以修改店铺名、店铺类别、卖家类型、店铺简介、店铺介绍等（见图 9.20）。

图 9.20 店铺基本设置

（2）宝贝分类。给宝贝进行分类，是为了方便买家查找。在打开的“管理我的店铺”页面中，可以在左侧单击“宝贝分类管理”；接着，输入新分类名称，单击“保存”按钮即可添加了。

（3）推荐宝贝。淘宝提供的“推荐宝贝”功能可以将最好的宝贝拿出来推荐，在店铺的明显位置进行展示。只要打开“管理我的店铺”页面，在左侧单击“橱窗推荐”，然后，就可以在打开的页面中选择推荐的宝贝，单击“推荐”按钮即可。

（4）店铺风格。不同的店铺风格适合不同的宝贝，给买家的感觉也不一样，一般选择色彩淡雅、看起来舒适的风格即可。若选择“绿野仙踪”的风格模板，右侧会显示预览画面，单击“确定”按钮就可以应用这个风格。在店铺装修之后，一个焕然一新的页面就出现了。

任务 34　网店推广与管理

任务引入

一个网店无论做得多么完美，商品多么物美价廉。如果不能将它推广出去，提高其知名度，那么，这个网店只能说是做给自己看的。那么，如何将其推广出去，提高自己网店的访问量，吸引客户的眼球呢？网店才能带来更多的收益呢？

任务分析

要想把你所开店铺推广出去，关键在于你选择什么样的网店推广方法，其实方法很多，关键要选择适合自己的，这样才能取得更好的效果。

相关知识

1．做好客户沟通

（1）给顾客一个好的第一印象。推销宝贝先推销自己，只有顾客认可、相信你才能接受你所卖的宝贝，第一印象很重要，这个时候需要的是专业和热心，因为即便没有信誉度的新人，只要对自己所卖宝贝描述得足够专业，也会让顾客对你有根本的信任，而热心则是使顾客产生亲近感，愿意和你进一步地交流。

（2）消除顾客的购买顾虑。网店本身就是一种非面对面的销售，顾客在购买前：对卖家的信誉度、对宝贝的质量、对售后服务自然会有所顾虑，那我们就只能通过语言技巧去沟通。有的顾客也许会直接提出这些疑问，但也有的顾客只在心里疑问，而不提出来，所以建议咱们应该针对两种不同类型的顾客去应答这些问题。

（3）如何与顾客谈价格。“太贵了”。如果有顾客这么说，那么可能有两种可能：一是价格确实超出他的心理价位；二是想砍价。

对待第一种顾客，可以这么和顾客交流：“呵呵，贵吗？280 元，很实在的价格，在商场要卖到 600 多元，您肯定不会花 80 块买这个牌子的，呵呵（一定要加‘呵呵’两个字，这表示你在开玩笑而不是挖苦顾客），快过年了，多花一点钱，买个称心又放心的宝贝吧。”

如果得到顾客的认同，那可以继续谈价格，如果顾客确实接受不了，那不妨向顾客推荐他心理价位合适的宝贝，“要不您告诉我您的心理最低价格是多少，我帮您找找，我的店铺没有，我也可以到别的店铺为您搜索一下”。

对待第二种顾客，那可是一项挑战了，顺便说一句，定价应该有个原则，不要高得离谱，也不要低得可怜，高得离谱自然无人问津，而价格太低，即使吸引了顾客来光顾，也难逃被顾客一“砍”。在淘宝，顾客即使知道这里的价格已经很低了，但讨价还价已经养成一种习惯了，除了想实惠地买到宝贝，其实也在享受还价下来的那种成就感，但如果定价太低，没了砍价的空间，就等于剥夺了顾客享受成就的机会，那成交的可能性也许就大大降低了。

我们报价也得根据顾客类型来区分，对待痛快的顾客，一两个回合足够了，否则对方觉得你不实在，“您看，这个宝贝我包邮，还算满意吗？”得到否定的回答后，再让最后一步，“最低实在价格，×××元，实在不能再低了，我现在挣信誉比挣钱更重要，您应该能理解的”。

（4）顾客购买后应该进行安抚。顾客在拍下宝贝后，大多有心里不踏实的感觉，价格是不是很合适、货能不能及时发出、质量会不会保证等诸多问题会存留在顾客心里，那么我们应该进行必要的安抚，“感谢您的信任和支持，我会及时把货发出的，到时候通知您发货单号，而且我也会追踪宝贝的行程”。“呵呵，收到宝贝后，您自己满意了，还别忘记给我介绍顾客啊。”

（5）如何对待未成交的潜在顾客。对待那些无论因为价格原因、宝贝款式问题还是其他原因没有成交的潜在顾客，我们也不能冷落，因为对方光顾就是对自己的鼓励，询问就是对自己的信任，对于未成交，我们应该表示歉意，“抱歉，这里没有您合适的，您再到别处看看，希望您能找到满意的，我也会为您留意的，如果找到，我通知您”。“对不起，我的报价没让您满意，但我确实不能再让了，买卖不成仁义在，愿意交您这个朋友，随时欢迎您的再次光临。”保持一颗平常心、一种平和的态度，即使没有把宝贝推销出去，也要让大家认可自己的为人，这样才能长久地经营。

（6）顾客确认前要做的沟通、得到评价后的感谢。只有等到顾客的确认和评价后，一次交易才能完成，沟通为评价做铺垫，感谢为将来做打算，良好的沟通会让顾客认真地评价，并写出精彩的评语（这个评语可是以后的顾客能看到的），对顾客发自内心的感谢，使对方有被重视、被需要的感觉，这样顾客也会真心地去帮助你。“货收到了？还算满意吗？”对方认可后，“呵呵，宝贝和本人一样没问题的，呵呵，和您交易真愉快，挣了信誉，交了朋友，不挣钱也舒服。对了，你要现在要是方便的话，你就帮我确认一下，然后给出你觉得合适的评价，谢谢哟”。在得到对方确认后和好评后，“再次感谢，您的评价说我说得太好了，都不好意思了（脸红的表情），呵呵，好吧，您忙吧，有什么事情尽管吩咐我”。

（7）不定期的回访。不要忘记你的顾客，也不要让顾客忘记你，一次交易的完成不代表销售的结束，而是下一次交易的开始，用心去经营客户，才能永续经营，对成交顾客要回访、节日的祝福、淘宝对买家的活动、自己找到的一些有关宝贝的保养知识与搭配技巧等，都是回访的理由。把上帝变成朋友是一件很美妙的事情。

2．做好售后服务

在宝贝售出之后，除了会收到相应的售出提醒信息，还需要主动联系买家，要求买家支付货款，进行发货及交易完成后的评价或投诉等。

（1）查看已卖出的宝贝。如果有买家购买宝贝，淘宝网会通过淘宝旺旺、电子邮件等方式通知卖家。卖家也可以登录淘宝网，打开“我的淘宝——我是卖家——已卖出的宝贝”。在“联络买家”区域单击“给我留言”可以通过淘宝旺旺给买家留言；如果买家没有使用淘宝旺旺，也可以记下买家ID，然后发站内信件。

（2）联系交易事宜。买卖双方联系之后，约定货款支付、发货方式。为了保证买卖双方的利益，货款支付方式建议选择支付宝支付。

（3）付款、发货。为了防止货到不付款的情况，卖家在卖宝贝的时候一般采用“款到发货”方式。

首先，要求买家付款，一般通过支付宝支付。支付货款之后，卖家可以打开“我的淘宝——我是卖家——已卖出的宝贝”查询，如果发现交易状态显示为“买家已付款，等待卖家发货”，说明支付宝已经收到汇款，这个时候卖家就可以放心发货给买家。

买家在收到卖家的货物后，在交易状态中进行确认，最后淘宝就会打款到卖家的支付宝账户中。这样，就完成了交易。别忘了，还要和买家保持联系，这样可增加再次访问你的小店、购买宝贝的机会。

（4）评价、投诉。在完成交易之后，买家和卖家都可以打开“我的淘宝”进行评价，卖家可以打开“我的淘宝——我是卖家——已卖出的宝贝”，在卖出的宝贝中单击“评价”，根据实际情况选择好评、中评或差评，还可以输入文字内容。

虽然网上开店零成本、低风险，但是没做成一笔买卖就“关门大吉”的例子也比比皆是。要让自己的小店在网上得以生存，最重要的就是“诚信”，只有诚信才能赢得买家的心，获得良好的信用评价，这样才能发展起来！

任务实施

1．网店推广方法

（1）到各大搜索引擎中注册、登记。搜索引擎是一个进行信息检索和查询的专门网站，是许多网友查询网上信息和在网上冲浪的第一去处，所以在搜索引擎中注册店铺，是推广和宣传店铺的首选方法。如果注册的搜索引擎数目越多，店铺被访问的可能性就越大。

（2）在聊天室、BBS上发出邀请。很多人上网的一个主要目的就是交流，想交到更多的朋友，交友当然首先就去聊天室。在聊天室里，可以适时地向这些网友发出邀请，请他们访问店铺，并谦虚地请他们能够给店铺提出一些宝贵建议，同时在与他们聊天之际，可以把店铺特色的内容大肆宣传一番，以引起网友们足够的兴趣和注意。

（3）在新闻组上发布你的店铺。参加过网络新闻组的网友们可能经常在相关的新闻组讨论区中见到诸如"某网站今天正式开张"，"某店铺最新商品上市了，增添了许多特色的商品"，"欢迎各位网友常到某店铺做客"等信息，这其实就是这些网站或店铺的站（店）主们在通过新闻组来宣传自己的主页。新闻组中的其他成员一旦看到上述信息后，如果觉得有需要就会去访问网站或店铺。

（4）邮件广告模式宣传。如果你手中有许多朋友或者客户的电子邮件地址，可以考虑利用电子邮件来通知他们来访问。利用这种方法来宣传主页的关键之处在于要留心收集用户电子邮件的地址，你拥有的电子邮件数量越多，就意味着你的主页蕴藏着越大的访问量。你也可以利用邮件搜集工具，只要你输入关键字，就可以搜索你想要的邮件，然后你可以利用邮件群发工具把你店铺的情况发到这些邮箱。

（5）人脉推广。网店开张，一般最先告诉的是身边的亲戚朋友，然后是在慢慢积累的生意中建立起来的老客户渠道，老客户对你的服务满意、认可你的商品后，也会告诉他们的亲戚朋友。于是通过这些亲朋和客户的一传十、十传百，就能给你的网店带来更多生意，赢得良好的口碑。

要在任何有条件的地方把能联系到你的网络寻呼机沟通平台都挂在网上，如通过QQ/MSN、阿里旺旺等软件对外进行沟通与交流，并起一个亲和力强、容易记忆、印象深刻的名字。最好开通QQ会员，最大的好处就是可以增加好友名单及群名单中的排名，让别人第一眼就能看到你。

（6）友情链接。网店平台一般都有推荐窗口，或者在买家收藏了某种感兴趣的商品后，页面会自动跳转到同类商品的推荐页面。卖家也可以跟其他经营同类商品或配套商品的网店店主协商交换友情链接合作，将双方的网址互挂。这样在客户浏览其他网店的页面时，就很容易通过链接进入你的网络店铺挑选商品，拓宽了客户渠道。

2. 网店管理

网店在各大电子商务网站的广告攻势下深入人心，要想提高网店知名度与信誉度，使自己立于不败之地，要注重以下几个方面。

（1）进货管理。对进货商品的品质、价格、数量进行控制，规范进货程序、财务数据，保证合理库存满足日常销售。

（2）库存管理。库存数据要准确、实时，方便销售查询、进货补货、快递发货。

（3）图片管理。商品图片要及时上网，整体图片版型好，细节图片清晰，色差微小，感观强。

（4）销售管理。规范网络销售流程，熟悉商品，礼貌接待顾客，快捷回复顾客提出的问题；准确发货；随时关注出售中宝贝数量，随时关注橱窗位使用情况，随时关注买家评价，定时关注店铺推荐宝贝，及时回复客户的反馈和投诉。

（5）发货管理。发货要及时、准确，保证顾客收到货物完好。

技能训练

以××公司为例，帮助企业在阿里巴巴国内站（http://china.alibaba.com/）上注册一个商铺，并在商铺中上传企业的产品和服务信息，然后比较分析在淘宝开设店铺与阿里巴巴开设商铺的异同。

实训项目 10

企业商务网站的策划与优化

任务 35 以营销思想为指导的网站策划与商务网站的设计

任务引入

李明所在企业要建设电子商务网站，由李明完成策划书并进行网站设计。下面我们就要帮助李明来完成这个操作。

任务分析

进入中国互联网信息中心网站（http://www.cnnic.cn/），了解《中国互联网络域名管理办法》，了解我国域名管理的基本政策法规。进入中国万网（http://www.net.cn/），熟悉域名申请过程和缴费情况。导入模拟软件平台，申请一个英文（或中文）域名，选择自己的模板，组合网站需要的服务内容创建一个完整的企业网站。通过网智电子商务平台（http://www.netook.com/）建立个人网上商店，熟悉和掌握营销网站的规划与建设要点。

相关知识

1. 几种常见的网站类型

电子商务网站因为针对的对象不同、企业的目标不同，网站的内容、功能及营销策略也会不同。在网站中所体现的网页数量有的几十页，有的有几百万页到几亿页。在网站的定位上、所能提供的服务上，也会千差万别。下面就介绍几种常见的网站类型。

（1）电子商务门户网站。所谓的门户网站，是指通向某类综合性互联网信息资源并提供有关信息服务的应用系统。门户网站主要提供新闻、搜索引擎、网络接入、聊天室、电子公告牌、免费邮箱、影音资讯、电子商务、网络社区、网络游戏、免费网页空间等。网易（http://www.163.com）、搜狐（http://www.sohu.com）、新浪（http://www.sina.com.cn）都是门户网站。

（2）电子商务宣传网站。我国企业网站多数都属于此类模式。其目的是介绍企业产品，宣传企业形象，提供产品服务。当然，这也是企业进行网络营销的基本工具。

这种网站模式建站快、投资少，但是功能有限，不能进行网上交易，网络营销具有一定局限性。

（3）电子商务交易网站。此类网站不仅能向用户提供产品信息，还可以在网站上进行商务交易活动。以前我们常以网上商店来统称这种网站模式，如戴尔公司的网上交易模式，其交易方式是卖方在网上订货，然后将款项汇入戴尔公司的账户，戴尔公司将商品邮寄给买方。在这种方式下，买方得不到充分的保障，使网上交易一直是可看而不可求的一种模式。现在在中国网络电子商务网络贸易平台上，阿里巴巴及旗下的淘宝网站，以及易趣网站等，采用支付宝、安付通等中介式交易工具，使企业实现网上交易变得简单易行，买方及卖方的利益均得到了保障。

（4）电子商务中介网站。中介网站一般是企业本身没有产品，而是提供贸易平台，让其他企业或个人到其网络平台上建站或进行网络交易，收取中介费、空间租用费、服务费或银行利息费。

（5）电子商务行业网站。行业网站一般提供同一行业的企业信息、产品信息，方便同一行业间业务交流、信息传递，如中国农业网（http://www.zgny.com.cn）、电子产品世界（http://www.eepw.com.cn）。

（6）电子商务企业内部网（企业内部信息管理系统）。企业内部网一般用于企业的内部管理、组织生产、内部信息发布、信息传递、员工之间交流等。企业内部网的开发和使用使企业的管理走向正规化、科学化，大大地节省了人力、物力资源，充分调动有效的资源。

2．电子商务网站规划

（1）网站的定位。企业网站的定位是网站建设的关键，要结合企业的长远利益，而且要能够实现。企业应当制定短期和长期的赢利计划，寻找电子商务的经济的支撑点，把握目标客户群，分析网络上的竞争对手，分析企业网站的优势，明确企业网站的目标、类型、用户群等。

（2）电子商务网站策划书的编写。网站策划主要是对网站建设中所需的技术、资料、时间、内容、费用、设计、测试及维护等做出全面的规划，以保证网站建设顺利进行。网站策划书是创建网站纲领性的文件，是科学实施网站建设的依据，所以网站策划书必须全面、科学、合理、实事求是。网站策划书主要包括以下几个方面：① 建设网站前的可行性分析；② 网站实现的功能及目标；③ 网站技术支持解决方案；④ 时间计划；⑤ 费用计划；⑥ 网站内容风格规划；⑦ 网页设计及程序设计；⑧ 网站测试；⑨ 网站维护；⑩ 网站管理；⑪ 网站发布和推广；⑫ 人员培训。

3. 电子商务网站运行环境

（1）企业硬件环境。网站建立的方式包括自建服务器、租赁主页空间、服务器托管、虚拟主机和 ASP 外包等方式，企业应根据自己的情况，如经济能力、技术能力、管理能力等选择不同的方式，硬件环境会有所不同。

（2）软件环境。软件环境是建立在硬件基础上的，用于管理服务器及网站的程序及操作系统。

企业服务器可以选择的网络操作系统主要有 Windows 2000 Server（Windows 2003 Server）、UNIX 操作系统、Linux 操作系统等。

电子商务网站一般都带有后台数据库，数据库主要用于存储会员信息、商品信息、交易信息、用户留言等内容。网络数据库对于企业有很重要的作用：一是数据库存储大量的会员信息，对于企业开展业务有着很大的帮助；二是可以在网站内做定向筛选或检索；三是资源被有效地分类和标识，存取的效率高。

4. 网页设计

（1）优秀电子商务网页的特点。

在网页设计的过程中，一个好的创意有可能就使一个网站为之闪亮，成为吸引人眼球的优秀网页。但是大多数优秀网页来源于良好的规划和用心设计，下面介绍优秀网页的一些特点。

① 网站导航信息清楚；② 页面内容丰富；③ 网页版面布局合理，内容紧凑；④ 页面内容丰富，更新速度快；⑤ 能够准确收集反馈用户信息；⑥ 站店易于被搜索引擎搜索；⑦ 网络营销手段的合理应用；⑧ 站点支持多种 Internet 工具；⑨ 有明确的主题风格。

（2）网站制作技术。网站制作的技术很多，主要分为静态网页的制作和动态网页的制作。

1）静态网页的制作。静态网页不是指网页中没有动画效果，是相对于动态网页而言，没有后台数据库、不含用于浏览网页的用户与企业的交互内容的程序及界面，适用于一般更新较少的展示型网站。

2）动态网页设计。动态网页以数据库技术为基础，采用动态网页技术，可以实现更多的功能，如用户注册、用户登录、在线调查、用户管理、订单管理等，并可以大大降低网站维护的工作量。

3）域名申请与 ISP 选择。域名是企业或机构在互联网上注册的名称，是互联网上企业或机构间相互联络的网络地址。企业要想在网上发布网站及信息，必须首先注册自己的域名，只有有了自己的域名才能通过网络的域名解析服务，让别人访问企业的网站。所以，域名注册是在互联网上建立网站服务的基础。域名具有唯一性。

ISP 的全称为 Internet Service Provider，即因特网服务提供商，就是从事指互联网网络服务业务的单位，即提供拨接账号上网服务的公司，包括 Internet 接入服务和 Internet 内容提供服务。

任务实施

1. 中国互联网信息中心网站

（1）双击 IE 在地址栏中键入 http://www.cnnic.cn/，按 Enter 键进入中国互联网信息中心网站（见图 10.1）。

（2）单击查看“中国互联网域名管理办法”（见图 10.2）。

（3）阅读并了解“中国互联网络域名管理办法”。

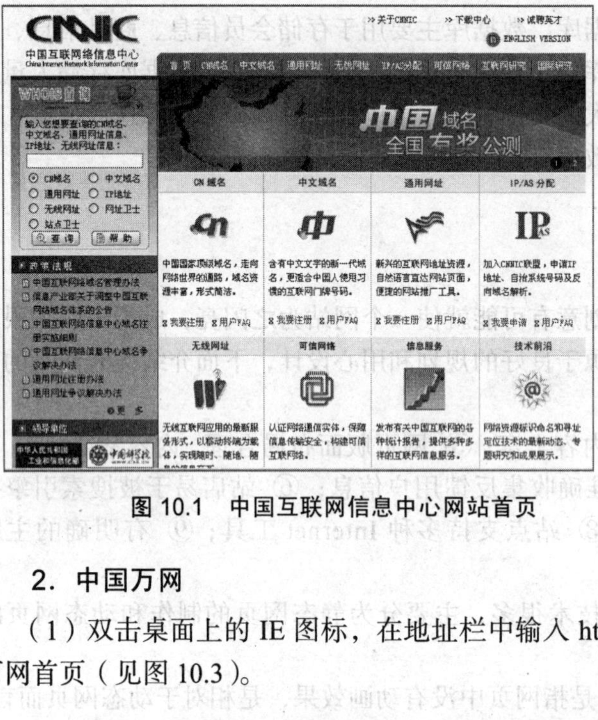

图 10.1　中国互联网信息中心网站首页

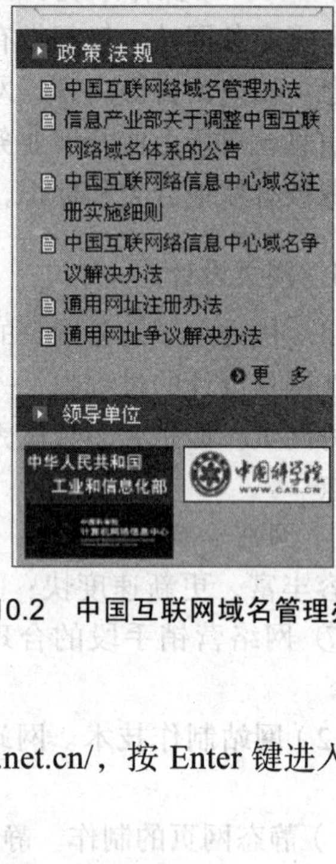

图 10.2　中国互联网域名管理办法

2. 中国万网

（1）双击桌面上的 IE 图标，在地址栏中输入 http://www.net.cn/，按 Enter 键进入中国万网首页（见图 10.3）。

图 10.3　中国万网首页

（2）单击“域名服务”/“中文域名”。

（3）单击“域名注册”，选择你所要的服务，如单击“中文域名”或“国际中文域名”（见图 10.4）。

图 10.4　中国万网国际中文域名

（4）单击购买，进入相关页面。单击“继续下一步”按钮（见图 10.5）。

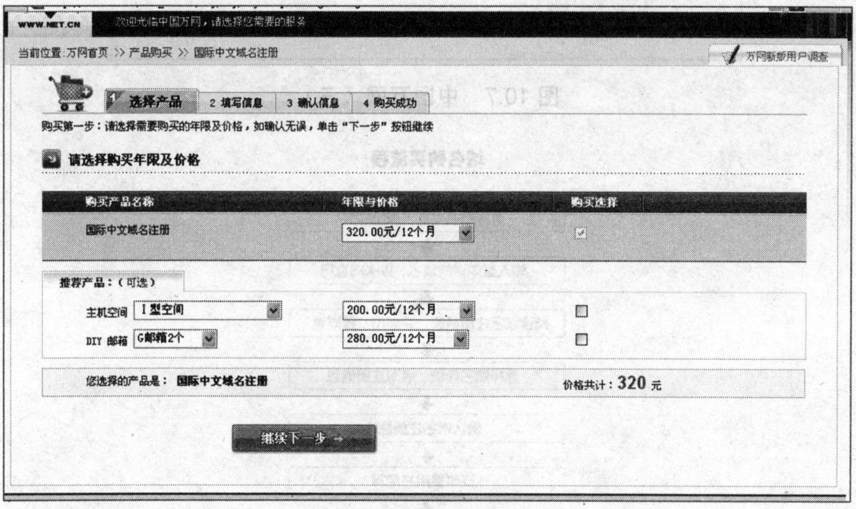

图 10.5　中国万网（一）

（5）“信息填写”页面，按照提示填写相关信息，单击“继续下一步”按钮（见图 10.6）。

（6）进入确认信息页面。单击“完成购买”按钮（见图 10.7）。

（7）注册完成。具体步骤可参考域名注册流程图（见图 10.8）。

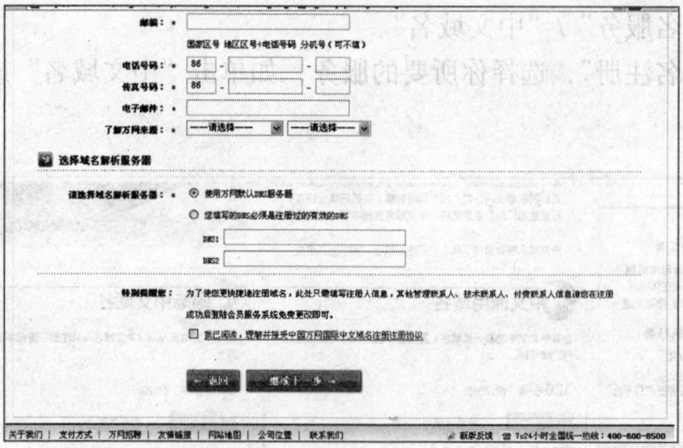

图 10.6　中国万网（二）

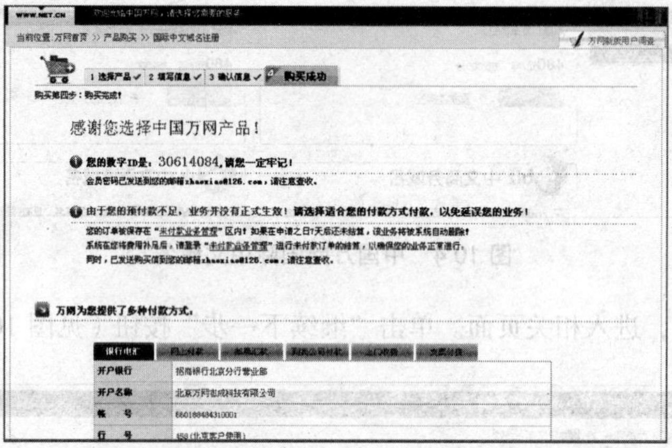

图 10.7　中国万网（三）

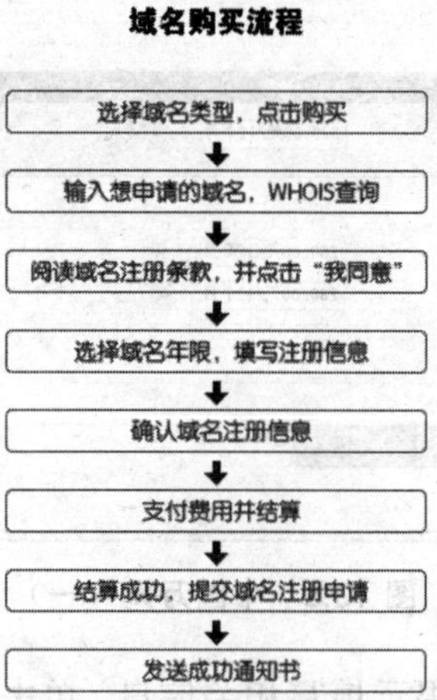

说明：1. 域名经WHOIS查询，已经被注册，将不能继续注册流程。

2. 域名支付费用后，若未注册成功，款项将退到账号内预付款，并发送失败通知。

图 10.8　中国万网（四）

3．模拟软件平台

（1）在 IE 地址栏中键入 http://192.168.200.210/emarket/login/userlogin.aspx，进入模拟软件平台首页（见图 10.9）。

（2）以企业身份登录教学软件平台，进入“企业网站建设”。

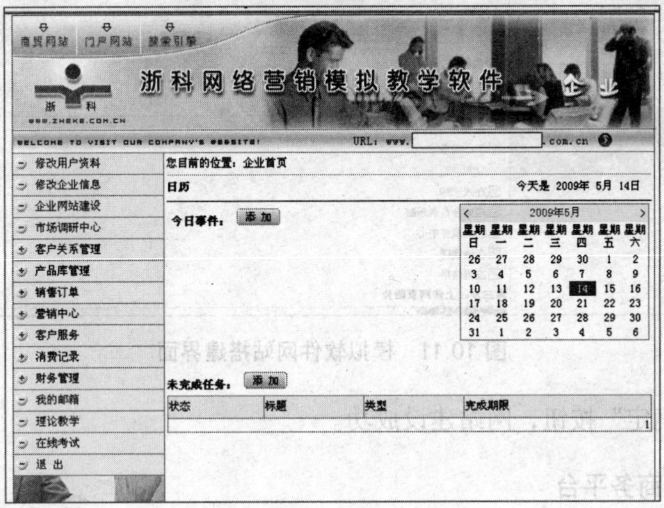

图 10.9　模拟软件平台首页

（3）阅读《中国互联网络信息中心域名注册实施细则》，单击注册英文域名或注册中文域名，进入注册界面（见图 10.10）。

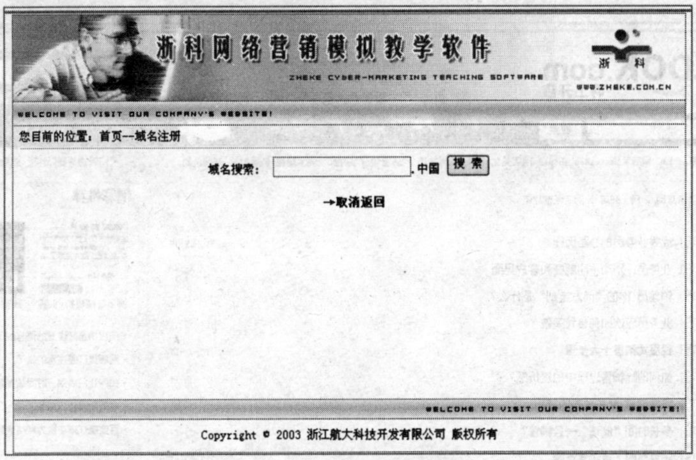

图 10.10　模拟软件平台

（4）搜索你想注册的英文域名是否被注册过，然后填写《域名注册申请表》

（5）确认所填的信息并保存。

（6）选择“企业网站建设”/“网站模板维护”（见图 10.11）。

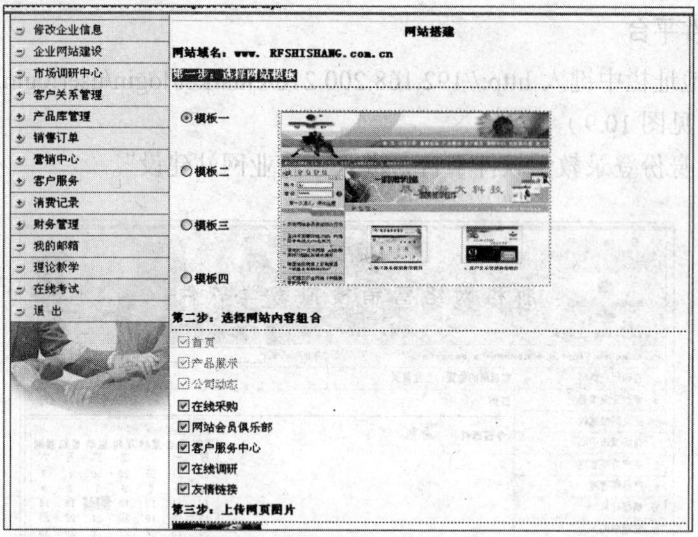

图 10.11　模拟软件网站搭建界面

（7）单击“确定”按钮，网站建设成功。

4. 网智电子商务平台

（1）双击 IE 在地址栏中键入 http://www.netook.com/，按“Enter”键进入网智电子商务网站首页。

（2）浏览该网站，熟悉和了解该电子商务平台所具备的功能和特点。该网站是独立与完整的网店管理平台，可帮助用户轻松地建立网上商店和开展网上业务（见图 10.12）。

图 10.12　网智电子商务平台

5．购得乐网上商城

（1）登录 http://www.Godele.com，进入购得乐网上商城首页（见图 10.13）。

（2）没注册的会员，单击“免费注册”按钮，进行会员注册。注册之后单击“返回”（见图 10.14）。

（3）会员登录后，单击“去开店”，进入申请网上开店页面（见图 10.15）。

（4）填写基本信息，填写完毕后单击同意协议，请单击进行下一步操作（见图 10.16）。

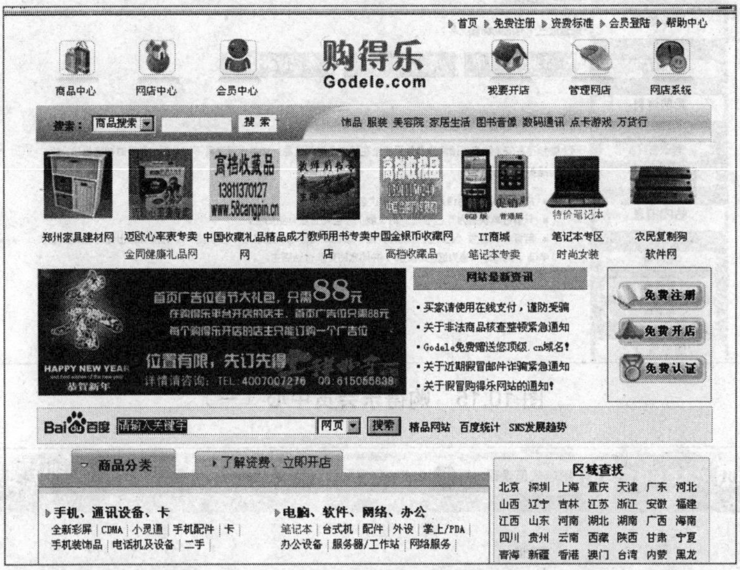

图 10.13　购得乐网上商城首页

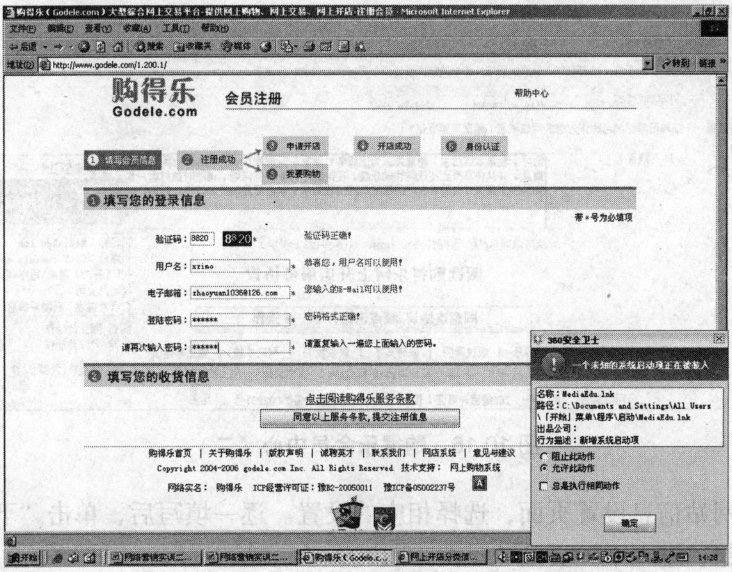

图 10.14　购得乐会员注册

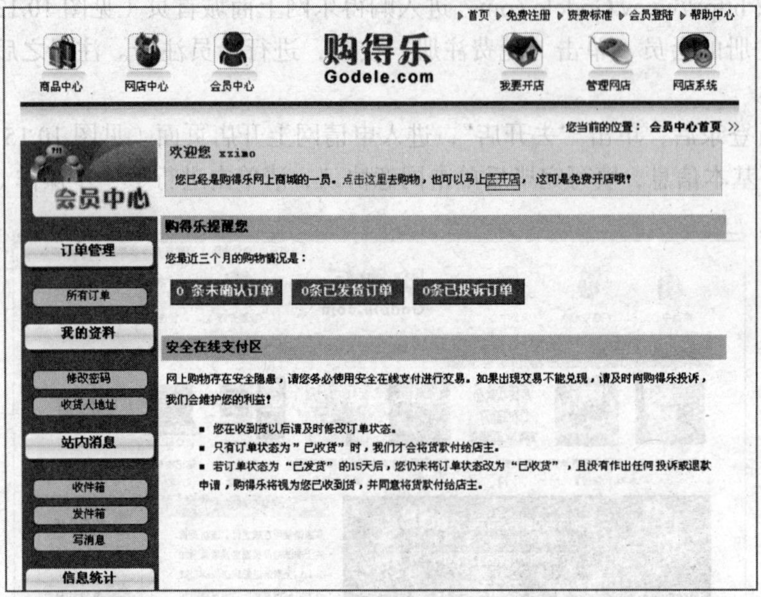

图 10.15 购得乐会员中心（一）

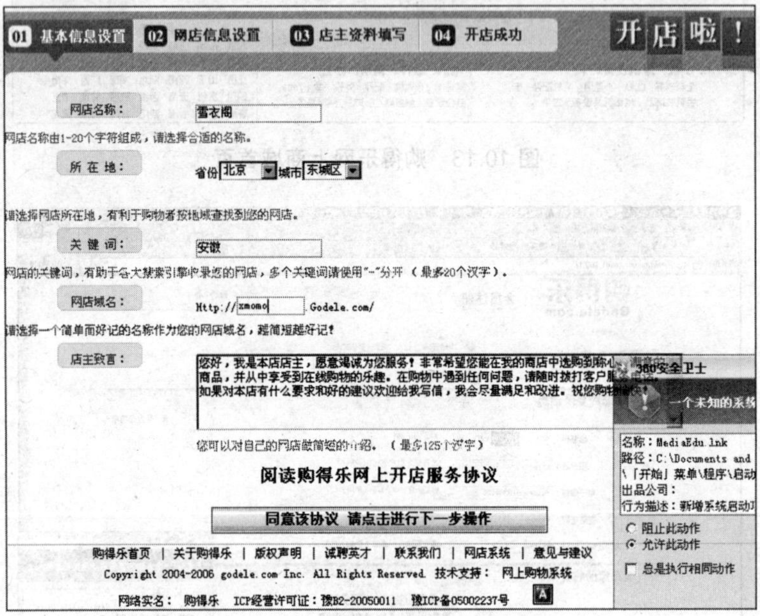

图 10.16 购得乐会员中心（二）

（5）进入网站信息设置页面，选择相应的设置。逐一填写后，单击“下一步填写你的开店资料”按钮，进入下一页面（见图 10.17）。

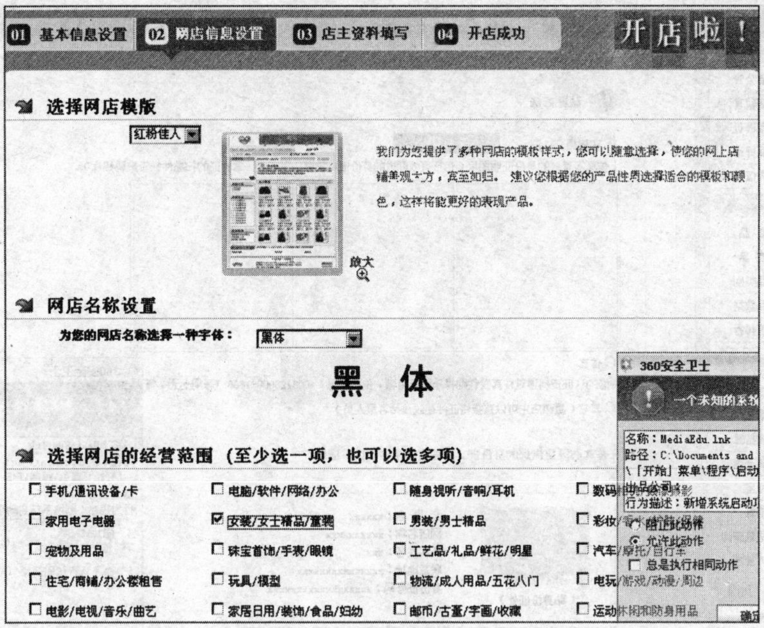

图 10.17　购得乐会员中心（三）

（6）选择网店的类型，填写个人开店信息，单击“下一步”按钮，开店成功（见图 10.18）。

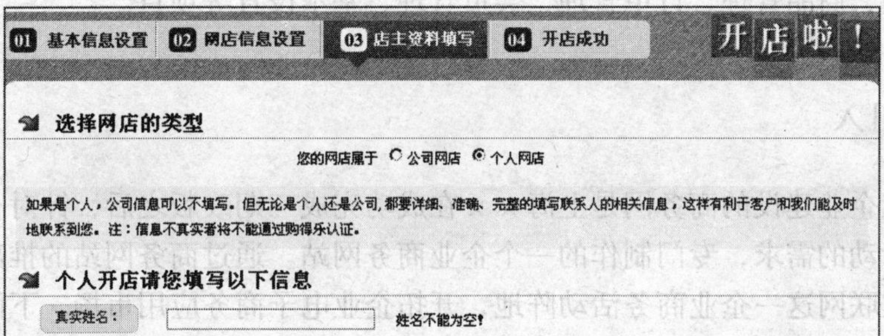

图 10.18　购得乐网店建设页面

（7）开店成功：弹出申请开店成功页面。

（8）进行认证：上传认证所需资料（见图 10.19）。

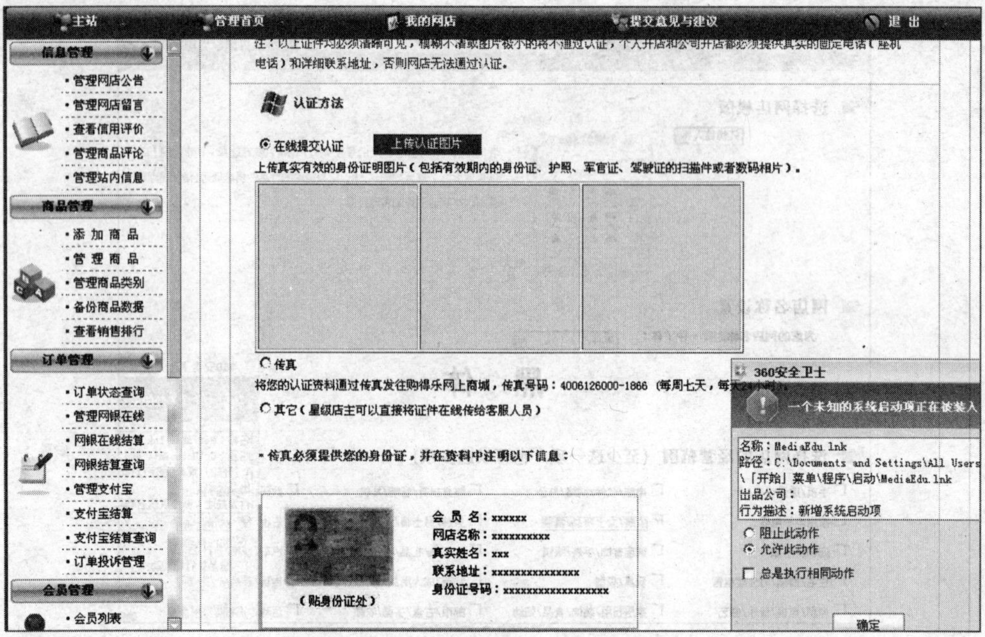

图 10.19 购得乐平台后台管理页面

（9）进入网店管理系统：进行认证后，可根据提示进入网店管理系统。网店管理系统包括信息管理、商品管理、订单管理、会员管理、基本设置等项目。

任务引入

李明所在企业建设的商务网是上海××在成功完成三期改版之后，针对企业利用互联网开展商务活动的需求，专门制作的一个企业商务网站。通过商务网站的推出，能够让上海××抢占互联网这一企业商务活动阵地，开拓企业电子商务应用市场。下面我们就要帮助李明来完成这个操作。

任务分析

电子商务网站推广方法有很多种，但需要进行整体的规划及有一个具有操作经验的团队才可以取得好的推广效果。电子商务的核心是网络营销，网络营销就是我们在互联网上通过各种途径或者手段，而使客户与我们达成交易的一个过程。在这个过程中，如何让客户找到我们的网站或者我们的产品，才是一次交易的开始及关键。

相关知识

电子商务网站推广方法有以下几种。

1. 前期 SEO 优化

SEO 优化是性价比最好的推广方式，在网站建设的前期就要对整个网站的 SEO 做整体的优化，把关键词特别是一些长尾词布局到每个产品页面里。

2. 问答式社区

利用问答式社区主要是利用多的长尾关键词效应带来流量。目前问答式社区最好的平台是百度知道、天涯问答、新浪爱问、SOSO 问问。其中百度知道和天涯问答可以直接带来流量。而对于新浪爱问和 SOSO 问问就比较适合做品牌知名度的推广。百度知道在做的时候要注意技巧，要懂得它的规则。而对天涯问答，对于这些问答规则就比较放松。

3. 提高 PR 值

PR 值对于一个电子商务网站来说是非常重要的，PR 值的高低表示搜索引擎对该网站的权重。同时，PR 值也间接给网站带来流量。而对于 PR 值的做法是要找 PR 值高的网站来做友情链接。最直接的办法也是最快速的办法就是利用购买链接的办法，在一次谷歌更新的时间内就把 PR 值提高，然后利用提高了的 PR 值去跟与自己相等或比自己高的网站交换链接，最后，把之前购买链接的网站慢慢去掉。

4. CPS 联盟

CPS 联盟包括第三方 CPS 联盟和自建 CPS 联盟，利用第三方 CPS 联盟可以很快速地搭建起一个比较大的广告宣传联盟。但是这些联盟会员并不会很主动地去投放你的即时广告或者促销活动，那么在宣传与推广方面效果就会有所影响。而利用自建 CPS 联盟可以掌控和快速体现在促销活动中，对于整个网站有很好的帮助。同时，由于是自建的 CPS 联盟，在与这些会员打交道的时候比较容易沟通。

5. 付费搜索引擎（SEM）

付费搜索引擎是任何一家电子商务公司都无法避免的。因为目前使用搜索引擎进行信息查找的人数实在太多了。即便是目前已经做得比较不错的京东商城和卓越网都还在使用付费搜索引擎，而且投入并不小。在此使用的技巧是尽量加大使用泛关键词和长尾关键词的投放量，尽量竞争热门的关键词。

6. 比较购物网站、导购、折扣类网站

这三者的区别在于：比较购物网站是有返现给会员的；而导购网站更多地进行一些商家信息的发布，还有会员购物心得；折扣类网站则发布商家促销信息和优惠券。而它们的共同点就是它们都集中了一群有购物需求且对网络购物这种消费模式比较认可的人。通过与比较购物网站的合作，让利于一些会员，可以起到提高网站的知名度和销量的作用。利用一些比较成熟的客户把自己的购物体验发布到一些导购网站，起到口碑传播的效果。同时，还可以跟这些比较购物网站、导购和折扣类网站联合搞促销活动，并通过发放优惠券的形式吸引更多的客户到网站上进行购物。

7．论坛推广

论坛推广除了有软文之外，还可以联系这些论坛的负责人联合举办一些活动，或者通过他们的活动进行优惠券的发放，也可以赞助一些奖品给他们搞站内活动。如果有可能的话，就可以专门设置一个自己商城的版块。同时，在论坛推广中可以加入一些文字链接的广告。最后，在资金允许的情况之下可以投放硬广告。

8．新闻与软文推广

新闻投放的原则是为了让自己的促销活动和形象能起到轰动效应，那么在写新闻的时候坚持抓住事件和促销活动的重点，同时还要根据自己网站的差异化来让网民来理解你的品牌跟服务与同行的不同之处，让网民在心中接受你。对于新闻的投放，要坚持长期的原则，因为新闻的推广是一项长期的工作，效果有缓存性，所以单靠一两次的投放并不会起到很好的效果。而对于软文的推广，主要是通过一些论坛的软文发布，主要涉及的是产品促销、推广经验的分享、事件的炒作等。而对于各类型的软文选择不一样的发布平台，因为好的软文还需要符合的平台才能够很好地发布出去，才会更好地传播。如果有可能的话，可以利用一些比较好的平台做一些宣传专题，那么效果就可以扩大好几倍。

9．异业合作

跟异业的合作可以扩大自己的推广渠道，因为与异业合作的时候，大家的客户是重叠的，那么两者的互换合作就可以把这些大家共同的消费者联系到一起了，同时，也可以提升自己的影响力。有的时候可以为自己的促销活动带来一些比较好的资源。

10．网址导航站推广

目前，网址导航站的影响还是挺大的。利用这些导航站挂上自己的网站名称，可以给网站带来一定的流量。而一些比较小的网址导航站都可以通过像互换链接的形式来进行互换，那么多整合一些免费的网址导航站，在最后推广的规模效应体现出来的是单独一个网址导航所不能带来的。

11．邮件营销

邮件营销包括站内邮件营销与站外邮件营销，站内邮件是当会员基数达到一定的程度之后采取的一种手法，主要目的是让会员进行重复购买。站外邮件营销主要是为了带来新的客户，这一块付出的人力可能大一些。对邮箱地址的来源，可以利用一些免费的邮件抓取软件，然后通过自己网站的邮件后台或者固定的账号向这些账号发送广告或促销信息。当然，这样的效果不会很显著，但只要达到一定的基数的话，那么带来的效果还是很不错的。

12．抓住重要节假日搞促销活动

在国内，每个大一些的节假日都会有购物热潮，因此，在电子商务这一块，我们同样也不能缺少这样的意识，抓住重要的节假日，确定适合节日的活动主题，搞出别出心裁的促销活动，一定可以带来很好的效果。

13. 线下推广与区域战略

线下推广除了可以派传单之外，还可以利用产品进驻一些社区或者商场进行现场促销。

任务实施

1. 网站推广目标

网络资源的最大优势在于快速、便捷、低廉、高效，且具有互动性。如今上网的人越来越多，信息传播面广，传播速度快——我们可以充分利用这些特点，打造一个完美的企业商务服务平台，通过有计划的市场营销推广策略，使商务网深入“企业心”，成为企业开展电子商务活动的首选。

通过有效的网络营销活动，可以使商务网实现网站开发和运营的初步期望，网站访问量稳步上升，会员注册数、网站美誉度和会员忠诚度均达到理想的要求。

2. 商务网网络营销整体策划方案

（1）网络广告投放。较之传统媒体而言，网络媒体的特点在于其全能性及在打造品牌和行销方面的力量。网络广告的载体基本上是多媒体、超文本格式文件，只要受众对某样产品、某个企业感兴趣，仅需轻按鼠标就能进一步了解更多、更为详细、生动的信息，从而使消费者能亲身“体验”产品、服务与品牌，让顾客如身临其境般感受商品或服务，因此，网络广告又具备强烈的交互性与感官性这一优势。

网络广告是投入较大、效果明显的网站推广方式之一。广告投放对象选择要符合网站访问群特征，并根据网站不同推广阶段的需要进行调整。针对网站的特点，制定了相应的网络广告投放计划。

1）广告投放对象：网站是一个吸引企业成为的用户，了解和参与网站活动，开展企业自身的商务信息交流和电子商务贸易洽谈的网站，它所面对的受众主要为企业决策人和公司企业市场部的负责人，他们是一群有魄力、有想法、热爱互联网、喜欢接受新事物、敢于尝试和接受挑战的精英人士。针对网站的受众特点，我们将网络广告投放对象选择为新闻、财经、商务、企业黄页、资讯网站、导航网站、地方门户网站等（见表 10.1）。

2）广告投放办法：商务网的网络广告投放分两个步骤来进行，整个网络广告以积分换取奖品为主线。

第一个步骤为商务网网站发布之际，在各类目标网站投放“庆祝商务网三期改版成功上线，注册会员，换取积分赢大奖活动”广告，吸引网民访问网站，并注册成为会员。

第二个步骤为分“中国最大的安全商务平台”、“沟通无极限”、“每天给你新订单”三个活动主题进行广告制作与投放，三个活动依次序投放广告并开展活动。（制作相应的广告页面，并引导网民访问商务网的相关栏目和内容。）

表 10.1　商务网网络广告投放对象

类　别	代表网站	受众说明	投放页面	单击率评估
三大门户网站	新浪，搜狐，网易	喜欢接受新事物、敢于尝试和接受挑战的精英人士	新闻、财经、栏目页	1%～1.2%
地方门户资讯网站	上海热线，广州视窗	上海及华东地区区域经常上网的网民（含企业决策人和市场部的负责人）	网站首页，新闻、财经栏目页	0.8%～1%
行业资讯网站	慧聪商务、中国黄页	经常使用商务网站的企业人士	网站首页	1%～1.2%

投放周期：整个网站广告投放周期为三个月，其中前一个月投放"庆祝商务网三期改版成功上线，注册会员，换取积分赢大奖活动"广告，后两个月依次投放"中国最大的安全商务平台"、"沟通无极限"、"每天给你新订单"主题活动广告。

广告形式：根据商务网的网络广告投放需要，我们将设计规划多种广告形式进行广告投放，主要广告形式有飘浮广告、banner 广告、文字广告等。

表 10.2　商务网网络广告投放方法

步骤	广告内容	广告形式	投放周期	投放网站	费用预算
1	"庆祝商务网站三期上线，注册会员，换取积分赢大奖"	横幅广告、banner 广告、弹出广告、飘浮广告	一个月	地方门户、新闻，财经频道与各行业网站	160 000 元
2	"中国最大的安全商务平台"	banner 广告、飘浮广告、文字广告	20 日	地方门户、新闻，财经频道与各行业网站	60 000 元
3	"沟通无极限"	banner 广告、飘浮广告、文字广告	20 日	地方门户、新闻，财经频道与各行业网站	50 000 元
4	"每天给你新订单"	banner 广告、飘浮广告、文字广告	20 日	地方门户、新闻，财经频道与各行业网站	50 000 元

效果评估：通过第一个月的"注册会员赢大奖"活动广告投放，将吸引大量网民访问网站并注册成为商务网站的会员；紧接着投放的三个网站活动广告，将进一步吸引网民参与到网站的活动中来，各类活动开展得如火如荼，网站的知名度和访问量将进一步提升（见表 10.3）。

表 10.3　红杉树品牌网站网络广告效果评估

时　间	广告投放内容	广告显示数	广告单击数	网站访问量	注册会员数
第一个月	"庆祝商务网站三期上线，注册会员，换取积分赢大奖"	150 万次	1.5 万 ~ 1.8 万次	3 万 ~ 5 万 IP 12 万 ~ 20 万 PV	2 000 ~ 3 000 人
第二个月	"中国最大的安全商务平台"、"沟通无极限"	80 万次	0.8 万 ~ 1.0 万次	1.6 万 ~ 2 万 IP 6 万 ~ 10 万 PV	1 500 ~ 2 000 人
第三个月	"沟通无极限"、"每天给你新订单"	80 万次	0.8 万 ~ 1.0 万次	1.6 万 ~ 2 万 IP 6 万 ~ 10 万 PV	1 500 ~ 2 000 人

（2）全面登录搜索引擎。确定网站关键词：品牌网站全面登录搜索引擎，网民只需要搜索相关关键词即可显示出网站地址，并能单击进入。根据网站特色，我们为其选定的关键词为：电子名片、商务名片、网络名片、企业名录、企业库、商务助手、电子政务、网络营销、网络顾问、企业顾问、商业、企业上网、新干线、上网新干线、科技、品牌等。基于上述关键词，基本准确描绘出商务网的基本内容。

登录各大门户网站搜索引擎：门户网站搜索引擎是许多普通网民搜索和发现新网站的重要途径，将商务网根据科学选定的关键词进行网站登录，能够有效地提升网站的曝光率，快速呈现在普通网民面前。其中各大门户网站搜索引擎的"推荐登录"方式能够让商务网具有较好的关键词搜索排名位置，是比较理想的登录方式。

登录谷歌、百度等专业搜索引擎：谷歌、百度等知名专业搜索引擎属于自动收录加关键词广告模式。能够被其自动收录，并在搜索相关关键词的时候具有较好的搜索引擎自然排名，这将极大地促进商务网站的营销推广和自我增值。

此外，谷歌、百度等知名专业搜索引擎也提供了单击付费模式的关键词广告。在商务网发布初期，将在谷歌、百度等知名专业搜索引擎投放关键词广告。根据商务网活动开展过程选择相应的关键词投放广告，精确锁定网站的目标访问群，能够有效提高商务网的访问质量。如投放在商务助手、EQ、电子商务、网络营销、网络顾问、企业顾问、商务、科技、E 商务等关键词，另外定义的广告宣传语，以吸引感兴趣的网民访问商务网，参与到网站的各类活动中来（见表 10.4）。

（3）网络实名。网络实名是在浏览器地址栏直接输入网站名或关键词进行网站搜索和访问的一种方式，主要分企业实名、行业实名和网络排名等方式。每天有 3 000 万人在使用网络实名访问网站，商务网可根据网站自身特点，选择适合自己的网络实名，能够有效促进网站访问量提升和品牌的主动传播，并且网民访问的针对性强，访问质量能够得到保证。

表 10.4　商务网登录搜索引擎工作

步骤	内　　容	说　　明	效果评估	费用预算
1	确定关键词	确定商务助手、EQ、电子商务、网络营销、网络顾问、企业顾问、商务、科技、E 商务、等基本关键词	精确定位关键词	—
2	登录门户网站	“新浪”、“搜狐”、“网易”推荐型网站登录	相关关键词排名前列	30 000 元
3	登录谷歌、百度自然排名	做好商务网的搜索引擎优化工作，提升网站自然排名	相关关键词排名前列	—
4	投放谷歌、百度关键词广告	投放商务助手、EQ、电子商务、网络营销、网络顾问、企业顾问、商务、科技、E 商务等关键词广告，增加网站曝光率	相关关键词排名前列	60 000 元

企业实名：选择注册同商务网贴切或相关的网络实名，使访客能够无须记住网站域名，直接输入中文即可访问网站。

行业实名：选择注册通用或行业词汇，能够带来巨大的访问量，引导访客在输入相关通用或行业词汇就能够进入商务网，扩大网站和品牌知名度。

网络排名：选择注册同商务网密切相关词汇的网络排名，让访客在输入这些词汇后能够在显著位置找到商务网。网络排名能够有效进行网站推广，精确地把网民引导至商务网，如商务、电子商务、商务助手、网络营销、企业顾问、科技等网络排名（见表 10.5）。

表 10.5　商务网网络实名推广工作

类　别	说　明	效果评估	费用预算
企业实名	注册同商务网站贴切或相关的网络实名	使访客能够无须记住域名，输入中文即可访问网站	5 000 元/年
行业实名	注册 5 个左右密切相关的行业实名	注册通用或行业词汇，能够带来有效的访问量	30 000 元/年
网络排名	选购商务、电子商务、商务助手、网络营销、企业顾问、科技等网络排名	有效进行网站推广，把网民精确引导至商务网	20 000 元/年

（4）邮件营销推广。邮件营销是快速、高效的营销方式，但应避免成为垃圾邮件广告发送者，参加可信任的许可邮件营销。通过注册会员、过往客户、电子杂志订阅用户等途径获取客户邮件地址，向目标客户定期发送邮件广告，是有效的网站推广方式。

建设自己的邮件列表，定期制作更新“品牌网站电子杂志”，向会员俱乐部会员和其他订阅用户发送，能有效地联系网站访客，提高用户忠诚度。

有奖调查：启发式设问激发邮件接收人参与调查的兴趣，在线填写问卷，前 1 000 名将获得网站送出的精美礼品。

系列活动通报：面向所有参加活动和对活动感兴趣的网民，及时通报活动情况（见表 10.6）。

表 10.6　商务网邮件营销推广

类　别	说　明	发 送 数	发送频次	费用预算
邮件列表	定期制作更新“品牌网站电子杂志”，向会员俱乐部会员和其他订阅用户发送	100 万邮件地址	每月两次，共六次	12 000 元
有奖调查	启发式设问激发邮件接收人参与调查的兴趣，在线填写问卷	100 万邮件地址	一次	2 000 元
系列活动通报	及时通报商务网系列活动	100 万邮件地址	三次	6 000 元

（5）网站合作推广。策划开展网站合作活动是有效的网站推广手段，且能提高访客忠诚度，持续、深入地传播网站和品牌。广泛征求友情链接，扩大网站外部链接活力，能增加网站的搜索引擎曝光率，获得理想的排名效果。与网上、网下媒体展开充分合作，撰写公关文稿，关注网站发展动态，并定期在各媒体发布同其他网站进行各种合作是效果明显的网站推广方式，可以借合作伙伴的力量，促使品牌网站的系列活动有效开展。

100 个各类网站的友情链接，广泛征求链接互换，扩大网站外部链接活力，包括娱乐、资讯、地方门户、个人等网站的友情链接。合作开展：就某个活动或某个阶段同地方门户、企业协会行业等网站就品牌网站相关活动展开合作，借助合作伙伴的平台进行与商务网活动推广。公关软文推广：就商务网上线、各类活动开展情况、品牌网站营销心得等主题，撰写公关文稿，同相关地方门户、企业协会行业网站、网络媒体等合作，及时发布公关软文（见表 10.7）。

表 10.7　商务网合作推广工作

类　别	说　明	效果评估	预算
友情链接	100 个各类网站的友情链接，包括娱乐、资讯、地方门户、个人网站等	扩大网站外部链接活力，促进网站推广	—
合作开展	寻求地方门户、行业协会等网站就商务网相关活动展开合作	扩大网站活动影响，提升品牌形象	—
公关软文推广	围绕商务网上线、各类活动开展情况等撰写公关文稿进行网站推广	提升商务网网站公众知名度，扩大影响	—

3．基本费用清单（见表 10.8）

表 10.8　基本费用清单

序号	类别	主要内容	主要参数	费用预算（元）
1	网络广告	在地方门户、娱乐和烟草行业资讯网站投放为期三个月的网络广告	三个月中，广告总显示次数 310 万次，网站访问量约 30 万 pv，注册人数约 6 000 人	32 万
2	搜索引擎	确定关键词，各大门户网站搜索引擎登录；谷歌、百度等搜索引擎自然排名优化；谷歌、百度等搜索引擎关键词广告投放	登录“新浪”、“搜狐”、“网易”等门户网站，相关关键词排名前列；网站优化自然排名；投放商务、电子商务、网络营销、营销等关键词广告，搜索结果中排名前列	12 万
3	网络实名	选择注册企业实名、行业实名以及网络排名	注册 10 个左右相关企业实名；注册城市、运动、奖品、征文、流行等行业实名；选购游戏、礼品、娱乐、品牌等网络排名	5.5 万
4	邮件营销	分“电子杂志”、“有奖调查”、“网站活动通报”等内容向客户发送电子邮件进行宣传报道	分不同内容，固定周期向 100 万个许可邮件营销地址（包括注册会员、客户地址、电子杂志订阅用户等）发送电子邮件	2 万
5	合作推广	分友情链接、合作开展活动、公关软文等形式进行合作推广	100 个网站友情链接，若干网站合作开展活动，发布相关公关软文稿件	

任务 36　企业手机网站的创建

任务引入

学习和分享网站建设的技巧，教您如何正确地认识建站 ABC，如何正确合理地使用建站 ABC 提供的栏目类型建设网站栏目，如何正确地使用建站 ABC 的功能，在您的网站中发挥相应的企业网络营销功能，开拓企业电子商务应用市场。下面就来完成这个操作。

任务分析

电子商务网站推广方法有很多种，但需要进行整体的规划并有一个具有操作经验的团队才可以取得好的推广效果。电子商务的核心是网络营销，网络营销就是在互联网上通过各种途径或手段使客户与我们达成交易的一个过程。在这个过程中，让客户找到我们的网站或产品，是一次交易的开始及关键。

相关知识

随着整个互联网经济的快速发展，以网络为传播平台的营销行业如雨后春笋般迅速壮大，其整体服务水平也呈现阶梯式的增长，并诞生了以网络技术为基础的精准营销模式。微店是基于手机平台开发的网点，作为移动端的新型产物，具有很多优势，有很广阔的发展空间，是未来销售的一种渠道。

1. 微店的出现

过去的几十年时间，我们经历了一次又一次购物体验的重新洗牌。先是百货商场的出现，紧接着是各种大小型超市、专卖店，而现在，随着社会生活节奏加快，电子商务日趋发达，网络购物已经成为人们日常生活中必不可少的活动。

一些消费者平日里工作繁忙，或生活琐事缠身，实在抽不出时间去商场好好给自己买一件新衣，甚至因为相中的皮鞋没有适合自己的尺寸失望而归等。这些信息往往不能得到很好的关注，作为商家也无法去一一改变，每个消费者都有自己的购物理念和个性风格，如何留住忠实消费者就成为企业必须面临的难题。

在这种情况下，eFuture 微店（www. mystore.com.cn）于 2012 年 9 月创立，创始人为北京富基融通董事长颜艳春。

它率先打破这种单一渠道，开创了移动商超购物这一全新模式。只需用手指轻轻一点，消费者就可以随时随地关注商品动态，商家更可以在第一时间与顾客进行贴心的沟通，了解他们的需求。

微店是有体温的个人商店，产品家族包括微店及微店员。其中，微店是针对消费者的购物软件。消费者使用微店可以查看附近百货商场或超市最新上架商品、商品促销信息、广告等。也可以申请绑定该商场、超市的电子会员卡，会员卡积分可以随时查看，十分便捷，不用担心会员卡遗失等问题。另外，还开设有优惠券功能，消费者在微店上可以及时收取各大商场、超市的优惠打折信息。购物闲暇之余还能根据个人喜好用微店自定义一个专属于自己的个性化私人商店。微店员则是针对零售商店员的后台软件，商户店员使用它可以发布商品的优惠信息和促销信息；给自己的商品贴上经营标签，让消费者更加快速、便捷地发现商品和促销信息。使用店员端还能直接给消费者发送消息，能更方便、更准确地将促销信息发送到消费者手上，实现一对一精准营销。

有了微店，消费者就可以在忙碌了一周后，在家轻松选购自己喜欢的商品。有了微店，店员就可以第一时间通知消费者店里现在有了适合她的皮鞋。有了微店，老顾客发现自己的电子优惠券一栏里总是有许多老会员独享优惠券。有了微店，逢年过节时，消费者会惊喜地发现，自己常去的那家商店早早给他们准备好了节日礼品。微店的横空出世，预示着全渠道零售时代已经到来。

2．微店的特点

（1）微店是基于手机平台开发的网点，作为移动端的新型产物，任何人通过手机号码即可开通自己的店铺，开通微店完全免费，降低了开店的门槛和复杂手续。微店支持信用卡、储蓄卡、支付宝等多种方式付款，且无须开通网银，快捷又方便，是未来销售的一种渠道。微店上的商品信息可以直接转发到微信、QQ 上，让大家能够更直观地看到所销售的产品，让更多的人关注。它强调的是粉丝经济，通过不断增多粉丝数量来扩大产品的销售规模。

（2）微店管理简单易用，可以一键同步淘宝商品，随时随地地对商品进行分类、下架等功能管理商品，还可以随意置顶商品，让用户快速浏览到主推商品。

（3）用户可以直接在微店搜索栏搜索商品，让用户快速找到你的微店，同时也可以利用自动回复功能，这样用户就能快速收到答复，不会为此流失没有耐心等待的用户。还可以用自己独特的方式与用户进行有趣的互动，这样用户在聊天的时候不会感觉枯燥乏味。

（4）微店页面设置也是自定义的，可以选择自己心仪的装饰来装扮微店，给用户留下深刻的印象。要以店铺设计来衬托商品，从而让用户聚焦在商品上，从此提高购买概率。

（5）利用微店的数据统计可以实时关注到增减粉丝的数据，以及每天有多少单击率，从而可以推理分析大部分用户的爱好，可以帮助微店提高销售量。

（6）微店能带来更多的流量，它能让商品展示在最热门的互联网平台上，可以更快地进行网络推广，扩散传播，而且微店也能展示在微店官方公众号上，通过官方推荐，更多的用户可以直接进入店铺。

3．微店的发展前景

今天的消费者不是在一个渠道里面购物，他们是全渠道（Omni-channel）购物者。他们可能到网店去买东西（如天猫、淘宝、亚马逊），同时他们也会到实体店去买东西。面对当下发展前景复杂的市场环境，以及应接不暇的新技术和理念的冲击，传统销售商们如何制定全渠道战略使其成功落地并有效地创造更新的消费价值？这是当下所有销售商关注的焦点问题。

微店的问世，以尽量低的代价使实体销售企业具备了全渠道的服务性能，它就像一部装载全渠道精准制导的武器，可以全天候地释放消费者无限量的消费潜能，尊重消费者并满足他们随时随地的购物需求。

“逛超市，优惠券、钱包都可以不带，甚至根本无须到超市，只需在手机上下载一个微店 APP，在任何地点可以完成采购。”这样愉悦的购物体验已被越来越多的消费者所青睐。微店的出现让众多中小企业也具备将这种愉悦购物体验带进顾客消费生活的能力。APP 实现随时手机购物。在进入微店时，顾客只需要扫一下微店的二维码，即可轻松下载微店的 APP，而通过 APP 顾客可以享受随时随地全程购物的乐趣。相信这种新的购物方式会很快在越来越多的企业中得到推广。

在微店 APP 上，顾客不仅可以浏览门店销售的各类商品，还可以在第一时间了解门店的促销商品信息，对于感兴趣但暂时不想购买的商品，顾客还可以将商品“收藏”起来，微店系统也会自动根据顾客平时的购买习惯和喜好信息适时推荐顾客感兴趣的商品、新品信息，让顾客随时随地能购买心仪的商品。

微店还可以通过社交的力量把家人和闺蜜都连接起来，通过购物社交建立新的影响力，而不是销售商硬推给他们。《连线》杂志有统计显示，72%的购物决定受消费者家人或好友的影响。不管是在实体店还是网店，如果有一个朋友给你推荐，购买决心有 50%；如果有两个朋友、三个朋友也同时给你推荐，购买决心就有 80%。通过购物社交，真正了解消费者的需求。通过他们的社交关系，真正地去提高零售的竞争力。

作为全球第一个连接消费者和销售商的社交购物平台，微店使人们的畅想落地，成为一种可能。未来，微店将成为全世界消费者的移动购物星球，它是有体温的、个性化的、有色彩有性格的私人商店，它将赋予更多传统企业互联网基因，帮助消费者找到他们喜欢的商品，帮助他们聚合感情、分享生活，使消费成为人们的一种生活方式。

任务实施

微信一对一的互动交流方式具有良好的互动性，精准推送信息的同时更能形成一种朋友关系。基于微信的种种优势，借助微信平台开展客户服务营销也成为继微博之后的又一新兴营销渠道。

微博的天然特性更适合品牌传播，作为一个自媒体平台，微博的传播广度和速度惊人，但是传播深度及互动深度不及微信。

1. 点对点精准营销

微信拥有庞大的用户群，借助移动终端、天然的社交和位置定位等优势，每个信息都是可以推送的，能够让每个个体都有机会接收到这个信息，继而帮助商家实现点对点精准化营销。

2. 形式灵活多样漂流瓶

用户可以发布语音或文字，然后投入“大海”中，如果有其他用户“捞”到则可以展开对话，如招商银行的“爱心漂流瓶”用户互动活动就是个典型案例。

位置签名：商家可以利用“用户签名档”这个免费的广告位为自己做宣传，附近的微信用户就能看到商家的信息，如“饿的神”、“K5 便利店”等就采用了微信签名档的营销方式。

二维码：用户可以通过扫描识别二维码身份来添加朋友、关注企业账号；企业则可以设定自己品牌的二维码，用折扣和优惠来吸引用户关注，开拓 O2O 的营销模式。

开放平台：通过微信开放平台，应用开发者可以接入第三方应用，还可以将应用的 LOGO 放入微信附件栏，使用户可以方便地在会话中调用第三方应用进行内容选择与分享。

例如，“美丽说”的用户可以将自己在“美丽说”中的内容分享到微信中，可以使一件美丽说的商品得到不断的传播，进而实现口碑营销。

公众平台：在微信公众平台上，每个人都可以用一个 QQ 号码打造自己的微信公众账号，并在微信平台上实现和特定群体的文字、图片、语音的全方位沟通和互动。

3. 强关系的机遇

微信的点对点产品形态注定了其能够通过互动的形式将普通关系发展成强关系，从而产生更大的价值。通过互动的形式与用户建立联系，互动就是聊天，可以解答疑惑、可以讲故事甚至可以“卖萌”，用一切形式让企业与消费者形成朋友关系，你不会相信陌生人，但是会信任你的“朋友”。

任务实施

目前微店的开设软件有多种，下面以“建站 ABC”为平台介绍手机网站的创建方法。具体步骤如下。

（1）打开 IE 浏览器，输入网址：http://www.ev123.net/，进入建站 ABC 的首页面，如图 10.74 所示。

图 10.74 建站 ABC 的首页面

（2）单击“免费注册开通”按钮，进入并填写注册页面，如图 10.75 所示。

（3）表单填写完毕后，单击“下一步”按钮，进入“建站 ABC”的建站类型选择界面，如图 10.76 所示。

（4）单击手机网站中的“管理手机站”按钮，进入手机建站的微网站设置界面，选择微站模板，如图 10.77 所示。

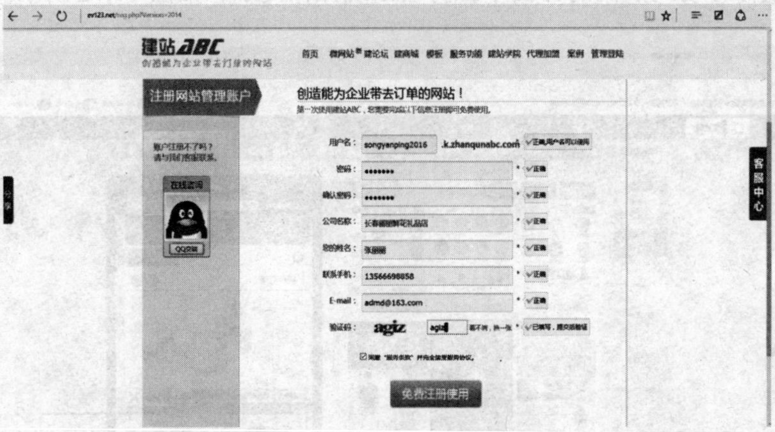

图 10.75　建站 ABC 的注册页面

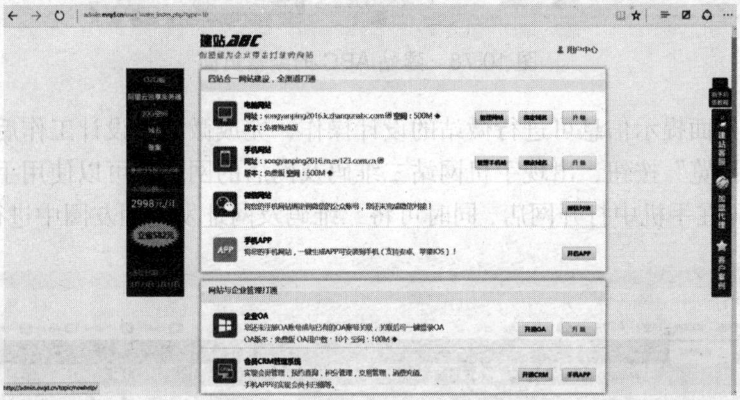

图 10.76　建站 ABC 的编辑页面

图 10.77　建站 ABC 的编辑页面

（5）将鼠标移动到手机的界面中，将会出现操作提示，如图 10.78 所示。

图 10.78　建站 ABC 的编辑页面

（6）按照界面提示信息可进行微站的设计操作，完成微站的设计工作后，可随时进行保存。单击“预览”按钮，出现手机网站二维码及网店的网址，可以使用手机微信进行二维码扫描，即可在手机中打开网店，同时可将二维码及网址发到朋友圈中进行微店的推广。

图 10.79　建站 ABC 的保存页面

技能训练

请同学们在易企秀网站 http://eqxiu.com/home 做企业宣传推广的 APP，并将做出的成品将网址发到老师的电子邮箱里。

参考文献

[1] 方玲玉，李念. 电子商务基础与应用[M]. 北京：电子工业出版社，2015.

[2] 宋文官. 电子商务概论（第三版）[M]. 北京：高等教育出版社，2013.

[3] 宋文官. 物流基础（第三版）[M]. 北京：高等教育出版社，2013.

[4] 中国就业培训技术指导中心.电子商务师国家职业资格培训教程（基础知识）[M]. 北京：中央广播电视大学出版社，2014.

[5] 中国就业培训技术指导中心.电子商务师国家职业资格培训教程(助理电子商务师国家职业资格三级）[M]. 北京：中央广播电视大学出版社，2014.

[6] 相成久，齐新. 电子商务应用与运营[M]. 北京：中国人民大学出版社，2010.

[7] 杨坚争，杨立钒. 国际电子商务教程[M]. 2 版. 北京：电子工业出版社，2013.

[8] 肖红. 电子商务综合实训[M]. 北京：电子工业出版社，2012.

[9] 淘宝大学. 电商运营[M]. 北京：机械工业出版社，2010.

[10] 电子商务概论精品课程：http:210.35.104.5.

[11] 淘宝网：http://www.taobao.com.

[12] 支付宝：http://www.alipay.com.

[13] 阿里巴巴：http://www.alibaba.com.

[14] 百度：http://www.baidu.com.

[15] 中国工商银行：http://www.icbc.com.cn.

反侵权盗版声明